国内外仲裁理论与适用概要

主　编　朱志国
副主编　张运所　冯梅英

哈尔滨工业大学出版社

图书在版编目(CIP)数据

国内外仲裁理论与适用概要/朱志国主编. —哈尔滨:哈尔滨工业大学出版社,2022.3
ISBN 978-7-5603-9988-1

Ⅰ.①国… Ⅱ.①朱… Ⅲ.①仲裁法-法的理论-世界 Ⅳ.①D915.701

中国版本图书馆 CIP 数据核字(2022)第 054958 号

策划编辑	杨秀华
责任编辑	那兰兰
封面设计	刘长友
出版发行	哈尔滨工业大学出版社
社　　址	哈尔滨市南岗区复华四道街 10 号　邮编 150006
传　　真	0451-86414749
网　　址	http://hitpress.hit.edu.cn
印　　刷	哈尔滨圣铂印刷有限公司
开　　本	787mm×1092mm　1/16　印张 14.75　字数 347 千字
版　　次	2022 年 3 月第 1 版　2022 年 3 月第 1 次印刷
书　　号	ISBN 978-7-5603-9988-1
定　　价	40.00 元

(如因印装质量问题影响阅读,我社负责调换)

前　言

随着我国法制建设的日益推进和完善,"仲裁"作为市场经济条件下多元化解决矛盾纠纷的一种方式,在社会生活中发挥着越来越重要的作用。但是,正如历史文明的演进在承载着某一段历史需求的同时,也会对事物进行不断地扬弃和纳新一样,仲裁也毫不例外地经历着历史的变革,实现着其制度使命的不断更新与交替。2021 年 12 月 24 日第十三届全国人民代表大会常务委员会第三十二次会议对《中华人民共和国民事诉讼法》的修改,以及 2017 年 9 月 1 日第十二届全国人民代表大会常务委员会第二十九次会议《关于修改〈中华人民共和国法官法〉等八部法律的决定》、第二次修正的《中华人民共和国仲裁法》及有关司法解释的最新修改,都是对仲裁制度的进一步推进与完善,特别是 2020 年 5 月 28 日第十三届全国人民代表大会第三次会议,审议通过了中华人民共和国成立以来第一部以"法典"命名的《中华人民共和国民法典》,仲裁作为这部基础性法律的组成部分,在经济社会中的作用也将日益凸显。在《中华人民共和国民法典》中,许多涉及仲裁制度的规定也发生了调整和变化,尤其是《中华人民共和国民事诉讼法》的修改,调整了一些章节条款,使《中华人民共和国仲裁法》中与之相对应的某些条款不再恰切与适用。为适应仲裁制度的新变化和仲裁事业蓬勃发展的新形势,及时反映国内外仲裁理论的新成果和新趋向,并从学理和实践两个层面对仲裁最前沿的立法精神和最新规定进行系统的阐释与汇总,做到理论性与适用性的有机融合与统一,就成为作者写作和辑汇此书的初衷。

本书是在 1997 年出版的《中国仲裁基础》一书的基础上,融入了国际仲裁、国内仲裁和海事仲裁以及我国劳动人事仲裁等,力求将国内外仲裁立法、仲裁理论、仲裁实践等全面系统地呈现出来,以利于读者在理论和实践上获取全方位的裨益和提高。

本书在编写过程中参阅了国内外专家和学者的大量论著,并征求了许多有仲裁实践经验的仲裁员、法官、律师及有关仲裁专家的意见,对此表示衷心的感谢。

编者
2021 年 12 月

目 录

第一编 仲裁概述

第一章 仲裁理论概述 ··· 3
- 第一节 仲裁的定义与性质 ·· 3
- 第二节 国外仲裁制度的产生与发展 ·································· 10
- 第三节 中国仲裁制度的产生与发展 ·································· 12

第二编 国内仲裁

第二章 国内仲裁 ·· 19
- 第一节 我国《仲裁法》的颁布及立法宗旨 ·························· 19
- 第二节 仲裁组织和仲裁员 ·· 24

第三章 仲裁协议 ·· 30
- 第一节 仲裁协议的定义及独立性特征 ······························· 30
- 第二节 仲裁协议的种类和内容 ······································· 32
- 第三节 仲裁协议示范条款 ·· 34
- 第四节 仲裁协议的效力 ··· 37
- 第五节 无效仲裁协议 ··· 39

第四章 仲裁程序 ·· 44
- 第一节 仲裁的申请与受理 ·· 44
- 第二节 仲裁答辩、仲裁管辖权异议和仲裁反请求 ················· 51
- 第三节 仲裁庭的组成 ··· 56
- 第四节 仲裁证据和保全 ··· 59
- 第五节 仲裁和解与调解 ··· 63
- 第六节 仲裁开庭 ·· 66
- 第七节 仲裁裁决 ·· 72
- 第八节 仲裁时效、期间与送达 ······································· 75
- 第九节 仲裁裁决的执行 ··· 79
- 第十节 仲裁简易程序 ··· 83
- 第十一节 仲裁文书 ··· 84
- 第十二节 仲裁费用的交纳 ·· 94

第五章 仲裁监督 ·· 98
- 第一节 仲裁监督概述 ··· 98
- 第二节 仲裁机构内部监督 ·· 98

第三节　人民法院对仲裁的监督 …………………………………………… 100
第六章　劳动人事争议仲裁制度 …………………………………………… 107
　　第一节　劳动人事争议仲裁制度概述 ……………………………………… 107
　　第二节　劳动人事争议仲裁机构 …………………………………………… 109
　　第三节　劳动人事争议仲裁管辖 …………………………………………… 112
　　第四节　劳动人事争议仲裁程序 …………………………………………… 115

第三编　涉外仲裁

第七章　涉外仲裁 …………………………………………………………… 121
　　第一节　涉外仲裁的含义 …………………………………………………… 121
　　第二节　国际性商事仲裁机构及仲裁规则 ………………………………… 124
　　第三节　外国国际商事仲裁机构及其仲裁规则 …………………………… 129
　　第四节　我国国际、区际商事仲裁机构及仲裁规则 ……………………… 135
　　第五节　国际商事仲裁裁决的承认及执行 ………………………………… 138
　　第六节　我国承认及执行涉外仲裁裁决的法律制度 ……………………… 142
　　第七节　我国拒绝承认及执行外国仲裁裁决的法律制度 ………………… 144
第八章　海事仲裁 …………………………………………………………… 150
　　第一节　海事及海事纠纷 …………………………………………………… 150
　　第二节　海事仲裁概述 ……………………………………………………… 152
　　第三节　国际海事仲裁机构及仲裁规则 …………………………………… 153

第四编　附　录

附录一　《中华人民共和国仲裁法》及司法解释 …………………………… 161
附录二　《中华人民共和国涉外民事关系法律适用法》及司法解释 ……… 182
附录三　《中华人民共和国劳动争议调解仲裁法》 ………………………… 188
附录四　《劳动人事争议仲裁办案规则》 …………………………………… 195
附录五　《中国海事仲裁委员会仲裁规则》 ………………………………… 205
附录六　《关于完善仲裁制度提高仲裁公信力的若干意见》 ……………… 223
参考文献 ………………………………………………………………………… 229
后记 ……………………………………………………………………………… 230

第一编 仲裁概述

第一章 仲裁理论概述

第一节 仲裁的定义与性质

一、仲裁的定义

仲裁,亦称"公断",是解决民商事纠纷的一种重要方式。从字义上讲,仲裁的"仲"字是形声字,表示人地位居中;"裁"也是形声字,《说文》:"裁,制衣也。"用剪裁衣。表示裁量公断,作出结论的意思。两字连用,即居中公断之意。

从当今法律来讲,仲裁是指发生民商纠纷的当事人按照事先或事后达成的仲裁协议,自愿将有关争议事项提交仲裁机构,仲裁机构以第三者的身份对争议的事项作出裁决,当事人有义务履行该仲裁裁决,从而解决其争议,维护当事人正当合法权益的一种法律制度。

根据上述关于仲裁的定义可以看出,仲裁作为解决民商事纠纷的一种重要方式具有以下特点:

(1)仲裁解决纠纷必须以当事人自愿为前提。自愿原则是仲裁的基石,在仲裁活动中,由三方或多方构成活动主体,即双方当事人、多方当事人和仲裁机构。仲裁机构的行为应当以双方当事人自愿为基础,只要有一方当事人不同意协议仲裁,那么,仲裁机构就不能受理当事人的纠纷,更不能作出裁决。

(2)提交仲裁解决纠纷必须是当事人之间发生的一定范围的争议。仲裁解决纠纷,是有一定范围限制的,并不是所有的争议都能提交仲裁机构解决。关于仲裁范围的确定,一方面取决于当事人的意愿,另一方面取决于法律的规定。如婚姻、继承、抚养等民事案件,法律规定均具有不可仲裁性。

(3)仲裁裁决具有强制性,对当事人有约束力。当事人选择用仲裁方式解决争议,应当自动履行仲裁机构作出的裁决,若有一方当事人不履行仲裁裁决,另一方当事人可依法申请人民法院强制执行。可见,仲裁裁决具有法律效力,具有强制执行性。

二、仲裁的性质

仲裁作为解决民商事纠纷的一种重要方式,其法律性质如何,目前法学界意见不一。仲裁的性质是一个颇有争议的问题:有的人认为仲裁是司法活动,因为仲裁活动要受法律的制约,有一定的法定程序,仲裁裁决具有法律效力,仲裁机构是贯彻实施法律的机构,因此仲裁具有司法性质;有的人认为仲裁机构是具有特殊职能的行政机关,仲裁机构受政府领导,是政府的一个事业单位(如我国的劳动仲裁机关),仲裁机构的工作人员如主任、副主任等由行政机关任命、配备(如我国河北邯郸等地、市的仲裁委员会,主任是县处级别),经费由政府财政提供,收费上缴财政,所以,仲裁具有行政性质;有的人认为,仲裁是一种纯民间机构,独立于政府和司法机关之外;有的人认为,仲裁具有准司法性质;等等。

仲裁的性质,至今还没有一种能为国内外所接受的统一观点。纵观上述几种观点,我们不妨从以下四个方面来概述仲裁的特征。

(一) 契约说

这种理论认为,仲裁是以当事人的仲裁协议的约定为前提,仲裁员的权力不是来自于法律或者司法机关的授权,而是来自当事人的选择和授权,来自于当事人之间订立的仲裁协议,即"契约"。由于仲裁员是由当事人选定的,因此仲裁员可视为双方当事人的代言人,其裁决也就相当于代言人代表当事人订立的一种协议,该协议对当事人均有约束力。"契约"论者,否认国家对仲裁的制约,主张仲裁具有完全自愿的特征。

(二) 司法权说

这种理论认为,仲裁虽源于当事人的协议,但该协议的效力,仲裁员进行仲裁的行为,仲裁裁决后的承认及执行等,其权威来自于国家的法律规定。如果没有法律授权及国家司法权的保障,其仲裁裁决就不具有强制性。该理论甚至还认为,仲裁庭是国家司法组织的构成部分,仲裁员与法官都必须根据法律和良知进行裁判,两者都必须尊重和坚持本国法律的基本原则,他们之间的唯一区别是,法官由国家机关任命,其权力直接来源于国家的授权,而仲裁员的任职,来源于公民或有关单位的推荐选举,执行职务由当事人指定。

(三) 混合说

这种理论认为,仲裁虽然来源于当事人的协议,取决于当事人的意思自治,但仲裁不可能超越于法律制度之外,仲裁活动要受司法制度的监督,人民法院对仲裁的效力和执行有最终的决定权。所以仲裁是以当事人的协议为基础,具有契约性质,但仲裁最终解决争议离不开司法制度的支持与监督,因而还具有司法性质,两者互相关联、不可分割。混合说目前在《中华人民共和国仲裁法》(以下简称《仲裁法》)性质学说中占有较大的优势。

(四) 自治说

这种理论从一个完全不同的角度来看待仲裁,提出仲裁具有自治的特征。这种理论认为,仲裁超越了契约和司法权,不应将仲裁制度同契约或司法权联系起来比较、判断。从仲裁的目的、作用看,仲裁只能是一个独立的制度,而契约或司法权只能作为其一个方面的特征。自治说从仲裁本身进行考察,把仲裁看作处理民商关系的一种需要,认为仲裁是一种处理争议的不可缺失的体系,是很有价值的。自治理论的实质是排除国家的司法管辖,承认当事人具有控制仲裁的无限制的意思自治,成了一种"超国家的自治制度"。

上述四种学说都从不同角度说明了仲裁的基本特征。笔者认为单纯从某一方面、某个角度说明仲裁的性质是不可取的。在我国《仲裁法》颁布之前,我国对仲裁制度的规定很不一致,因而对仲裁的性质出现不同的认识,是正常的。我国《仲裁法》的颁布,统一了我国的仲裁制度,并且与国际上通行的做法接轨,排除了仲裁的行政性,明确了我国仲裁制度的民间性。

三、仲裁的种类

根据仲裁的涉外因素、仲裁的国际私法与公法范畴、仲裁机构设立的制度、仲裁机构的性质、仲裁组织的存在的时间,以及仲裁所依据的实体规范根据、仲裁机构的"区际",我们可将仲裁作如下划分。

(1) 根据仲裁的涉外因素分为国内仲裁和涉外仲裁。

国内仲裁是指仲裁争议所涉及的法律关系不含有涉外因素的仲裁,是专门解决一国国内商事或非商事争议的仲裁。

不含有涉外因素,如争议双方是本国的国家机关法人、企业法人、其他经济组织或自然人;争议发生在本国领土内的经济贸易活动中;根据其仲裁协议提交本国国内仲裁机构进行仲裁。国内仲裁主要用于本国国内的经济、贸易和劳动等争议,是一国国内的仲裁制度。

这里需要指出的是,依照我国法律成立的"三资企业"(中外合资企业、中外合作企业和外资独资企业)与我国国内的当事人在我国领土内的经济活动中发生的争议,所提请的仲裁亦属于国内仲裁,不属于涉外仲裁。当然,如果当事人双方订立的"仲裁协议"约定由其涉外仲裁机构仲裁,应以尊重当事人自愿为原则。近年来,我国仲裁法修改以后,我国国内的仲裁机构也开始受理含有涉外因素的仲裁案件。只是在执行仲裁裁决时,《中华人民共和国民事诉讼法》(以下简称《民事诉讼法》)规定,国内仲裁案件由基层人民法院管辖,涉外仲裁案件由中级人民法院管辖。

涉外仲裁是指仲裁争议所涉及的法律关系含有涉外因素的仲裁。国内仲裁所涉及的法律关系的主体、客体中没有涉外因素,而涉外仲裁中的当事人一方为本国企业、公司和其他经济组织或自然人等,而另一方则是外国的公司、企业、其他经济组织或自然人等,或双方都是外国的公司、企业、其他经济组织和外国人,但他们选择的仲裁机构,也许是国内的仲裁机构,或本国或外国或第三方所在国的国际性仲裁机构。涉外仲裁也包括对在不同国家没有住所的当事人在国籍以外的仲裁机构进行的仲裁。

涉外仲裁是我国的一种提法。我国制定的《仲裁法》《中华人民共和国涉外民事关系法律适用法》(以下简称《涉外民事关系法律适用法》)和最高人民法院"涉外民事关系的法律适用"有关司法解释等均适用了"涉外"的措辞。最高人民法院《关于贯彻执行〈中华人民共和国民法通则〉若干问题的意见(试行)》第一百七十八条,将"涉外民事关系"规定为:凡民事关系的一方或者双方当事人是外国人、无国籍人、外国法人的;民事关系的标的物在外国领域内的;产生、变更或者消灭民事权利义务关系的法律事实发生在外国的,均为涉外民事关系。①

我国最高人民法院在2017年12月4日公布通过的《最高人民法院关于审理仲裁司法审查案件若干问题的规定》(法释〔2017〕22号)第十二条又将涉外仲裁解释为:"仲裁协议或者仲裁裁决具有《最高人民法院关于适用〈中华人民共和国涉外民事关系法律适用法〉若干问题的解释(一)》第一条规定情形的,为涉外仲裁协议或者涉外仲裁裁决。"这是我国官方对涉外仲裁的司法解释。②

涉外仲裁是各当事国之间或国家与某国的公司、企业、其他经济组织等当事人之间通过订立国际公约和涉外仲裁协议,同意将双方或多方商事争议,交付某国际仲裁机构或外国仲裁机构进行仲裁并承担执行其仲裁裁决的义务的一种仲裁。

根据《联合国国际贸易委员会国际商事仲裁示范法》(简称《国际商事仲裁示范法》)第一条第(3)款规定,仲裁如有下列情况即为涉外仲裁:(A)仲裁协议的当事各方在缔结协议时,他们的营业地点位于不同的国家;或(B)下列地点之一位于当事各方营业地点所在国以外(如当事一方有一个以上的营业地点,营业地点为与仲裁协议关系最密切的营业地点;或当事一方没有营业地点,以其惯常住所为准。):(a)仲裁协议中确定的或根据仲裁协议而确定的仲裁地点;(b)履行商事关系的大部分义务的任何地点或与争议标的关系最密切的地点;或(c)当事各方明确地同意,仲裁协议的标的与一个以上的国家有关。

(2)根据仲裁的国际私法与公法范畴分为涉外仲裁和国际仲裁。

"国际仲裁"是国际上流行的一个笼统说法。从严格意义上讲,国际仲裁与涉外仲裁即国际商事仲裁和外国仲裁又属于不同仲裁范畴。

国际仲裁,即用仲裁的方式解决国家主权领土等国家之间的各项争端,国家与国家之间为某一公法领域上的争端提交给第三方的国际仲裁组织解决争端的仲裁,属于国际公法的范畴。

国际上最早的国际仲裁机构是1900年在荷兰海牙设立的国际常设仲裁院。该仲裁院实行的仲裁制度是1899年第一次海牙会议制定的《和平解决国际争端公约》。该仲裁院的主要任务是,按照其程序规则,通过仲裁方式解决各缔约国之间不能用外交方法解决的各类争议。在20世纪60年代以前,该仲裁院专门受理国家之间的争议案件。20世纪

---

① 为了与国内仲裁区分开来,本书总结国际上流行的"国际(international)""区际(interregional)""涉外(concerning foreign affairs or foreign nationals)""国内(inland)"等说法,将仲裁区分为"国内仲裁""涉外仲裁""外国仲裁"和"国际仲裁"。1995年《中华人民共和国仲裁法》颁布施行后,国务院办公厅于1996年6月8日发布了《关于贯彻实施〈中华人民共和国仲裁法〉需要明确的几个问题的通知》(国办发〔1996〕22号)。根据该通知,我国内地的仲裁机构均可以受理涉外和国内仲裁案件,即不再存在我国国内仲裁机构和涉外仲裁机构的"内外"机构区分。

② 《最高人民法院关于适用〈中华人民共和国涉外民事关系法律适用法〉若干问题的解释(一)》第一条:"民事关系具有下列情形之一的,人民法院可以认定为涉外民事关系:(一)当事人一方或双方是外国公民、外国法人或者其他组织、无国籍人;(二)当事人一方或双方的经常居所地在中华人民共和国领域外;(三)标的物在中华人民共和国领域外;(四)产生、变更或者消灭民事关系的法律事实发生在中华人民共和国领域外;(五)可以认定为涉外民事关系的其他情形。"

60年代以后,也开始受理国家与法人或个人之间发生的商事争议案件。

（3）根据仲裁机构设立的制度,可以将仲裁分为国际商事仲裁和外国仲裁。

国际商事仲裁机构是根据多个缔约国缔结的国际公约、多边条约、协议而设立的国际性仲裁机构;而外国仲裁机构是指一个国家根据国内的规定设立的仲裁机构,不存在多个缔约国缔结的国际公约、多边条约、协议问题。

（4）根据仲裁机构的性质,可以将仲裁分为普通仲裁和特殊仲裁。

普通仲裁是指由非官方仲裁机构对民商事争议所进行的仲裁,包括大多数国家的国内民商事仲裁、国际贸易和海事仲裁(统称为国际商事仲裁),仲裁机构具有中立性。普通仲裁是目前最典型的仲裁形式,一般情况下所称仲裁,即指普通仲裁。

特殊仲裁是指由官方机构依据行政权力而不是依据仲裁协议所进行的仲裁,它是由国家行政机关所实施的仲裁,如苏联的国家仲裁、中国的《仲裁法》颁布前的经济合同仲裁和现行的劳动仲裁等。

（5）根据仲裁组织存在的时间可将仲裁分为临时仲裁和常设机构仲裁。

临时仲裁是指事先不存在常设仲裁机构,当事人根据仲裁协议,商定将某一争议提交给某一个或某几个人作为仲裁员进行审理和裁决。临时仲裁事先没有固定的组织、仲裁规则和仲裁员,仲裁庭的组成、仲裁程序的确定都由当事人协商确定。争议解决之后,仲裁组织不再存在。

常设机构仲裁是指事先存在常设仲裁机构,当事人根据仲裁协议将争议提交给这个仲裁机构审理和裁决。常设仲裁机构有固定的组织,有自己的名称、住所、章程和必要的财产,备有仲裁员名册,而且通常是按自己的仲裁规则实施仲裁程序。实际上临时仲裁庭也是一种仲裁机构,但通常所说机构仲裁特指常设仲裁机构的仲裁。

（6）根据仲裁所依据的实体规范,可将仲裁分为友谊仲裁和依法仲裁。

友谊仲裁亦称友好仲裁,是当事人自愿协商,不依据严格的法律,而依据公平的原则或者商业惯例,仲裁员以"友好调解人"的身份进行的仲裁。友谊仲裁的管辖权取决于当事人的授权,没有当事人的授权,仲裁员不得以此方式进行审理或裁决,而且友谊仲裁不得违背公共秩序及其他强制性要求。目前,一些大陆法系的国家如法国、比利时、荷兰、瑞士等适用这种仲裁方式,英美法系的国家一般不承认这种仲裁方式。

依法仲裁是当事人各方依照法律规定的程序,包括依据其仲裁协议选择适用的法律、仲裁机构、仲裁员等进行的仲裁。依法仲裁是目前世界上普遍适用的仲裁方式。一般在程序上都适用仲裁地法律,但也有不少国家如瑞典、荷兰、挪威、奥地利、西班牙等国的法律规定:当事人可以选择仲裁所适用的实体法。

（7）根据仲裁机构的"区际"不同,可将仲裁分为特区仲裁和大陆仲裁。

根据区际法律冲突(interregional conflict laws),可将仲裁分为特区仲裁和大陆仲裁。

特区仲裁:香港的"国际仲裁中心"、深圳的"国际仲裁院"、澳门的"世界贸易中心仲裁中心"设立的仲裁机构均系我国特别行政区域的仲裁机构,他们根据自己制定的"仲裁规则"选择适用的法律和国际公约等;大陆仲裁即我国国内仲裁。

四、仲裁的特点和作用

仲裁同诉讼、调解一样,都是解决争议的重要方式,但仲裁解决争议,既不同于人民法院通过审判解决争议的方式,又不同于人民调解解决争议的方式,它具有其他解决方式不可替代的独特的作用。根据国际、国内有关理论和立法、司法解释,其独特作用在于:

(1)仲裁不是国家裁判行为,属于民间裁判行为,仲裁机构既不是国家行政机关,也不是国家的审判机关,它只是处于公断者的地位。仲裁机构解决争议,其权力来自于当事人的授权,而不是靠国家强制权力,其威信来自于良好的信誉和公正的裁决。仲裁活动虽然不属于国家司法活动,但仲裁裁决具有同人民法院判决类似的法律效力,同样要受到国家司法权的监督。当事人一旦选择仲裁解决争议,就须接受仲裁裁决的约束,就要自动履行裁决的义务,如不履行,对方当事人可以申请人民法院强制执行。

(2)对于仲裁解决争议,当事人享有很大的自主权。其主要表现在当事人不但有权选择是否采用仲裁方式解决争议,而且有权自愿决定解决争议的事项,自愿选择仲裁机构、仲裁员,甚至国际上的某些仲裁机构,当事人还可自主选择仲裁地点、仲裁规则和所适用的法律。当然,这些自主权是以有关《仲裁法》制度为依据的,并不是毫无限制的自主权。

(3)仲裁一般不公开审理,除非当事人要求公开审理。这样可以防止泄露当事人不愿公开的情况,从而保护商业秘密,维护商业信誉。不公开审理是《仲裁法》的一项原则,但如果当事人协议,认为案件无须保守什么秘密,愿意公开审理的,当然可以公开审理。

(4)仲裁实行"一裁终局",适应了市场经济条件下经济生活节奏加快的要求,尽快解决纠纷的客观需要。经济生活客观上要求高效率,要求快捷、便利、简省地解决纠纷。我国过去的各地经济合同仲裁委员会实行的"先裁后审""一裁两审"耗时长,费用高,所以被现在的"一裁终局"所代替。"一裁终局"也有别于法院审理案件实行的"二审终审"制。

从上述作用可以看出,仲裁较其他解决纠纷的形式有着不可比拟的优势。第一,仲裁的不公开审理,能有效地保守住商业秘密,使当事人在市场竞争中占据有利地位,不因打官司而丧失市场竞争力。第二,当事人自己选择仲裁员,是对仲裁员的一种信任,仲裁员可以对仲裁施加影响,当事人也可以直接参与"审理"与对话,能更有效地维护自己的合法权益。第三,双方当事人的利益在一定意义上均得到保护,仲裁的结果往往没有绝对的赢家,也没有绝对的输家。第四,仲裁程序简便灵活,时间短,费用低。双方当事人容易达成和解,不伤和气,有利于保持业务关系,不致因打官司而断绝商业交往。第五,仲裁员多来自于社会各个行业的专家和学者,广泛性与专业性相结合,有利于提高仲裁案件质量,保证仲裁的公正性。

五、仲裁与诉讼的区别

仲裁与诉讼都是解决纠纷的方式,在许多方面有共同之处,但二者之间,又存在着明显的区别。

(1)人民法院是国家机关的重要组成部分,是国家的审判机关,具有法定的管辖权,其受理案件,不需要一方当事人事先得到另一方当事人的同意,只要一方当事人向有管辖权的法院起诉,法院依法受理后,发出传票,传唤对方出庭,属强制管辖。而仲裁机构一般是民间性组织,它没有法定管辖权,其受理案件,必须依据仲裁协议,即合同中订立的仲裁条款或在纠纷发生前纠纷发生后双方当事人达成的请求仲裁的协议。仲裁协议排除了法院的管辖权,赋予仲裁机构的管辖权,也叫协议管辖。

(2)审理者的产生方法不同。法院的法官是由国家机关任命或者由选举产生的,争议双方当事人都没有任意选择法官的权利;而仲裁员不是由国家任命,一般是由常设仲裁机构列出仲裁员名册,由双方当事人指定的,因而对当事人来说,具有较多的自由和较大的灵活性。

(3)仲裁员不像法院法官那样必须严格执行法律,而可以更多地考虑商业惯例。因此对当事人来说,仲裁比司法诉讼具有灵活性,有较多的选择自由。而且,由于仲裁员多为贸易界知名人士、有关专家,他们精通业务,处理问题比法院诉讼程序简便、灵活,处理案件迅速、及时,费用也低。再加上仲裁一般都采用"一裁终局"制,因而仲裁审理期限较短。法院一审之后还可以上诉、申诉,有时可能导致无休止的缠诉状态。

(4)开庭审理的原则不同。诉讼中只有某些涉及国家机密或个人隐私的案件,可以不公开审理。而仲裁则不然,除非当事人有特殊协议,仲裁庭审理案件一般不公开,案情不公开,裁决也不公开,开庭时不设旁听,审理中仲裁机构不接受采访,避免争议的公开化,以利于保守当事人之间的商业秘密和维护其商业信誉。对双方贸易关系的损害较小,双方都乐于接受。

(5)审理程序及当事人的能动作为不同。法院审判由法官按照诉讼程序法规定进行。民事案件公开审理的除通知当事人外,发出公告,传唤当事人到庭和证人出庭都有强制性。对必须到庭的被告,经两次传票传唤,无正当理由拒不到庭的可以拘传,有关单位拒绝或者妨碍法院调查取证及其他拒绝协助执行的,可予以罚款或向监察机关提出纪律处分的司法建议,如果违反法庭规则,构成犯罪的甚至可以依法追究刑事责任。仲裁程序则按当事人选任的某一仲裁机构的仲裁规则以及当事人对具体程序的约定进行,几乎每一步骤当事人都能主动作为,如约定3名仲裁员还是1名仲裁员组成仲裁庭,是否开庭仲裁,是否自行和解,是否根据和解协议制作调解书或者裁决书,是否达成和解协议后又反悔再根据仲裁协议申请仲裁,等等。但强制措施(包括保全措施)是申请由人民法院采取,当事人拒不到庭只能缺席裁决,不能拘传,证人出庭作证一般也是基于自愿,不得强迫。

(6)监督程序不同。我国法院实行"两审终审"制,对已经发生法律效力的判决或调解,发现确有错误,可适用审判监督程序:①各级人民法院院长,对本院所作判决,认为需要再审的,可提交审判委员会讨论决定;②上级人民法院对下级人民法院的判决,有权提审或者指令其再审;③当事人可以向原审人民法院或上一级人民法院申请再审。我国的仲裁机构则实行"一裁终局"制,并适用司法监督程序,即①当事人提出证据,证明符合撤销裁决条件的,可向仲裁委员会所在地的中级人民法院申请撤销裁决;②被申请人提出证据,证明有不予执行条件的,经人民法院合议庭审查核定,裁定不予执行。

(7)强制执行的手段不同。法院判决的强制执行是直接的,无须借助第三者的力量,但在境外执行时,需根据与申请执行所在地国司法机关之间签订的司法协助条约或者互惠原则申请执行。仲裁裁决的执行,需借助法院力量,但在境外执行时,只要都是《承认及执行外国仲裁裁决公约》(《纽约公约》)等国际公约或双边或多边条约的成员国,当事人可以向执行地国主管法院提出承认及执行申请,一般均可予执行。

第二节 国外仲裁制度的产生与发展

一、国外仲裁制度的产生

仲裁作为解决民商事争议的一种重要方式和手段已有悠久的历史。有学者认为,"仲裁的产生早于诉讼"。据有关史料记载,远在古希腊、古罗马时代,就有采用仲裁方式解决争议的记载。但仲裁作为解决民商事经济纠纷的一种法律制度,是随着商品经济的产生而产生,随着商品经济的发展而发展起来的。

在古巴比伦时代,根据犹太人记载的故事,犹太人社区中发生的纠纷是通过他们自行进行的审判程序予以决定的。公元前621年,希腊就有了成文法律制度,其中包含仲裁的内容,城邦之间发生争议,常常采用仲裁方式解决。公元前的古罗马时代,欧洲地中海沿岸一带,海上交通比较发达,商品经济有了很大的发展,各城邦、港口之间的商业交往繁忙,各种各样的商事纠纷、海事交通纠纷也随之增多。为能快捷地解决日益增多的商事、海事纠纷,许多商人自发地聘请双方熟悉的中间人裁决这些纠纷,让该中间人管事,从而化解争议。

公元前452—451年公布的《十二铜表法》(Law of the Twelve Tables),就有关于仲裁解决争议的记载。古罗马共和国开始编订出十个法表,镌刻在十块青铜板上,公布于罗马广场。但由于它主要由贵族编制并为贵族利益服务,引起平民不满。公元前450年,应平民的呼声又增两表,这就是著名的《十二铜表法》。《十二铜表法》包括债务法、继承法、婚姻法以及诉讼程序等方面,基本上是罗马人传统习惯法的汇编,表现出维护贵族和富裕平民利益的倾向。其法律条文反映了罗马奴隶占有制社会早期的情况,规定维护私有制度和奴隶主贵族的权益,保护私有财产,严惩破坏私有权者。其中债务法规定,债权人可以拘禁不能按期还债的债务人,甚至将其变卖为奴或处死。作为古罗马五大法学家之一的保罗(约公元222年去世),他担任过帕比尼安法院的陪审法官,最著名的著作是关于告示的80卷注释书,优士丁尼的《学说汇纂》①摘录了他的2 081段作品。在他的作品中就有"为解决争议,正如可以进行诉讼一样,也可以进行仲裁"的记载。

1347年,英国的一部年鉴中也有关于仲裁的记载。14世纪初意大利开始出现国际性商事仲裁。14世纪末,瑞典的某些地方法典中已有仲裁的规定。

---

① 优士丁尼是东罗马帝国最有作为的皇帝(公元527—565年在位),在位期间下令编纂了《优士丁尼法典》《学说汇纂》《法学阶梯》等法律文献。参见:舒国滢.优士丁尼《学说汇纂》文本的流传、修复与勘校[J].清华法学,2019,13(5):30-56.

英国议会于1697年正式承认仲裁,制定了第一个《仲裁法》案。1889年英国诞生第一部专门的仲裁法,从此以后,许多国家进行了仲裁立法,通过仲裁来解决商事纠纷。

二、国外仲裁制度的发展

仲裁作为解决争议的方式出现后,显示出很强的生命力和适应性。随着商品经济在欧洲的进一步发展,仲裁制度在欧洲也得到了较快的发展。除英国颁布第一个仲裁法案外,1809年法国在《民事诉讼法典》中对有关仲裁作了专篇规定。1887年,德国也在《民事诉讼法典》中设专篇规定了仲裁程序、仲裁协议的形式和效力、仲裁员的回避和选任、仲裁庭审程序和裁决的效力与执行等问题。1892年,英国成立了伦敦仲裁院。1917年,瑞典成立了全国性的仲裁机构斯德哥尔摩商会仲裁院。1929年,瑞典制定了瑞典仲裁法。

20世纪以来,世界上有许多国家都通过民事诉讼法典或专门的仲裁立法对有关仲裁制度作了规定,仲裁制度在世界各国都得到很大的发展。

随着人类社会的进步,商品经济和市场经济不断得到发展,国与国之间的经济交往,贸易往来不断加强,仲裁解决争议的内容和方式也随之发生了很大的变化,逐步由一定范围内的民事、商事纠纷仲裁,扩展到国际经济贸易仲裁、海事仲裁、劳动争议仲裁和解决国家争端的国际仲裁。

在海事仲裁方面,早在14世纪,地中海各港口采用的《海事法典》中就开始有海事仲裁。19世纪末,20世纪初,随着世界各国贸易和航运的日益发达,仲裁作为解决国际贸易与争议的一种常用方法,逐渐为世界多数国家所承认,并开始建立区域性国际公约。1889年,南美一些国家在乌拉圭首都蒙得维的亚签署了民事条约,条约规定了承认及执行外国仲裁裁决的条件和程序。1923年,在国际联盟主持下,制定并通过《日内瓦仲裁条款议定书》(又称《日内瓦议定书》),各缔约方承认当事人签订的仲裁条款是有效的。1932年,国际商会设立国际商会仲裁院,作为处理国际性商事争议的仲裁机构。

第二次世界大战以后,国际仲裁又有重大发展。1958年,在联合国主持下,通过了一项《承认及执行外国仲裁裁决公约》(《纽约公约》)。我国于1986年12月递交加入该公约,并于1987年4月22日对我国生效。《纽约公约》已成为世界上著名的国际仲裁公约,目前已有100多个国家和地区加入了该公约。据《国际仲裁资讯》联合国2019年7月19日讯,巴布亚新几内亚独立国(The Independent State of Papua New Guinea,下称"巴新")已向联合国递交了加入《纽约公约》申请书,正式成为《纽约公约》的缔约国。

1965年,在国际复兴开发银行(世界银行)主持下缔结了《关于解决国家和他国国民之间投资争端公约》。根据该公约,1966年成立了解决投资争端国际中心,作为专门处理各国家和他国国民之间投资争端争议的仲裁机构。1985年,联合国国际贸易法委员会制定了《联合国国际贸易法委员会国际商事仲裁示范法》。该示范法制定后,国际上众多国家参照此示范法制定或修改了本国的仲裁法。

从国外仲裁制度的产生和发展过程可以看出:仲裁作为解决民商事经济纠纷的一种法律制度具有悠久的历史,它起源于古罗马,形成发展于英国、法国、瑞典等欧洲国家,继而普及于世界各国。仲裁制度在其漫长的发展过程中,主要经历了如下几个方面的演变:

(1) 起初仲裁解决争议,主要是适应商人生产、销售、消费、运输的需要而自发产生的,以后随着社会的不断发展,逐步被国家以立法方式予以确认,从而上升为一种法律制度。

(2) 最初的仲裁不存在任何强制力,执行主要靠自觉、社会道德和自身素质履行。而当仲裁上升为一种法律制度后,仲裁便具有法律效力,当事人必须履行,否则将受到法律的制裁。

(3) 由开始解决国内的民事、商事争议,发展到解决国际经济贸易、海事争议和国家与国家之间的争端。最初的仲裁主要解决民众之间的生活、财产、债务纠纷和商人之间的商事纠纷,解决争议范围较窄,而且只限于一国之内。随着资本主义商品经济的发展和国际贸易的兴起,仲裁解决争议的领域不断拓展,它不但被用于解决国内的劳资争议、行政争议等,而且被用于解决国际贸易和海事争议,甚至国家与国家之间的争端。与此相适应,出现了有关仲裁的国际性和区域性立法,又出现了有关仲裁的国际性、区域性组织。

第三节　中国仲裁制度的产生与发展

一、中华人民共和国成立前的仲裁制度

仲裁作为民间解决争议的一种重要方式,在中国具有悠久的历史,我国汉代就有类似仲裁,诸如"三老"解决乡里百姓之间的纠纷。所谓"三老"是汉代的乡官,掌所谓"教化",乡间推选三名德高望重的老人来具体处理乡间各种纠纷。但作为一种法律制度,我国的确立时间比欧洲一些国家稍晚一些。据考察,清朝时期没有仲裁组织和仲裁制度。我国仲裁制度的建立始于20世纪初的北洋军阀政府统治时期。

1912年,北洋军阀政府颁布了《商事公断处章程》和《商事公断处办事细则》,该细则规定:商事公断处附设于其所在地的各商会,作为调解和公断商事纠纷的组织机构(立于仲裁地位)。

1928年6月9日,国民政府颁布《劳动争议处理法》(1930年予以修正),我国从此开始出现劳动仲裁制度。《劳动争议处理法》规定了劳动争议处理的调解程序和仲裁程序,主要解决雇主与工人团体或15个工人以上发生的争议。

中华人民共和国成立前,没有自己的涉外仲裁制度,需要用仲裁方式解决国际贸易与海事争议,必须到外国的仲裁机构申请仲裁。

第二次世界大战以后,中美双方为解决中美之间对外贸易争议,在美国国务院倡议下成立了"中美商事联合仲裁委员会",并制定了仲裁规则。这个联合仲裁委员会形式上是中美联合仲裁组织,但实际上却受美国控制,并保留了美方在某些情况下按照美国仲裁协会的仲裁规则进行仲裁的特权,因而它带有明显的半殖民地性质。

第二次国内革命战争时期和解放战争时期,在中国共产党领导下的革命根据地和红色解放区,建立了自己的仲裁制度。1943年2月,晋察冀边区行政委员会颁布了《晋察冀边区租佃债息条例》,出现了租佃债争议使用仲裁方式解决的仲裁机构。仲裁机构的名称为:仲裁委员会。同年4月晋察冀边区行政委员会制定了《关于仲裁委员会的工作指

示》，具体规定了仲裁委员会的性质、任务和权限。

中华苏维埃共和国临时中央政府在1933年作了个别修正后颁布的《中华苏维埃共和国劳动法》中，确立了用仲裁方式解决劳动争议的法律。该法第十五条明确规定："各机关、各企业、各商店与被雇人之间，因劳动条件的问题发生争执和冲突时，各级劳动部门在得到当事人双方同意时，得进行调解及仲裁。但在发生重大争议时，即无当事人的双方同意，各级劳动部亦得进行仲裁。"

在抗日战争时期，陕甘宁边区政府公布了《陕甘宁边区劳动保护条例（草案）》。解放战争时期，上海市军事管制委员会颁布了《关于私营企业劳资争议调处程序暂行办法》；天津市人民政府公布了《天津市调解仲裁委员会暂行组织条例》等规范性文件。这些文件都不同程度地规定了劳动仲裁问题，给中华人民共和国成立后的仲裁制度的建立和发展积累了经验，奠定了基础。①

二、中华人民共和国成立后仲裁制度的产生与发展

中华人民共和国成立以后，逐步建立了全国统一的行业仲裁制度，不但设立了相应的仲裁机构，而且制定了相应的法律规范和仲裁规则。

中华人民共和国成立初期，首先建立了涉外仲裁制度，随后又建立了经济合同仲裁制度。20世纪六七十年代，政治运动频繁，仲裁很少被提及。改革开放后，我国又相继建立了农业承包合同仲裁、房地产仲裁、消费纠纷仲裁以及劳动争议仲裁等制度。其中起步较早、比较完备正规的是国内经济合同仲裁、劳动争议仲裁和涉外仲裁。但这三种仲裁制度又各有其发展过程。

（一）经济合同仲裁

中国的经济合同仲裁制度，始于20世纪50年代初期，在70多年的发展过程中，大体上经历了"只裁不审""先裁后审"（亦称"两裁两审"）"裁审自择"（亦称"一裁两审"）"或裁或审和一裁终局"四个阶段。从中华人民共和国成立初期到1966年以前，按照有关规定，经济合同纠纷只能由主管部门仲裁，而不由法院审判，故称为"只裁不审"。此期间一般实行两级仲裁制度，但个别重大、特殊的经济合同案件则实行三级仲裁。国内仲裁，各地专区为一级仲裁，省、区、市为二级仲裁，二级仲裁为终局仲裁。重大合同由国家经济委员会（简称国家经委）作出裁决。1966年至1976年，仲裁制度名存实亡。由于这个阶段社会主义经济组织之间，产、供、销关系不是普遍采用合同制，而是实行主管机关调拨制，处于计划经济阶段，经济纠纷主要通过行政手段解决。

党的十一届三中全会以后，经济合同仲裁工作得到了迅速恢复和加强。1979年国家经委、国家工商行政管理局、中国人民银行联合发出通知，规定经济合同纠纷必须先通过仲裁机构仲裁，当事人不服仲裁机构终局裁决的，在一定期限内可以向人民法院起诉，故称为"先裁后审"。

---

① 转引自韩延龙，常兆儒.中国新民主主义革命时期根据地法制文献选编（第四卷）[M].北京：中国社会科学出版社，1984:609.

由于仲裁机构实行二级仲裁制度,人民法院又实行"两审终审"制,因此,也有人将其称为"两裁两审"。1981年12月,全国人大常委会通过了《中华人民共和国经济合同法》(下称《经济合同法》),并于1982年7月1日起实施。该法第五章对经济合同纠纷的调解和仲裁作了明确规定:经济合同发生纠纷后,当事人既可以向国家规定的合同管理机关申请调解或仲裁,也可以直接向人民法院起诉,故称为"裁审自择"。

1983年8月,国务院颁布了《中华人民共和国经济合同仲裁条例》(下称《经济合同仲裁条例》),同时国家工商局颁布了《经济合同仲裁委员会组织规则(试行)》。《经济合同仲裁条例》明确规定:经济合同仲裁机关是国家工商行政管理局和地方各级工商行政管理局设立的经济合同仲裁委员会。仲裁机关处理经济合同案件实行"一次裁决"的制度。《经济合同法》和《经济合同仲裁条例》均规定,当事人对仲裁裁决不服的,可以在一定期限内向人民法院起诉,而人民法院实行"两审终审"制度,故有人称此为"一裁两审"。

1991年4月我国施行的《民事诉讼法》和1995年9月施行的《中华人民共和国仲裁法》(以下简称《仲裁法》),按照国际上通行的做法,对平等主体的公民、法人和其他组织之间的合同纠纷和其他财产权益纠纷实行"或裁或审"和"一裁终局"制度,即纠纷发生后,当事人只能在仲裁解决方式和法院诉讼方式中选择一种,二者相互排斥,选择仲裁方式解决的,不能再选择法院诉讼,仲裁实行"一裁终局"的制度,裁决一经作出即发生法律效力。

(二)劳动争议仲裁

中国的劳动争议仲裁制度(见本书劳动仲裁一章),由于有中华人民共和国成立前革命根据地、各边区政府、解放区劳动争议仲裁制度的基础,因此,1949年后,很快在全国建立起了统一的劳动争议仲裁制度,并广泛开展了劳动争议仲裁工作。1956年6月,劳动部公布了《劳动争议仲裁委员会组织及工作规则》,同年11月经国务院批准,劳动部公布了《关于劳动争议解决程序的规定》,这两个文件的公布,标志着中国劳动争议仲裁制度在全国范围内的正式确立。

由于1956年以后中国资本主义工商业的社会主义改造已经完成,国家进一步强化计划经济体制,社会经济成分和劳动关系越来越单一,劳动争议逐年减少,于是劳动部于1957年7月发出了《关于撤销劳动争议仲裁委员会的通知》,随后劳动仲裁机构陆续被撤销,人民法院也不受理劳动争议仲裁案件,而改由政府的信访部门承担。至此,劳动争议仲裁制度不复存在。

党的十一届三中全会以后,随着国家民主与法制建设的加强,劳动争议仲裁制度又得以恢复。1986年7月,《国务院关于发布改革劳动制度四个规定的通知》中,明确提出要继续建立劳动争议仲裁机构。

党的十四大以后,为适应建立社会主义市场经济体制的需要,更好地处理各种劳动争议,调整劳动关系,国家加强了劳动仲裁的立法。1993年7月6日,国务院颁布了《中华人民共和国劳动争议处理条例》,自1993年8月1日起施行。该条例增加了"仲裁"一章,对劳动争议仲裁的有关问题作了更加具体的规定。同时,劳动部还以此条例为依据于1993年10月18日和11月5日分别制定了《劳动争议仲裁委员会办案规则》和《劳动争议仲裁委员会组织规则》,从而强化了用仲裁方式处理劳动争议。此外,1994年7月5日公布并于1995年1月1日起施行的《中华人民共和国劳动法》明确规定,仲裁方式解决劳动争议是诉讼方式解决劳动争议的前置程序。这对进一步强化劳动争议仲裁制度,使之更好地发挥作用,具有十分重要的意义。

上述有关劳动争议仲裁的法律、法规、规章的出台,标志着中国劳动争议仲裁制度已在原来的基础上进一步得到完善和发展,进入了一个新的阶段。

(三)中国涉外仲裁制度的产生与发展

中国涉外仲裁制度建立于20世纪50年代初,主要是为适应中国对外经济贸易和远洋运输等事业发展的需要而制定的。

1954年5月,中央人民政府通过了《中央人民政府政务院关于在中国国际贸易促进委员会内设立对外贸易仲裁委员会的决定》。1956年3月,中国国际贸易促进委员会制定了《中国国际贸易促进委员会对外贸易仲裁委员会仲裁暂行规则》,同年4月对外贸易仲裁委员会成立。

1982年2月,国务院决定将对外贸易仲裁委员会改为对外经济贸易仲裁委员会,并相应地扩大了其组织机构和受案范围。1988年6月,又改为中国国际经济贸易仲裁委员会,并将受案范围扩大到受理国际经济贸易中发生的一切争议。与此相适应,中国国际贸易仲裁委员会对原来的仲裁规则进行了几次修改。1995年10月1日施行《中国国际经济贸易仲裁委员会仲裁规则》。至此,中国的国际经济贸易仲裁制度得到了进一步的完善和发展。

中国的海事仲裁始于1959年,1958年8月国务院作出了在中国国际贸易促进委员会内设立海事仲裁委员会的决定,并制定了《中国国际贸易促进委员会海事仲裁委员会仲裁程序暂行规则》。1959年1月中国国际贸易促进委员会海事仲裁委员会成立。1998年经国务院批准,原中国国际贸易促进委员会海事仲裁委员会改名为中国海事仲裁委员会,并制定了《中国海事仲裁委员会仲裁规则》。按照新仲裁规则的规定,海事仲裁委员会的受案范围进一步扩大,并适应了中国海上航运事业和对外经济贸易关系不断发展的需要。

由此可见,中国的涉外仲裁制度是随着中国的对外开放和社会主义市场经济不断发展而发展和完善的,它在解决涉外经济贸易和海事争议中发挥着越来越重要的作用。

第二编　国内仲裁

第二章 国内仲裁

第一节 我国《仲裁法》的颁布及立法宗旨

一、我国《仲裁法》的出台

我国的经济体制改革，社会主义市场经济体制的建立和发展，必须有一套完备的法制体系来引导、规范和保障，其中包括建立一套能适应市场经济发展，快速、公正地解决各类经济纠纷的仲裁管理体制。对此，在中国共产党第十四次全国代表大会上，我党确立了我国建立和发展社会主义市场经济的总体目标。

1991年8月，全国人大常委会法工委组织有关人员开始着手起草《仲裁法》。法工委多次召开有仲裁机构、有关行政机关、人民法院、法律专家等参加的座谈会，并到一些地方进行调查研究，听取意见。1994年3月8日，全国人大常委会法工委将《中华人民共和国仲裁法（草案）》提请第八届全国人大常委会第八次会议审议，法工委主任顾昂然作了《关于中华人民共和国仲裁法（草案）的说明》，会后，法工委将草案印发各省、自治区、直辖市和中央有关部门，并邀请部分仲裁机构、地方和中央有关部门的法律专家、学者、仲裁员座谈，征求意见。根据全国人大常委会的审议意见和地方、部门、仲裁机构的修改意见，全国人大常委会法律委员会对《仲裁法（草案）》进行了审议。1994年8月24日，在第八届人大常委会第九次会议上，法律委员会副主任委员王叔文作了《全国人大法律委员会关于〈中华人民共和国仲裁法（草案）〉审议结果的报告》。第九次会议于8月24日、25日分组对《仲裁法》进行了审议。8月30日法律委员会主任委员薛驹作了关于《仲裁法（草案）》修改稿修改意见的汇报。8月31日第八届人大常委会第九次会议以127票全票通过了《中华人民共和国仲裁法》，并同时公布，自1995年9月1日起施行。

从此，中华人民共和国有了自己的《仲裁法》，仲裁制度也进入了一个崭新的发展阶段。

二、我国《仲裁法》的立法宗旨

《仲裁法》第一条规定："为保证公正、及时地仲裁经济纠纷，保护当事人的合法权益，保障社会主义市场经济健康发展，制定本法。"开篇便阐明了立法宗旨。

发展社会主义市场经济，必须建立和完善一整套与之相适应的程序法制机制，《仲裁法》当然包括其中。与民事诉讼相比，仲裁具有极大的灵活性和便利性。可以减少当事人之间因利忘义的感情冲突，从而防止影响日后正常的商事继续合作。仲裁的自愿、简易、快捷等特点决定了其在纠纷过程中所起的作用，非民事诉讼所能完全替代。因此，

《仲裁法》的制定,对于保护当事人的正当权益,及时解决纠纷,保障社会主义市场经济的健康发展,都具有重要意义。

三、我国仲裁的基本原则和基本制度

(一)基本原则

仲裁的基本原则,是指仲裁机构在仲裁活动的整个过程中,起指导作用的规范准则。它体现了《仲裁法》的精神实质,是统帅整个仲裁活动的基本准则,而不是仲裁的某阶段或仲裁制度的某一部分的准则,它是整个仲裁活动的总的要求,指明了总的方向。根据《仲裁法》的规定,仲裁应当遵循如下基本原则:

1. 自愿原则

自愿原则是贯彻仲裁程序始终的一项基本原则。根据这一原则,当事人采用仲裁方式解决纠纷。自愿原则可以总结为"6个自愿":

第一,协议仲裁自愿。凡向仲裁委员会申请仲裁的双方当事人应当自愿达成仲裁协议,没有仲裁协议,一方申请仲裁的,仲裁委员会不予受理。

第二,选择管辖自愿。根据《仲裁法》第六条的规定,仲裁委员会对仲裁案件的管辖权由当事人协议选定。仲裁不实行级别管辖和地域管辖。仲裁实行协议管辖原则按照当事人的意思自治,自愿选定他们共同信任的仲裁委员会。

第三,仲裁事项自愿,仲裁事项可以由当事人双方约定,即当事人在仲裁协议中,可以约定哪些事项提交仲裁。约定的事项可以是全部或部分。仲裁机构必须尊重当事人的选择,不得随意扩大仲裁事项。

第四,选定仲裁员自愿。当事人收到仲裁委员会送达的仲裁员名册后,可以自愿选定自己信任的仲裁员成立仲裁庭。仲裁庭可以由1名仲裁员组成还可以由3名仲裁员组成,双方当事人也可以自愿约定,也可以不约定仲裁庭的组成方式或者选定仲裁员,而任意由仲裁委员会主任指定。

第五,当事人调解、和解自愿。仲裁庭在作出裁决前,可以先行调解。当事人自愿调解、和解的,仲裁庭应当准许。

第六,制作仲裁文书自愿。调解达成协议的,仲裁庭应当制作调解书或者根据其调解协议制作裁决书。调解书与裁决书具有同等法律效力。当事人自行和解,达成和解协议后,可以请求仲裁庭根据和解协议作出仲裁裁决书,也可以撤回仲裁申请。在仲裁裁决书中,当事人协议不愿写明争议事实和裁决理由的,可以不写。

2. 以事实为根据、符合法律规定、公平合理地解决纠纷原则

仲裁委员会作出仲裁裁决须以客观事实为依据,以民事实体法和程序法作为处理案件的标准。为了准确地认定事实,仲裁庭必须充分听取双方当事人的陈述、证人证言和鉴定人的鉴定意见,防止偏听偏信和主观臆断。仲裁委员会必须查明案件的发生、经过、现状及双方争执的焦点,必须查明双方当事人在争议的法律关系中所享有的权利和应负的义务等。仲裁庭认为有必要收集的证据,可以自行收集。在适用法律时,法律有明文规定的,按照法律的规定;无明文规定的,按照法律的基本精神和仲裁规则,或遵照公平合理原

则自由裁量。

3. 仲裁机构依法独立行使仲裁权的原则

根据《仲裁法》第八条的规定,仲裁依法独立进行,不受行政机关、社会团体和个人的干涉。其独立性表现在仲裁委员会和仲裁庭各依职责独立行使仲裁权。仲裁庭行使仲裁案件的调解权、裁决权。仲裁委员会和仲裁庭行使仲裁职责的豁免权,当事人不服仲裁裁决,不得以仲裁委员会和仲裁庭为被告诉至人民法院。同时,仲裁组织体系内的仲裁协会、仲裁委员会和仲裁庭三者也是相对独立的,它们各行其职,互不干预。仲裁庭对案件的审理与裁决,独立进行,仲裁协会、仲裁委员会不能干预。因为仲裁协会的主要职责是,依法制定适用于各仲裁委员会的仲裁规则,对仲裁委员会及其组成人员、仲裁员的违纪行为进行监督,仲裁协会只是仲裁委员会的自律性组织;仲裁委员会的主要职责是,依照《仲裁法》规定的条件并结合实际情况聘任仲裁员,依法对违法违纪的仲裁员予以除名,依法决定仲裁案件的受理,依法确认仲裁协议的效力,根据当事人的选定或者依法指定仲裁员决定仲裁庭的组成形式,以及其他有关管理和事务性的仲裁工作。仲裁庭一旦组成,仲裁委员会即不再介入,仲裁案件从审理直至终局裁决,完全由仲裁庭独立进行。

4. 审理不公开原则

《仲裁法》第四十条规定,仲裁不公开进行。当事人协议公开的,可以公开进行,但涉及国家秘密的除外。仲裁不公开进行,是仲裁制度的又一显著特征,也是国际上商事仲裁的惯例。它包括申请、受理、开庭等仲裁活动的情况,不对外界公开,仲裁开庭不允许旁听,裁决不向社会公开公布,不允许新闻记者进行采访,参与仲裁的仲裁员、书记员、翻译人员、鉴定人、勘验人等都负有保密的责任等。因仲裁案件多涉及商业信誉和商业秘密,同时当事人也都不愿意因一时的争议而影响声誉和日后的贸易交往。仲裁的不公开进行,正是体现了为当事人保密这一原则,符合商事性质的要求。

(二) 基本制度

根据我国多年的仲裁实践,《仲裁法》在我国原有法律对仲裁的基本制度规定的基础上,借鉴国外仲裁制度的规定,明确了我国仲裁实行协议仲裁制度,或裁或审制度和一裁终局制度。

1. 协议仲裁制度

协议仲裁制度,是指当事人向仲裁委员会申请仲裁,必须以当事人双方自愿达成的仲裁协议为依据。没有仲裁协议,一方申请仲裁的,仲裁委员会不予受理;仲裁协议同时又是人民法院不予受理案件的依据。当事人之间达成了仲裁协议,一方当事人向人民法院起诉的(只要不属于仲裁协议无效或者当事人自动放弃仲裁协议的),人民法院不予受理。仲裁协议是仲裁的基石,体现了双方的自愿意思表示,没有仲裁协议的仲裁不是真正的仲裁,否则它就同其他解决争议的方式没有什么区别了。因此,仲裁的生命力表现在它的自愿上,而自愿原则又必须通过仲裁协议制度体现。

2. 或裁或审制度

《仲裁法》第五条规定,当事人达成仲裁协议,一方向人民法院起诉的,人民法院不予受理,但仲裁协议无效的除外。协议仲裁排斥了法院对有关争议的管辖权,当事人签订了仲裁协议,其诉权的行使就受到了限制,在当事人双方发生协议约定的争议时,任何一方只能将争议提交仲裁,而不能向人民法院起诉。反之,如果没有仲裁协议,或者仲裁协议无效,或者仲裁协议失效的,只能向人民法院提起诉讼,而不能提交仲裁。或裁或审制度,即要么仲裁,要么诉讼,二者只能择一。如果一方当事人出于自身的利益或者其他原因,不遵守仲裁协议的约定,或者有意规避仲裁而向人民法院起诉,另一方当事人可以依据仲裁协议向人民法院提出管辖权异议,要求人民法院驳回起诉。对于人民法院来说,对具有有效的仲裁协议的起诉,应当予以驳回,并告知当事人向仲裁机构申请仲裁。涉外仲裁案件也应遵循或裁或审制度,《民事诉讼法》第二百七十一条规定:"涉外经济贸易、运输和海事中发生的纠纷,当事人在合同中订有仲裁条款或者事后达成书面仲裁协议,提交中华人民共和国涉外仲裁机构或者其他仲裁机构仲裁的,当事人不得向人民法院起诉。当事人在合同中没有订有仲裁条款或者事后没有达成书面仲裁协议的,可以向人民法院起诉。"当然,也有一种例外,即如果双方当事人在签订了仲裁协议后,又共同放弃了这一协议,或者一方当事人起诉后,另一方当事人应诉并进行了答辩,未就管辖问题提出异议,那么,解决纠纷的方式就不能排除法院的管辖权了。

3. 一裁终局制度

一裁终局制度,是指仲裁机构受理并经仲裁庭审理的纠纷,一经仲裁庭作出裁决,该裁决即发生终局的法律效力。《仲裁法》第九条规定:"仲裁实行一裁终局的制度。裁决作出后,当事人就同一纠纷再申请仲裁或者向人民法院起诉的,仲裁委员会或人民法院不予受理。裁决被人民法院依法裁定撤销或者不予执行的,当事人就该纠纷可以根据双方重新达成的仲裁协议申请仲裁,也可以向人民法院起诉。"这条规定确立了我国仲裁统一实行一裁终局制度。我国原来的仲裁制度在不同时期或在不同的法律规定中曾实行过一裁二审、二裁二审和一裁一复议终局制度。所谓一裁二审,主要在经济合同法修改前的经济合同仲裁、房地产仲裁、消费纠纷仲裁中实行,新的《中华人民共和国合同法》颁布后,《经济合同法》已经废止不再执行。总之,不论是经过一裁二审或一裁一复议,一般都规定可以再行起诉。当然,技术合同纠纷、涉外经济合同纠纷及后来又修改过的《经济合同法》规定的经济合同仲裁,也曾经规定过实行一裁终局制度。但《仲裁法》颁布后,将仲裁统一规定实行一裁终局制,这就使得仲裁机构作出裁决后,仲裁裁决立即发生法律效力,当事人即使不服裁决,也不得就同一纠纷再向人民法院起诉,不得再向仲裁机构申请仲裁或申请复议。《仲裁法》统一了以往法律中对仲裁效力不一致的做法。

从情理上看,仲裁是由双方当事人通过协议自愿选择解决纠纷的方式,当双方达成仲裁协议时,实际上他们就认可了仲裁解决纠纷的方式,也有准备按裁决去履行义务。从理论上讲,如果允许在裁决作出后再通过其他方式否定裁决,除了增加程序、费时、烦琐,使仲裁名存实亡,也会使仲裁失去有效性、权威性,并无法发挥仲裁独特的作用。

四、我国《仲裁法》规定的仲裁范围

我国《仲裁法》的适用范围,可以从以下几个方面来理解:

其一,仲裁程序的启动必须建立在当事人的仲裁协议基础上,我国《仲裁法》第四条规定,当事人采用仲裁方式解决纠纷,应当双方自愿,达成仲裁协议。没有仲裁协议不能仲裁。

其二,仲裁事项必须是合同纠纷和其他财产性法律关系的争议,非诉讼案件和非财产性纠纷,不能进行仲裁。

其三,仲裁事项必须是平等主体之间发生的且当事人有权处分的财产权益纠纷,由强制性法律规范调整的法律的争议不能进行仲裁。可见仲裁的范围强调了主体的平等性和财产权益的可处分性。

其四,关于"其他财产权益纠纷",我国《仲裁法》没有直接规定其范围,即"概括规定"。但此项规定,在仲裁实践中往往产生分歧。如侵权损害赔偿纠纷、医疗事故纠纷、消费者权益纠纷、知识产权纠纷、证券交易纠纷、金融方面的纠纷等,是否适用仲裁方式解决?

对此法律尚未明确限制,笔者认为,如果当事人之间达成了仲裁协议,请求仲裁,只要主体平等,财产权益具有可处分性,也未尝不可。如中国国际贸易促进委员会、中国国际商会在2003年就通过了《中国国际经济贸易仲裁委员会金融争议仲裁规则》,并设有"金融专业仲裁员名单",供有金融争议的仲裁当事人选择。目前我国上海、郑州、大连、武汉、天津、广州、深圳等十几个城市和地区的仲裁委员会均设立了专门的金融仲裁机构,以此受理存款和贷款、票据、信用证、银行卡等支付结算纠纷、保险合同、基金、信托、股票、债券、典当等纠纷。又如在知识产权方面,《中华人民共和国商标法》(以下简称《商标法》)和《中华人民共和国专利法》(以下简称《专利法》)虽未明确规定知识产权纠纷可以仲裁,但在厦门、武汉、天津、广州等多地仲裁委员会成立了知识产权仲裁院。2011年著名的中国商标第一案:"红绿王老吉"仲裁案,就是中国国际经济贸易仲裁委员会仲裁裁决的,最后"红罐"王老吉商标败诉。

这里需要指出的是,知识产权中的确权纠纷不能仲裁,该纠纷由行政部门的专利复审委员会和商标评审委员会处理。

五、我国《仲裁法》规定的不可仲裁事项

我国《仲裁法》规定的不可仲裁事项有两类:一是人身权和人格权争议;二是法律规定由其他机关处理的争议。如《仲裁法》第三条规定,下列纠纷不能仲裁:(一)婚姻、收养、监护、扶养、继承纠纷;(二)依法应当由行政机关处理的行政争议。

上述婚姻、收养、监护、扶养、继承等均属于人身权争议,不属于合同纠纷或其他财产权益纠纷。人格权也是非财产权益,如生命权、健康权、人身自由、婚姻自主、姓名、名称、肖像、名誉、荣誉等权利争议,均不能仲裁。

依法应当由行政机关处理的行政争议,也被排除在仲裁范围之外。如上所述的知识产权中的确权纠纷。又如劳动争议、企业承包和农业集体经济组织内部的农业承包合同纠纷等,这些纠纷不同于一般经济纠纷,它们在仲裁原则、适用程序等方面有自己的独特特点,因此,《仲裁法》第七十七条规定,劳动争议和农业集体经济组织内部的农业承包合同纠纷的仲裁,另行规定。

再如口岸、渔政管理和质量等争议,在以往的行政法规中,特别是1990年前颁布的行

政法规中,曾规定了口岸、渔政管理争议的仲裁问题。口岸、渔政管理的争议,是行政管理权限的争议。因此,除符合《仲裁法》第二条的规定可以申请仲裁外,依照《仲裁法》第七十八条的规定,《仲裁法》施行前制定的有关仲裁的规定与《仲裁法》的规定相抵触的以《仲裁法》为准。

第二节 仲裁组织和仲裁员

一、仲裁委员会

(一)仲裁委员会的设立程序

仲裁委员会的设立程序包括在什么地方设立、由谁设立以及设立登记等。

《仲裁法》第十条规定,仲裁委员会可以在直辖市和省、自治区人民政府所在地的市设立,也可以根据需要在其他设区的市设立,不按行政区划层层设立。

这一规定确定了仲裁委员会独立于行政机关,按地区设立统一的仲裁委员会,不按级别管辖层层设立。仲裁委员会只能在两类城市设立,一类是直辖市和省、自治区人民政府所在地的市,另一类是设区的市。因为城市是各地区经济发展的中心,大量经济纠纷案件的发生地,将其设立在上述大、中城市,改变了过去某些仲裁委员会按行政区划层层设立而过多、挂靠,仲裁机构民事、行政性质不分的状况。有利于与社会组织性质的国际通行做法接轨,有利于保证仲裁案件的质量。

《仲裁法》第十条规定,仲裁委员会由前款规定的市的人民政府组织有关部门和商会统一组建。这里的"有关部门"主要指已经设有仲裁委员会的政府部门。1994年8月30日全国人大法律委员会主任委员薛驹在关于《仲裁法》(草案修改稿)和《审计法》(草案修改稿)修改意见的汇报中指出:"这里的有关部门,主要指已经设立仲裁机构的一些部门,由于各地设立仲裁机构的情况不同,有关部门具体指哪些部门,宜由当地的市人民政府来确定,在《仲裁法》中可以不作规定。"

《仲裁法》第十条规定,设立仲裁委员会,应当经省、自治区、直辖市的司法行政部门登记。司法局(厅)对拟设立的仲裁委员会进行审查。符合规定条件的,予以登记;不符合规定条件的,不予登记。

登记的内容包括设立登记和注销登记。

1.设立登记

根据《仲裁委员会登记暂行办法》的有关规定,设立仲裁委员会,应当向登记机关办理设立登记;未经设立登记的,仲裁裁决不具有法律效力。登记时应当向登记机关提交下列文件:①设立仲裁委员会申请书;②组建仲裁委员会的市的人民政府设立仲裁委员会的文件;③仲裁委员会章程;④必要的经费证明;⑤仲裁委员会住所证明;⑥聘任的仲裁委员会组成人员的聘书副本;⑦拟聘任的仲裁员名册。

2. 注销登记

仲裁委员会决议终止的,应当向登记机关办理注销登记。①

(二)仲裁委员会的设立条件

按照《仲裁法》第十一条规定,设立仲裁委员会必须具备的条件有四项:

1. 有自己的名称、住所和章程

仲裁委员会的名称由"仲裁委员会所在市的地名+仲裁委员会"构成,如北京仲裁委员会、广州仲裁委员会、邯郸仲裁委员会等。住所指仲裁委员会办事机构所在地。仲裁委员会作为法人,应当有自己的章程。章程由仲裁委员会依照《仲裁法》规定,包括仲裁委员会的设立宗旨、组成人员的产生办法和财务管理等。

2. 有必要的财产

作为仲裁委员会,应当具有与从事仲裁工作相适应的资金、办公用房及办公设备。该经费,在仲裁委员会开办和设立初期,主要由政府资助,随着仲裁事业的发展,逐步做到自收自支。

3. 有该委员会的组成人员

仲裁委员会由主任1人、副主任2~4人和委员7~11人组成。仲裁委员会的主任、副主任和委员是该委员会的组成人员。仲裁委员会的组成人员由法律、经济贸易专家和有实际工作经验的人员担任。该组成人员可以是仲裁员,也可以不是仲裁员,但其中法律、经济贸易专家不得少于2/3。仲裁委员会的组成人员,可以在仲裁委员会组建时协商产生,也可以由仲裁委员会的章程规定产生。

4. 有聘任的仲裁员

《仲裁法》第十三条规定,仲裁委员会应当从公道正派的人员中聘任仲裁员,仲裁员按不同专业设立仲裁员名册。仲裁委员会不设专职仲裁员。

(三)仲裁委员会的性质

我国各地的仲裁委员会是独立社团法人,不属于任何部门管辖。《仲裁法》第十四条规定,仲裁委员会独立于行政机关,与行政机关没有隶属关系。仲裁委员会之间也没有隶属关系。

二、仲裁协会

根据《仲裁法》第十五条规定,中国仲裁协会是社会团体法人,各地仲裁委员会是中国仲裁协会的会员。中国仲裁协会的章程由全国会员代表大会制定。中国仲裁协会是仲裁委员会的自律性组织,根据章程对仲裁委员会及其组成人员、仲裁员的违纪行为进行监督。中国仲裁协会依照《仲裁法》和《民事诉讼法》的有关规定制定仲裁规则。

---

① 见《仲裁委员会登记暂行办法》。

(一)中国仲裁协会的性质

作为社会团体法人,中国仲裁协会有自己的章程,有承认该章程的会员,并向有关部门申请登记。各仲裁委员会是中国仲裁协会的法定(团体)会员,接受协会的业务指导和管理,并按规定交纳会费。中国仲裁协会的章程由全国会员代表大会制定。①

(二)中国仲裁协会的主要职责

作为仲裁委员会的自律性组织的中国仲裁协会,其主要职责有以下两项:

(1)指导、协调各地仲裁委员会的工作,并根据章程对仲裁委员会及其组成人员、仲裁员的违纪行为进行监督。

(2)根据《仲裁法》和《民事诉讼法》的有关规定,制定仲裁规则,以及其他仲裁规范性文件。如《仲裁员守则》《仲裁委员会工作人员守则》等。

三、仲裁员

(一)仲裁员资格

仲裁员是根据法律和仲裁委员会仲裁规则的规定,对当事人之间发生的合同纠纷和其他财产权益纠纷进行公断的人。

仲裁员在案件审理过程中充当裁判员角色。由于仲裁实行一裁终局制度,这就要求仲裁员有良好的业务素质和判断能力。在思想品德方面要求德高望重、公道正派、操守廉洁、为人正直。

《仲裁法》第十三条对仲裁员的职业、工作年限、职称等方面作了具体规定,仲裁员应当符合下列条件之一:

(1)从事仲裁工作满八年的;

(2)从事律师工作满八年的;

(3)曾任审判员满八年的;

(4)从事法律研究、教学工作并具有高级职称的;

(5)具有法律知识、从事经济贸易等专业工作并具有高级职称或者具有同等专业水平的。

仲裁委员会按照不同专业设仲裁员名册。

(二)仲裁员行为规范

《仲裁法》第七条规定,仲裁员应当根据事实,依照法律规定,公平合理地仲裁案件。

仲裁员在审理案件时,应当遵循如下准则:

(1)仲裁员在担任职务期间不得私自会见任何一方当事人、代理人,不得单独接受一方当事人、代理人提供的证据、材料或者与当事人、代理人讨论有关案件的情况,不得接受

---

① 1994 年,国务院办公厅下发了《关于做好重新组建仲裁机构和筹建中国仲裁协会筹备工作的通知》(国办发[1994]99 号),要求筹建中国仲裁协会,当时各地新的仲裁委员会如雨后春笋,纷纷设立。但 20 多年过去了,中国仲裁协会由于种种原因至今尚未成立。

当事人、代理人的请客和馈赠,不得索贿受贿、徇私舞弊。案件材料均由办事机构(秘书处)工作人员转交,仲裁员不应经手。

《仲裁法》第三十四条、第三十八条规定,如果仲裁员是本案当事人或者当事人、代理人的近亲属;或者与本案有利害关系;或者与本案当事人、代理人有其他关系,可能影响公正仲裁的;或者仲裁员私自会见当事人、代理人,或者接受当事人、代理人的请客送礼的。仲裁员必须回避,当事人也有权提出回避申请。

如果仲裁员在仲裁该案时不能廉洁自律,有索贿受贿,徇私舞弊,枉法裁决的行为,情节严重的,应当依法承担法律责任,并应由仲裁委员会将其除名。

(2)仲裁员在案件未作出裁决之前,不得向任何一方当事人或者其他人员就案件发表任何意见。严禁向当事人或其他人员披露案情。如果仲裁员认为与案件有利害关系或其他关系,包括近亲属关系、债务关系、财产与金钱关系、业务及商业关系等,可能影响公正审理案件时,应当向本仲裁委员会披露,并自我申请回避。

(3)仲裁员应当严格按照仲裁规则的程序公平独立地审理案件。在开庭审理之前,首席仲裁员应当提出审理方案的设想,其他仲裁员应当参加讨论,商定审理方案。仲裁庭由独任仲裁员组成时,独任仲裁员应当在开庭前拟妥审理方案。

在开庭审理中,仲裁员应当充分听取双方当事人的陈述,不得出现倾向性,注意询问和表达意见的方式,避免对关键问题过早作出结论,避免与当事人出现对峙局面,始终保持中立态度。仲裁员提问应本着查明事实的目的提问,避免偏向性或诱导性提问。仲裁庭成员之间对案件有不同意见,不应彼此当庭对立、进行讨论,讨论时应让当事人回避,以免让当事人产生不公正的印象。

(4)勤勉审慎地履行职责。仲裁员被选定或指定后,应当确保办案的时间,不得因其他事情影响案件的审理。如遇有特殊情况不得已时,应在合理的时间内提前告知仲裁委员会,以便作出适当处理。

在开庭审理结束后,首席仲裁员应当无迟延地主持会议,提出下一步程序进行的意见或者裁决书起草的意见。仲裁员在仲裁过程中,应当掌握案件程序进展情况,克尽勤勉,提高效率,在保证案件质量的同时,在规定的期限内按时结案。

(5)保密的义务。仲裁不公开进行。仲裁员应当严格保守仲裁秘密,不得向外界透露案件审理过程、仲裁庭合议情况、案件涉及的商业秘密等内容。

仲裁员需要以仲裁委员会名义对外参加有关仲裁会议或活动时,应当事先得到仲裁委员会的同意。仲裁员在撰写文章、发表讲演或进行其他学术活动,需要提及某案件时,应作适当处理,以使外界无法辨认案件当事人。

(三)仲裁员名册

仲裁员名册是指将经仲裁委员会审查具备仲裁员资格的仲裁员登记造册,供当事人选择。

仲裁委员会应当按不同专业设置仲裁员名册,如按照经济合同、知识产权、房地产、金融、证券等专业设立仲裁员名册。仲裁员名册应报中国仲裁协会备案。

四、专家咨询委员会

根据仲裁委员会章程规定,在仲裁委员会内设立专家咨询委员会,由 5 至 15 名有关法学和经济贸易界专家组成,主要负责为仲裁委员会、仲裁庭的重大疑难案件、仲裁程序和实体上遇到的疑难问题提供咨询意见,组织仲裁员交流经验,研讨仲裁的理论和实际问题,对仲裁委员会的工作和发展提出建议等工作。专家咨询委员会设主任委员 1 人,由仲裁委员会委员兼任。(副主任委员 2 人和委员若干人。专家咨询委员会可以设常委会委员 1 至 3 人。)

(一) 专家咨询委员会的工作任务及范围

专家咨询委员会主要负责对仲裁案件审理过程中有争议的仲裁案件和重大疑难问题进行研究、协调和释明,并提供咨询意见;组织仲裁员交流经验,由仲裁委员会秘书长或专家咨询委员会提议或提出方案,提交仲裁委员会议决;对仲裁委员的工作和发展提出建议。

需要专家咨询委员会提出咨询意见的主要有以下几种情况:

一是仲裁庭意见不一致,或仲裁庭意见虽一致,但定性有些问题拿不准。

二是带有普遍性的实体问题,以避免就类似的案件不同的仲裁庭作出不同的裁决。

三是所涉专业性强、案情复杂疑难、仲裁庭不能形成多数意见,且首席仲裁员或独任仲裁员难以决断的案件。

四是可能产生重大影响或对其他案件具有普遍指导意义的案件。

五是发出司法机关的"司法建议"和裁定"重新仲裁"的案件。

六是专家咨询委员会主任认为有必要提请专家咨询委员会咨询的其他案件或者仲裁活动中涉及的相关理论和实务问题等。

专家咨询委员会提供的咨询意见,其效力为:具有权威性,但不具有当然的约束力。专家咨询委员会提供的咨询报告,不能干预仲裁庭的独立裁决,仲裁庭有权根据仲裁规则的规定决定是否采纳专家的意见,仍然保持仲裁庭审理案件的独立性。

(二) 专家咨询委员会工作方式

向专家咨询委员会提出的咨询的主体为仲裁庭、仲裁委员会。议事由仲裁庭、专家咨询委员会秘书长、驻会委员提请和专家咨询委员会主任决定。专家咨询委员会主任、专家咨询委员会秘书长和驻会委员,发现仲裁案件审理过程中尚未发出的裁决书有重大问题而仲裁庭未发现或不提请咨询的,可以提醒仲裁庭注意或直接提请专家咨询委员会咨询。驻会委员、专家咨询委员会秘书长负责安排专家咨询委员会咨询的议程、时间、场所等事宜。

专家咨询委员会会议由主任委员主持或委托副主任委员主持。

仲裁庭在审理案件过程中遇到需快捷处理的疑难问题,可以直接提请驻会委员提供咨询或由驻会委员建议仲裁庭提请专家咨询委员会咨询。

专家咨询委员会原则上每半年召开一次会议,由秘书长提前 10 天通知,将要讨论的问题的材料随通知一并发出。遇有特殊情况需召开临时会议时,由秘书长提前 15 天通知,并将要讨论的问题的材料随通知一并发出。咨询方式除召集研讨会之外,也可以采用口头、书面等方式征询意见,视情况需要,根据方便原则灵活运用不同方式。

专家咨询委员会提出的咨询意见,不要求全体委员意见一致,可以有两种以上的不同意见存在。咨询意见应以书面形式作出,即在专家咨询委员会会议后,对所讨论的问题应作出书面咨询意见,或以会议纪要形式发给仲裁庭、仲裁委员会秘书处(部)及专家咨询委员会的委员。

(三)保密要求

涉及具体案件的咨询意见,仲裁庭、仲裁委员会的办事机构和专家咨询委员会的委员有保密的义务,不得向外界透露。专家咨询委员会的会议纪要或咨询意见,任何人不得公开引用。

第三章 仲裁协议

"仲裁协议"作为国际国内仲裁的一种法律文书,在我国《民事诉讼法》作出有关仲裁协议的规定之后,1995年9月1日开始施行的《中华人民共和国仲裁法》又整章对仲裁协议作了详细的规定。目前,仲裁协议已成为国际上商事仲裁普遍遵守的原则,为了更好地把握国际公约、各国仲裁立法和我国有关仲裁协议的制定,本章从学理上对仲裁协议的概念及特征、仲裁协议的内容和形式、仲裁协议的作用及效力等方面作简要阐述。

第一节 仲裁协议的定义及独立性特征

一、仲裁协议的定义

仲裁协议是双方当事人表示愿意将他们之间已经发生或者可能发生的一定法律关系的争议,提交仲裁,并服从其裁决约束的一种法律文书。

仲裁协议是仲裁制度的基石,是仲裁程序得以启动并保障仲裁裁决承认及执行的前提。如果没有仲裁协议,严格意义上的仲裁制度是不存在的。实际上仲裁制度的许多优点和执行力都是通过仲裁协议得以实现的。实行协议仲裁制度,就意味着承认民事主体选择解决实体权利义务纠纷的自由,即当事人的意思自治。

联合国国际贸易法委员会制定的《联合国国际商事仲裁示范法》第七条将仲裁协议定义为,"仲裁协议"是指当事人各方同意将他们之间的契约性或非契约性的特定法律关系上已经发生或可能发生的一切或某些争议提交仲裁的协议。尽管各国立法制度对"仲裁协议"的表述有所差异,但上述概念基本概括了仲裁协议的含义。

二、仲裁协议的独立性特征

仲裁协议的独立性特征表现在以下几方面:

(1)仲裁协议是当事人双方针对他们之间已经发生的或者将来可能发生的争议采用什么方式解决的意思表示,这种意思表示不仅是内心活动,而且必须形之于外,是用书面形式表达出来的一种法律文书。

国际上大多数国家的《仲裁法》及仲裁机构均规定仲裁协议必须以书面方式载明。表现在双方当事人在签订具有仲裁条款的合同时,他们所完成的不是一个合同,而是两个不同性质的合同,即仲裁协议是当事人就争议解决达成的一个合同;另一个是商事贸易如交货、提货、价款等商品交换合同。它不因后者主合同的无效而失去效力,商事贸易合同中的仲裁条款与其他条款是分离的、独立存在的条款。附属于贸易合同的单独仲裁协议,也应视为与合同其他条款分离的、独立存在的一部分。

如《最高人民法院在关于适用〈中华人民共和国仲裁法〉若干问题的解释》第十条中规定,合同成立后未生效或者被撤销的,仲裁协议效力的认定适用仲裁法第十九条,仲裁协议独立存在,合同的变更、解除、终止或者无效或者未生效、失效、转让等,不影响仲裁协议的效力。当事人在订立合同时就争议达成仲裁协议的,合同未成立不影响仲裁协议的效力。

由此可见,订立仲裁协议,与签订贸易主合同本身是两项相互独立的并由不同法律规范调整的法律行为。

(2)仲裁协议是国际商事仲裁机构受理仲裁案件的依据,并由此排除了法院对其案件的审判权。一方当事人再向法院提起诉讼,法院将不予受理。

例如,我国现行的《民事诉讼法》第二百七十一条对此作了专门规定,"涉外经济贸易、运输和海事中发生的纠纷,当事人在合同中订有仲裁条款或者事后达成书面仲裁协议,提交中华人民共和国涉外仲裁机构或者其他仲裁机构仲裁的,当事人不得向人民法院起诉"。国内当事人在合同中订有仲裁条款或事后达成仲裁协议,提交国内仲裁机构或者其他仲裁机构仲裁的,当事人同样不得向人民法院起诉。

(3)仲裁协议作为一种契约,一般应具备下列要件。

第一,双方当事人意思表示真实。仲裁协议是在当事人自愿的基础上通过协商一致达成的,一方采取欺诈、胁迫手段迫使对方订立的仲裁协议不具备法律效力。

第二,当事人约定的仲裁事项是法律规定的仲裁范围,即平等主体的公民、法人和其他组织之间发生的合同纠纷和其他财产权益纠纷。超出法律规定范围的仲裁协议无效。

第三,仲裁协议对合同、协议的当事人有约束力,为强制执行仲裁裁决的前提条件之一。当事人在争议发生后,如果订有仲裁协议,则必须依照仲裁协议的内容将争议提交仲裁,这是对当事人行使诉权的约束。

(4)仲裁裁决后,如果一方当事人不履行仲裁裁决书,另一方当事人可以凭其仲裁裁决申请法院强制执行。

三、仲裁协议的作用

仲裁协议的作用,一般认为主要有以下几个方面:

(1)当事人双方均受仲裁协议的约束。当事人双方发生争议时,任何一方当事人提请仲裁,应向仲裁协议中约定的仲裁机构申请仲裁,不得任意改变仲裁地点。同时,仲裁协议是当事人提请仲裁的依据,没有仲裁协议的,不能提请仲裁。授予仲裁机构和仲裁员对有关争议案件的管辖权。

(2)当事人提请仲裁后,另一方当事人在规定的期限内不选定仲裁员、不答辩或不出庭应诉的,仲裁机构有权代为指定仲裁员组成仲裁庭,仲裁庭有权进行缺席裁决。同时,仲裁协议也是仲裁机构受案的依据,当事人的仲裁请求事项或者反请求事项超出仲裁协议约定范围的,仲裁机构不能受理。

(3)排除了法院对有关争议案件的管辖权。凡是有仲裁协议的,当事人不得向法院起诉。即使一方当事人违反仲裁协议向法院起诉的,另一方当事人可以根据仲裁协议予以抗辩,请求法院撤销案件。

(4)仲裁作出的裁决是终局的,任何一方当事人不得再向任何司法机关提请仲裁。

第二节 仲裁协议的种类和内容

一、仲裁协议的种类

仲裁协议一般包括合同中的仲裁条款、专门的仲裁协议书、来往函电及其他有关文件的特别约定及法律法规规定的当事人参与仲裁行为达成的仲裁约定等。

(一)仲裁条款

仲裁条款,即当事人在合同中约定的把可能发生的合同争议事项提交仲裁解决的条文。这种条文是主合同不可分割的部分。因为它是作为合同的一项主要条款,所以通常称之为仲裁条款。

仲裁条款多印在合同文本上,有一定的格式,称之为合同"印定条款"。

仲裁条款的表现形式有以下几种:

(1)仲裁条款是主合同中有关把争议提交仲裁解决的合同条文,即一般合同中多载有"凡因执行本合同所发生的或者与本合同有关的一切争议,双方通过友好协商解决,如不能协商解决,应提交某某仲裁委员会进行仲裁,仲裁裁决是终局的,对双方均有约束力"条款。

(2)合同中的仲裁条款,具有独立于其合同其他条款的效力。合同无效或者部分无效,不影响仲裁条款的效力。仲裁条款也不因合同的变更、解除、终止而失去效力。

(3)仲裁条款与事后达成的仲裁协议具有独立性。当事人依据合同中的仲裁条款事后达成的仲裁协议,即可以提交仲裁,人民法院即可以此不予受理这个案件。

可见,仲裁条款是体现当事人选择解决争议的法定形式之一,是当事人选择争议解决途径的法律行为。仲裁条款体现出当事人行使民事权利的自由处分,表现了当事人对诉权的放弃,从而排斥了法院对案件的管辖权。

(二)仲裁协议书

仲裁协议书与仲裁条款不同,仲裁协议书是在当事人争议发生后,双方当事人临时达成的提交仲裁解决的书面协议。因为在某些交易中,可能预先没有在合同中订立仲裁条款,没有约定如何解决争议,一旦发生争议,则达成一项关于仲裁的协议书,或者是原合同的仲裁条款约定的仲裁事项不明,或者约定的仲裁委员会不存在,需要重新达成仲裁协议,或者补充协议。仲裁协议书的特征如下:

(1)仲裁协议书是当事人在争议发生后,就争议的解决方式专门达成的提请仲裁的协议。它往往是由于当事人事先在合同中没有约定仲裁条款或约定不明确所致。但有时也有事前在合同文本之外另立其专门性仲裁协议的情况。

(2)它是一项单独的附件,对有关争议的合同及当事人具有约束力。

(3)它通常还由有关的仲裁机构制作成专门的标准格式或示范仲裁协议书。

(4)仲裁协议的其他形式,如当事人通过互换信函、电传、微信、短信或有记录的其他通信方式所达成的同意提交仲裁的特殊约定。

此外,由于事先当事人没有约定仲裁条款,事后双方在异地又没有商议专门的仲裁协议,而一方当事人向仲裁机构申请仲裁,另一方又在仲裁机构征询其意见时签字同意仲裁的,或者在仲裁机构立案之前书面表示接受仲裁,而向仲裁机构提交的信件、电报、传真、电子数据交换和电子邮件等可以有形地表现所载内容的形式,以及在仲裁申请书和仲裁答辩书的交换中,一方当事人声称有仲裁协议而另一方当事人不做否认表示的,视为存在书面仲裁协议,也应予以认可达成了仲裁协议。

二、仲裁协议的内容

仲裁协议的内容,无论是事先在合同中订立的仲裁条款,还是争议发生后提交仲裁的协议,一般应包括仲裁事项、仲裁地点、仲裁机构、仲裁程序、仲裁裁决的效力五个方面的内容。有的还包括仲裁庭的组成人员、仲裁员的指定方法、仲裁费的承担等内容。

1. 仲裁事项

仲裁事项,即提请仲裁解决的争议范围。仲裁事项必须订得明确、具体、全面。不能有遗漏,如有遗漏事项,日后一旦发生纠纷,仲裁庭对超出仲裁事项的争议无权审理,即便审理了,作出的裁决也没有法律效力,得不到法院执行的保障。

2. 仲裁地点

这是仲裁协议的主要内容。在国内仲裁中,仲裁地点与案件的管辖同样密切相关。由于仲裁不实行地域管辖和级别管辖,当事人约定在某地仲裁委员会仲裁,某地仲裁委员会就有管辖权。这对当事人出庭应诉、差旅费用的花费、路途出差时间上的占用,以及地方保护和可供执行的财产所在地等都有一定的影响。因此,当事人双方应重视仲裁地点的确定,力争在比较了解和信任的仲裁委员会仲裁。

在国际商事仲裁中,仲裁地点与仲裁所适用的程序法以及确定争议所适用的实体法都有密切关系。一般来说,在哪个国家仲裁,就适用哪个国家的仲裁法和仲裁机构的仲裁原则,如果当事人对适用的实体法未作约定,则仲裁庭将根据仲裁所在地国的冲突规范确定应适用的实体法。这将对仲裁结果产生影响。因此,仲裁地点往往是当事人洽商的焦点。

3. 仲裁机构

按照国际商事仲裁的做法,双方当事人可以在仲裁协议中规定,仲裁可以在常设仲裁机构仲裁,也可以组成临时仲裁庭仲裁。在我国法律中,没有对临时仲裁机构作出规定,所以,国内仲裁一般都选择在常设仲裁机构仲裁,即我国各地设立的仲裁委员会。

在国际商事仲裁中,如何选择仲裁机构,这在协商仲裁时应该一并考虑。一般仲裁地点与仲裁机构在同一国家内则需要考虑该地仲裁机构的仲裁规则、仲裁员的指定、仲裁的费用、使用的语言及来往交通等各种因素。

4. 仲裁程序

仲裁程序即仲裁程序规则,主要是规定进行仲裁的程序和手续,包括如何提出申请、如何选定仲裁员、如何进行审理、如何作出裁决、仲裁费用的承担等。如果有约定,则由仲裁机构为当事人和仲裁员提供一套进行仲裁的行动准则,以便在仲裁时有所遵循。

在国际商事仲裁中,仲裁条款一般规定在哪个常设仲裁机构仲裁,就应该按照哪个仲裁机构的仲裁规则和法律进行仲裁。但国外有的仲裁机构也允许双方当事人选择他们认为合适的仲裁规则和法律。

涉外仲裁当事人选择仲裁机构的原则:
(1)依据当事人选择所适用的法律的原则。
(2)与合同有最密切联系的原则。
(3)使用国际公约和参考国际惯例的原则。
(4)特殊规定的原则。

国内仲裁,各地的仲裁委员会所适用的仲裁规则,一般大同小异,都是由中国仲裁协会统一制定的。

目前,在中国仲裁协会尚未成立的情况下,各地仲裁委员会均制定了《仲裁暂行规则》,可供适用。

5. 仲裁裁决的效力

仲裁裁决的效力,主要是指仲裁庭作出的仲裁裁决对双方的约束力,同时是否具有终局性的问题。一般的仲裁协议都要订明:"仲裁裁决是终局的,对双方均有约束力。"

在国际仲裁中,不这样订明,败诉方就可以再到法院起诉。国际上大部分国家的法律对当事人在仲裁条款中裁决终局性的约定是尊重的,有的还具体明确规定了经仲裁裁决的,当事人不得向人民法院起诉。

我国《仲裁法》明确规定了"仲裁实行一裁终局的制度"。裁决作出后,当事人就同一纠纷再申请仲裁或者向人民法院起诉的,仲裁委员会或者人民法院不予受理。

第三节 仲裁协议示范条款

一、我国各地仲裁委员会推荐的示范条款

仲裁协议或合同中的仲裁条款是争议发生后提请仲裁的依据。

实践证明,在合同中订立一个明确、完整的仲裁条款是十分重要的。如果订立一些模棱两可、无法可施、前后矛盾、不完整的仲裁条款,将会招致麻烦,甚至无法进行仲裁。比如像这样的条款:"如有争议,由双方协商解决,协商不成时,任何一方均可向仲裁委员会申请调解或仲裁,也可向人民法院起诉。"

上述既可向法院起诉,也可以申请仲裁,模棱两可。实践中就有当事人凭此仲裁协议,到当地仲裁委员会申请仲裁,仲裁委员会不管,当事人又到法院,法院又不理,进退两难。有的当事人选定的仲裁委员会根本不存在;还有的选择两个仲裁机构;有的在合同的仲裁条款中的仲裁地点等空缺处不填写或应选择的不选择;等等,往往产生歧义,最终使之无效。

仲裁条款是一项法律性很强的文书条文。我国各地的仲裁委员会一般均推荐了下面的示范条款:

"凡因履行本合同所发生的或与本合同有关的一切争议,如双方协商不能解决,应提交某某仲裁委员会,根据其仲裁规则进行仲裁,仲裁裁决是终局的,对双方均有约束力。"

二、国际仲裁机构推荐的仲裁示范条款

《联合国国际贸易法委员会仲裁规则》(附件)中推荐的仲裁条款:

任何争议、争执或请求,凡由于本合同而引起的或与之有关的,或由于本合同的违反、终止或无效而引起的或与之有关的,均应按照《联合国国际贸易法委员会仲裁规则》仲裁解决。

注——各方当事人应当考虑增列:
(a) 指定机构应为……(机构名称或人名);
(b) 仲裁员人数应为……(一名或三名);
(c) 仲裁地应为……(城市和国家);
(d) 仲裁程序中使用的语言应为……

中国国际经济贸易仲裁委员会推荐的示范条款:

"凡因本合同引起的或与本合同有关的任何争议,均应提交中国国际经济贸易仲裁委员会,按照申请仲裁时该会现行有效的仲裁规则进行仲裁。仲裁裁决是终局的,对双方均有约束力。"

三、部分外国国际机构推荐的仲裁条款

1. 伦敦仲裁院

"由本合同所产生的或与本合同有关的任何争议,包括该合同的成立、效力和修改均应提交或最终根据伦敦国际仲裁院的仲裁规则仲裁解决,该规则应视为包括在本条款之中。"

2. 瑞典斯德哥尔摩商会仲裁院

"任何有关本协议的争议,应最终根据斯德哥尔摩商会仲裁院的仲裁规则进行仲裁解决。"

3. 临时仲裁庭

"凡因执行本合同所发生的或与本合同有关的任何争议,如果双方协商不能解决,根据1976年联合国国际贸易委员会仲裁规则由三名仲裁员组成仲裁庭,在×国××地解决,仲裁裁决是终局的。仲裁员的指定机构为××,使用语言为××,仲裁费用由败诉方负担。"

当事人在争议发生后,双方所签订的仲裁协议书,没有固定的格式。实践中可以参照如下文字订立:

仲裁协议书

甲方：(名称)
乙方：(名称)
一、我们双方自愿提请某某仲裁委员会根据其仲裁规则仲裁解决如下争议：
(争议内容……)
二、我们同意仲裁裁决是终局的，对双方均有约束力。

(双方)：

甲(签字盖章)　　　　　　　　乙(签字盖章)

日　　期　　　　　　　　　　日　　期

四、订立仲裁协议应注意的几个问题

仲裁协议是解决纠纷的前提，如果仲裁协议约定的条款不明确、不具体，产生歧义，必然会影响仲裁目的顺利实现。

仲裁实践中，由于各种各样的原因，如各国语言表述的不同，无效仲裁协议或效力未定的仲裁协议多有存在。导致仲裁机构和法院消极以待，因仲裁协议不明确而无法受理或不予受理，或者都处于积极态度而争抢受理。前者使之投诉无门——找仲裁，仲裁不管，找法院法院不理；后者产生管辖权争议，最终导致争议不能及时顺利解决。可见，实践中事先签订一个明确、完整的仲裁协议是非常重要的。因此，实践中订立仲裁协议应注意以下几个问题：

第一，当事人应争取在订立合同时以"先小人，后君子"的态度订立仲裁条款，而不应在纠纷发生后再达成补充仲裁协议。

因为双方在订立协议时，往往都处于友好状态，除了发盘、还盘之外，他们都期望着合同利益，为促成交易成功，目标一致，仲裁协议比较容易达成。此时，应"先小人，后君子"把"丑话"说在前边，先鸣后不争。这样可以避免事后双方发生协议约定的争议时，达不成一致意见而难以补充仲裁协议。

第二，订立仲裁协议当事方应力争在本国仲裁机构仲裁。当事人在本国进行仲裁，熟悉本国法律，没有语言障碍，可以节约路途、时间等，益处多多。

第三，涉外仲裁如果不能确定在本国仲裁时，应尽量选在比较友好的第三国或者被诉方所在国仲裁机构仲裁。因为选择第三国，除友好、熟悉因素外，往往第三国更为不偏袒、公正、公平、合理。选择第三国仲裁机构也往往便于仲裁裁决的强制执行。

第四，签订仲裁协议如有不清楚之处应多向律师、仲裁员或仲裁机构等咨询，因他们熟习仲裁知识,其顾问的价值可以防患于未然。

第五,仲裁协议订立后,对其有异议,应当注意在仲裁庭首次开庭前提出(因世界多数国家的仲裁机构的仲裁规则,都作了这样规定),否则视为放弃其权利。

在我国法院诉讼,还应注意,应当在首次开庭前提交仲裁协议,否则,视为放弃仲裁协议,不再排除法院审判权(我国《仲裁法》第二十六条规定)。

综上所述,仲裁协议是仲裁制度的基石。如果没有仲裁协议,那么严格意义上的仲裁制度是不存在的。实际上仲裁制度的许多优点和特点都是通过仲裁协议得以实现的。实行协议仲裁制度,就意味着承认民事主体选择解决实体权利义务纠纷的自由,即实现当事人意思自治。

第四节 仲裁协议的效力

一、仲裁协议效力的含义

仲裁协议的效力,是指仲裁协议对有关当事人和仲裁机构的作用或约束力。

仲裁协议一经双方当事人签字即合法成立,其法律约束力不仅仅要及于当事人双方,而且要及于仲裁机构和仲裁员以及相关的法院。其表现在:

(1)对于当事人来说,仲裁协议为当事人设定了一定的义务,仲裁协议一旦有效订立,当事人就只能把争议提交仲裁并不能任意更改、中止或者撤销仲裁协议;同时,合法有效的仲裁协议对当事人诉权的行使产生一定的限制,在当事人双方发生协议约定的争议时,任何一方只能将争议提交仲裁,而不能向法院起诉。如果一方当事人向法院起诉,则另一方当事人有权依据仲裁协议要求法院终止司法程序,把争议交由仲裁机构审理。

(2)对于仲裁机构来说,有效的仲裁协议是仲裁员或仲裁机构受理案件的依据,其法律效力,在有关的国际公约、各国国内仲裁立法和国际主要仲裁机构仲裁规则中均有明确规定。如1958年的《纽约公约》中就规定,当有关裁决所处理的争议不是交付仲裁的标的或不在有关仲裁范围之内,或裁决有关于交付仲裁范围以外的事项决定时,有关法院可以基于一方当事人的申请拒绝承认及执行该项裁决。(见《纽约公约》第五条第一款)

另外,仲裁协议对仲裁事项的确定,使仲裁机构的管辖权受到仲裁协议范围的严格限制,仲裁机构审理的争议事项不得超过仲裁协议约定的范围。

(3)对于法院来说,有效的仲裁协议排除了法院诉讼管辖权,有关国际公约和大多数国家的仲裁法都承认仲裁协议对法院的这一法律效力。如德国《民事诉讼法》第一千零二十七条规定:"法院受理诉讼案件,而当事人对诉讼中的争议订有仲裁契约时,如果被告出示仲裁契约,法院应以起诉不合法而驳回之。"1958年《纽约公约》对此也作了规定。

同时有效的仲裁协议又是法院必须执行仲裁裁决的依据,而无效的仲裁协议又是有关国家法院拒绝承认及执行仲裁裁决的根据之一。就这一点而言,说明仲裁协议在排除法院管辖权的方面并不是绝对的,如在执行方面,往往还依赖法院的司法权威和保障,而且国际公约和各国立法都规定了法院保留对裁决协议是否有效的最终决定权。

二、仲裁协议的有效要件

合法有效的仲裁协议是仲裁机构受理仲裁案件与法院承认及执行仲裁决定的前提。按照多数国家的法律规定,仲裁协议一般应具备下列要件:

第一,形式要件。仲裁协议作为一种契约其意思表示可以通过口头或书面形式表示出来。但是大多数国家的仲裁立法和仲裁机构的仲裁规则均规定必须经书面形式载明。

我国《仲裁法》第十六条规定,仲裁协议包括合同中订立的仲裁条款和以其他书面方式在纠纷发生前或者纠纷发生后达成的请求仲裁的协议。

仲裁协议应当包括请求仲裁的意思表示、仲裁事项、选定的仲裁委员会。

如果仲裁协议对上述请求仲裁的意思表示、仲裁事项或者仲裁机构没有约定或者约定不明确,当事人可以补充,达不成补充协议的仲裁协议无效。

《中国国际经济贸易仲裁委员会仲裁规则》规定,仲裁协议指当事人在合同中订明的仲裁条款或者以其他方式达成的提交仲裁的书面协议。

综上可见,我国法律规定,仲裁协议的形式必须是书面的,且请求仲裁的意思表示、仲裁事项和仲裁机构必须明确,不能模棱两可。

第二,实质要件。仲裁协议作为合同,应当符合合同的一般成立要件。此类要件在我国大多规定于2017年颁布的《中华人民共和国民法总则》(以下简称《民法总则》)和《中华人民共和国合同法》(以下简称《合同法》)之中,2021年1月1日施行的《中华人民共和国民法典》(以下简称《民法典》)中(见第三编"合同")进一步对合同订立、效力等作出了明确、翔实的规定。依照其规定,仲裁协议一般应具备下列要件:

1. 当事人必须有缔约能力

当事人必须有缔约能力,即当事人缔结合同、契约的法律资格。按照我国2021年施行的《民法典》第十八、二十、一百四十四条等规定,有缔约能力的人必须为完全民事行为能力的公民、法人和其他经济组织,无民事行为能力人或者限制民事行为能力的人不具备缔约能力。因此,无民事行为能力人或者限制民事行为能力的人订立的仲裁协议,不产生法律效力。

在国际商事仲裁中,决定当事人是否具有缔约能力,一般按照属人法确定。我国采用的是以国籍主义为主、居所地主义为辅的原则。按照我国法律规定,我国公民定居国外的,其民事行为能力由定居国的法律确定,居住我国的外国人的民事行为能力,如依其本国法为无行为能力而依我国法为有行为能力,应认定为有行为能力。无国籍人的行为能力一般适用定居国的法律;无定居的,适用其住所地的法律。

2. 当事人必须意思表示真实

仲裁协议必须是在双方当事人自愿的基础上通过协商达成的。如果一方采取欺诈、胁迫或者乘人之危使对方在违背其真实意思的情况下签订的仲裁协议,不具备法律效力。

现代社会为了使商贸交易快捷简便,标准合同非常普遍。为了保证仲裁协议的订立确系出于当事人的真实意愿,有些国家(如瑞典等)规定,对标准合同中的仲裁条款,合同的提出方应向合同的附和方作特别提示,并要求附和方在适当的地方签名,否则仲裁条款视为不成立。

3. 不违反法律和社会公共利益

仲裁协议作为一种法律文件,应当符合法律规定,不能损害社会公序良俗、公共利益,才能受到国家法律保护。

公序良俗原则是我国法律普遍奉行的原则,各国法律均明文规定,仲裁协议不得损害公共秩序。在国际商事仲裁中,公序良俗原则还要求仲裁协议的内容不得有损于国际公共秩序。①

三、仲裁协议的可仲裁范围

仲裁协议约定的争议,应当具有法定的可仲裁性,其协议应当是平等主体之间的当事人产生的财产权益纠纷,且以当事人有权处分的民事权利为限。

在国际商事仲裁中,可仲裁的事项多以当事人对该争议所涉及的权益可以自由处分为特征。如我国《仲裁法》第二条规定:"平等主体的公民、法人和其他组织之间发生的合同纠纷和其他财产权益纠纷,可以仲裁。"对此,关于仲裁"范围",各国立法规定也不尽相同。如奥地利法规定有关专利、破产和扣押、汇票等事项不能提交仲裁;德国法规定劳资纠纷及家庭纠纷不能仲裁;美国法规定,工业产权和反托拉斯的问题不能仲裁;英国法规定,触及公共秩序的索赔不能仲裁。我国《仲裁法》第三条规定:"下列纠纷不能仲裁:(一)婚姻、收养、监护、扶养、继承纠纷;(二)依法应当由行政机关处理的行政争议。"

四、仲裁协议的可执行性

裁决具有可执行性,可谓依据合法有效的仲裁协议作出的仲裁裁决一般都能被各国法院承认及执行。因为各国法院在执行仲裁案件时,都要审查仲裁协议是否有效,如果仲裁协议的内容不合法,那么就得不到双方当事人的承认及执行。

第五节 无效仲裁协议

仲裁协议的效力,来源于法律的赋予和当事人的维护。无效的仲裁协议即不具备法律规定的有效条件是没有法律约束力的。

认定一份仲裁协议是否有效,首先涉及谁来认定的问题,其次应当援引法律的规定。

一、无效仲裁协议的认定主体

有关国际条约和大多数国家的仲裁立法,一般都规定有权认定仲裁协议效力的机构主要有两个,即仲裁机构和受诉法院。

如《联合国国际商事仲裁示范法》第十六条第一款规定,仲裁庭可以决定它的管辖权,包括对仲裁协议是否存在以及是否有效的决定权。

---

① 刘景一,乔世明.《仲裁法》理论与适用[M].北京:人民出版社,1997:145.

《中国国际经济贸易仲裁委员会仲裁规则》第四条对此也作了规定,仲裁委员会有权对仲裁协议的存在效力以及仲裁案件的管辖权作出决定,如果双方当事人对其达成的仲裁协议的效力发生争议,一方当事人就此问题向法院起诉,受诉法院有权认定该仲裁协议的效力。如果法院查明仲裁协议是无效的,即可以继续审查此案;反之,如果法院认定其为有效,则应告知当事人向仲裁机构提请仲裁。

这里需要指出的是,如果同一仲裁协议,一方当事人向仲裁机构提请确认其效力,一方向法院请求裁定其效力,或者法院认定是无效的,而仲裁庭认定是有效的,那么以谁为准呢?

按照多数国家的仲裁实践,通常的惯例是以法院认定的为准,即法院有最终决定权。

我国《仲裁法》第二十条对此也作了规定:"当事人对仲裁协议的效力有异议的,可以请求仲裁委员会作出决定或者请求人民法院作出裁定。一方请求仲裁委员会作出决定,另一方请求人民法院裁定的,由人民法院裁定。"并且该条第二款还强调,对其异议,应当在仲裁庭首次开庭前提出。

二、仲裁协议效力管辖权争议

(一)一方请求仲裁委员会作出决定,另一方请求人民法院裁定

上述"由人民法院裁定"的规定,体现了我国在管辖权问题上,以司法权审查优先为原则。但是,就此管辖问题如果仲裁机构先于法院接受了其申请,并作出决定,当事人又到法院申请确认其效力,由谁管辖?

对此,《最高人民法院关于确认仲裁协议效力几个问题的批复》(法释〔1998-27号〕)第三和第四项中规定,当事人对仲裁协议的效力有异议,一方当事人申请仲裁机构确认仲裁协议效力,另一方当事人请求人民法院确认仲裁协议无效,如果仲裁机构先于人民法院接受申请并已作出决定,人民法院不予受理;如果仲裁机构接受申请后尚未作出决定,人民法院应予受理,同时通知仲裁机构终止仲裁。

一方当事人就合同纠纷或者其他财产权益纠纷申请仲裁,另一方当事人对仲裁协议的效力有异议,请求人民法院确认仲裁协议无效并就合同纠纷或者其他财产权益纠纷起诉的,人民法院受理后应当通知仲裁机构中止仲裁。人民法院依法作出仲裁协议有效或者无效的裁定后,应当将裁定书副本送达仲裁机构,由仲裁机构根据人民法院的裁定恢复仲裁或者撤销仲裁案件。

(二)管辖权异议的提出期间

《最高人民法院关于适用〈中华人民共和国仲裁法〉若干问题的解释》第十三和第十四条规定,依照仲裁法第二十条第二款的规定,当事人在仲裁庭首次开庭前没有对仲裁协议的效力提出异议,而后向人民法院申请确认仲裁协议无效的,人民法院不予受理。仲裁机构对仲裁协议的效力作出决定后,当事人向人民法院申请确认仲裁协议效力或者申请撤销仲裁机构的决定的,人民法院不予受理。

仲裁法第二十六条规定的"首次开庭"是指答辩期满后人民法院组织的第一次开庭审理,不包括审前程序中的各项活动。

可见向仲裁机构或者人民法院提出管辖权异议的时间,均应在仲裁庭或法院合议庭首次开庭前提出。

三、无效仲裁协议的法律确认

许多国家的仲裁立法都设定了无效仲裁协议的情形,如果出现其规定的情形之一,那么该仲裁协议无效。以我国的法律为例,《仲裁法》第十七条设定了三种无效仲裁协议的情形:

一是约定的仲裁事项超出法律规定的仲裁范围的。如一些不能仲裁的案件,如民事自然人人身权案件、非商事案件、行政案件等。

二是无民事行为能力人或限制民事行为能力人订立的仲裁协议。当事人的行为能力一般依国际法规则确定。

我国《民法典》第二十条、二十一条规定,不满八周岁的未成年人为无民事行为能力人;不能辨认自己行为的成年人为无民事行为能力人,由其法定代理人代理实施民事法律行为。限制民事行为能力人是指八周岁以上的未成年人。限制民事行为能力人可以独立实施纯获利益的民事法律行为或者与其年龄、智力相适应的民事法律行为。

三是一方采取胁迫手段,迫使对方订立仲裁协议,约定的仲裁事项超出法律规定的范围,其仲裁协议无效。所谓胁迫,是指一方以威胁手段,乘人之危(如病危、生活困难、隐私、名誉等)加害另一方,迫使对方在违背自己真实意思的情况下,不得不接受苛刻条件而为之。

仲裁协议本身就是建立在双方当事人自愿基础上平等协商的意思表示,所以,绝不允许一方用威胁手段,迫使对方订立仲裁协议。

四、几种常见的无效仲裁协议

(一)当然无效的仲裁协议

这些协议是因违反了法律规定或者本来无法实现也不可能补救的仲裁协议。常见的有以下几种:

一是标的不明确的仲裁协议无效。

仲裁解决的主要内容就是争议的标的,如果标的不能仲裁,那么仲裁协议必然是违法的,违反法律规定的协议应当认定为无效协议。依照我国民法理论,合同的标的不能包括事实不能和法律不能两种,但仲裁协议中的标的不能反为后者。仲裁事项超出法律规定范围,构成事实不能的协议无效。

二是"当事人不能"的仲裁协议无效。

"当事人不能"是指签约协议的当事人不具备法律规定的行为能力。仲裁协议作为一种法律行为,各国法律均要求当事人必须具备完全行为能力。如我国《仲裁法》第十七条第二款规定,无行为能力人或者限制行为能力人订立的仲裁协议无效。

三是"意思表示不真实"的仲裁协议无效。

"意思表示不真实"是指当事人在仲裁协议中表示的意思并非出自真心实意。通常表现为:一方当事人在他方胁迫的情况下签订的仲裁协议;或者在受欺诈,或者有重大误解或者是乘人之危等情况下签订的仲裁协议,这些协议按照我国民法规定,是可以撤销的仲裁协议。①

四是仲裁协议因仲裁裁决得以履行、执行或者当事人自愿放弃或其他法律规定的原因而失去了法律效力。

如我国《仲裁法》第九条规定裁决作出后,当事人就同一纠纷再申请仲裁或者向人民法院起诉的,仲裁委员会或者人民法院不予受理,这就意味着原订的仲裁协议已自然失去其效力。而当事人达成仲裁协议,一方向人民法院起诉未声明有仲裁协议,人民院受理后,另一方在首次开庭前未对人民法院受理该案提出异议的,视为放弃仲裁协议,人民法院应当继续审理。

我国《仲裁法》第二十六条规定,这种放弃权利的情况,使得原达成的仲裁协议也当然归之无效。另外,"裁决被人民法院依法裁定撤销或者不予执行的,当事人就该纠纷可以根据双方重新达成的仲裁协议申请仲裁,也可以向人民法院起诉"。②

此外,有的国家法律还规定,仲裁期限届满,会引起仲裁协议无效;当事人和解或者指定的仲裁员辞职,或丧失资格等都将导致仲裁协议无效;在我国有的学者还提出了模棱两可的仲裁协议、根本无法实现的仲裁协议、指定的仲裁机构不存在或多个仲裁机构仲裁等,如果不能补救或补充,均应视为无效仲裁协议。

(二)可能无效的仲裁协议

这类协议主要是指因不具仲裁协议成立的实质要件,而效力未定的仲裁协议。

按照我国《仲裁法》第十八条规定,仲裁协议对当事人或仲裁委员会没有约定或约定不明确的,当事人可以补充,达不成补充协议的,仲裁协议无效。其中,仲裁事项约定不明确,如"仲裁什么""在什么地方仲裁""由谁仲裁"等,欠缺履行性,虽未构成实质性违法,但效力未定,在这种情况下,法律允许当事人补充完善。如果达不成补充协议,将导致仲裁协议无效。如《最高人民法院关于适用〈中华人民共和国仲裁法〉若干问题的解释》第四至第七条规定,仲裁协议仅约定纠纷适用的仲裁规则的,视为未约定仲裁机构。如果当事人不能就约定仲裁机构达成补充协议,该仲裁协议无效;如果仲裁协议约定两个以上仲裁机构的,当事人可以协议选择其中的一个仲裁机构申请仲裁;当事人不能就仲裁机构选择达成一致的,仲裁协议无效;仲裁协议约定由某地的仲裁机构仲裁且该地仅有一个仲裁机构的,该仲裁机构视为约定的仲裁机构。当事人约定争议可以向仲裁机构申请仲裁也可以向人民法院起诉的,仲裁协议无效。

仲裁实践中,由于双方发生了纠纷,处于矛盾状态,如果有一方不愿意仲裁,则往往很难再达成补充协议。

五、仲裁协议无效引起的法律后果

根据各国法律规定的不同,仲裁协议无效后,大致会产生如下法律后果:

---

① 刘景一,乔世明. 仲裁法理论与适用[M].北京:人民出版社,1997:147-148.
② 根据我国《仲裁法》第十条规定,当仲裁裁决被人民法院依法裁定撤销或者不予执行,那么原仲裁协议也就意味着无效。

(1)仲裁员和仲裁机构权力终止。

由于仲裁协议的无效,又排斥仲裁机构的管辖权,如果当事人不能重新协商签订新的仲裁协议,仲裁员和仲裁机构权力就不能再行使,当事人只能向法院起诉。

(2)妨诉抗辩权失去效力。

仲裁协议的存在,赋予了当事人一种妨诉抗辩权,即仲裁协议的妨诉抗辩效力,合法有效的仲裁协议对当事人的诉权行使产生一定的限制,在当事人双方发生协议约定的争议时,任何一方只能将争议提交仲裁而不能向法院起诉,对法院来说,仲裁协议排除其诉讼管辖权。可见,由于仲裁协议的无效,这种抗辩权随之消失。

(3)当事人不再受无效仲裁协议的约束。

无效的仲裁协议没有法律的约束力,当事人只能重新签订新的仲裁协议,或者直接向有管辖权的法院起诉。

第四章 仲裁程序

仲裁与诉讼一样,都必须遵守一定的程序,按规矩办事。仲裁程序是指仲裁活动中的申请、受理、开庭调解、裁决、执行等一系列环节。下面分节介绍。

第一节 仲裁的申请与受理

一、申请仲裁应具备的条件

仲裁申请,是指平等主体的公民、法人和其他组织之间就他们之间发生的合同纠纷和其他财产权益纠纷,根据仲裁协议,请求仲裁委员会进行仲裁裁决的行为。

仲裁申请是仲裁程序得以发生的前提,也是仲裁程序的第一步。申请仲裁与提起民事诉讼一样,都必须符合法定的条件,根据《仲裁法》第二十一条的规定,当事人申请仲裁,应当符合以下条件:

1. 有仲裁协议

《仲裁法》第四条规定:"当事人采用仲裁方式解决纠纷,应当双方自愿,达成仲裁协议。没有仲裁协议,一方申请仲裁的,仲裁委员会不予受理。"这说明,当事人之间是否订有仲裁协议,是能否申请仲裁的关键,同时也是仲裁机构取得管辖权的依据。之所以要这样规定,是由仲裁本身的性质决定的。

按照《仲裁法》第十六条的规定,仲裁协议主要包括合同中订立的仲裁条款和以其他书面形式在纠纷发生前或者发生后达成的请求仲裁的协议。当事人申请仲裁除必须有仲裁协议外,还应有一个重要条件,仲裁协议必须具备法定的内容并且有效。无效的仲裁协议不能作为当事人申请仲裁的依据,同时仲裁机构也不能予以受理。本书第三章,分别对仲裁协议必须具备的内容、特征和条件、无效仲裁协议等几种情形作了具体规定和阐述,在此笔者不再赘述。

2. 有具体的仲裁请求和事实、理由

所谓具体的仲裁请求,是指仲裁申请人想通过仲裁解决什么问题,保护自己什么财产权益。如请求仲裁机构认定某合同无效;请求责令被申请人履行合同;请求解除与被申请人之间的合同,责令被申请人赔偿损失×万元;等等。

所谓具体的事实和理由,是指申请人提出仲裁请求所依据的有关事实、证据和法律规定。申请人(被申请人)主张什么,都应有具体的事实及证据,否则其主张也难以成立。至于其仲裁请求是否合理、事实是否真实、理由是否成立等,将由仲裁机构审理后认定。

3. 属于仲裁委员会的受理范围

仲裁解决争议,是有范围限制的,并不是所有的争议都能提请仲裁解决。我国的《仲裁法》第二条、第三条规定了仲裁的范围只限于平等主体的公民、法人和其他组织之间发生的合同纠纷和其他财产权益纠纷。凡是非财产权益纠纷及依法应由行政机关处理的行政争议,农业集体经济组织内部的农业承包合同纠纷和劳动争议等,均不属于仲裁的范围,不能提请仲裁。

二、申请仲裁应提交的文件

当事人申请仲裁,必须以书面形式,向仲裁机构提交有关材料,否则仲裁机构将不予受理。

当事人向仲裁机构递交的材料主要有:仲裁协议、仲裁申请书及副本、当事人身份证明或资格证明、有关证据材料等。其中仲裁申请书是当事人提请仲裁的关键性书面材料,也是被申请人应诉答辩的依据。那么,当事人如何书写仲裁申请书呢?

依据《仲裁法》第二十三条的规定,完整有效的仲裁申请书应当载明下列事项:

(一)当事人的姓名、性别、年龄、职业、工作单位和住所,法人或者其他组织的名称、住所和法定代表人或者主要负责人的姓名、职务;

(二)仲裁请求和所根据的事实、理由;

(三)证据和证据来源、证人姓名和住所。

证人的住所分为不同情况:证人为公民的,其住所是指公民的户籍所在地或经常居住地;证人为法人的,其住所是指法人的主要营业地或主要办事机构所在地。

在仲裁活动中,申请人与被申请人都应对自己的主张,提供证据,负有举证责任,仲裁庭一般情况下不主动收集证据,除非当事人有特殊原因,仲裁庭认为有必要收集的证据,可以自行收集。(见《仲裁法》第四十三条)

国外仲裁对于如何提出仲裁申请以及仲裁申请书书写格式多没有具体的规定。

我国《仲裁法》对此作了规定,为当事人申请仲裁提供了便利,也便于仲裁机构审查和受理。

仲裁申请书要符合格式要求,项目齐全,一般使用 A4 纸,用电子版或钢笔、毛笔工整书写。

仲裁申请书的内容由首部、正文、尾部、最后附项组成。

①首部。

依次写明下列事项:

a. 文书名称,在文书上部正中写"仲裁申请书"。

b. 申请人的身份等基本情况——依次写明申请人,后写单位名称(或当事人的姓名、性别、年龄、职业、工作单位和住所、地址)。

c. 下一行写法定代表人(负责人)姓名和职务。

d. 再下一行如有委托代理人写委托代理人的姓名、性别、年龄、职业等。(委托代理人参与仲裁活动应向仲裁机构提交书面授权委托书,参见本书第四章第一节)

e. 被申请人的身份等基本情况,写法同上。

②正文。

a.正文是仲裁申请书的主要部分,包括案由,请求事项,请求仲裁的依据、事实和理由。

b.案由,应扼要地用一句话概括纠纷争议的实质。

c.请求事项,用"1.……;2.……;……"的形式简要写出请求仲裁机构解决其纠纷争议的问题。

d.事实和理由,即双方争议的具体问题。

e.事实部分要把争议的起因、经过、现状,特别是争议的焦点写清楚。

写这一部分,应做到"六要六不要":要实事求是,不要夸大缩小;要写具体、清楚,不要抽象空洞;要把关键的地方交代清楚,不要含糊其词;要和请求事项一致,不要相互矛盾;要心平气和地摆事实,不要言辞过激,刻薄挖苦;要有理有据,不要捕风捉影。

f.理由部分,即请求仲裁的依据。理由应根据事实和证据,将争议发生的时间、地点、情节过程、因果关系等,按时间顺序作简要陈述,并应根据所依据的仲裁协议、法律条文、合同规定和国际惯例予以分析论证,阐明理由。

具体要做到"三要三不要":要讲道理,不要强辩夺理;要提供证据,不要空口无凭;要引用法律法规,不要没有法律依据。

③尾部。

在正文之后,另起一行写明致送机关,而后在其右下方,写明申请人名称和法定代表人姓名,并签字盖章,还要注明申请的年、月、日。

④最后写附项。

这是申请书的附加部分。应具体写明申请书的副本的份数和证据的种类、名称、数量,以及证人的姓名、住所等。

具体写法:

附:a.本申请书副本×份;

b.物证×件;

c.书证×件;

d.证人姓名、住址。

"仲裁申请书"参考样本:

仲裁申请书

申请人:××有限公司

住所(注册登记地址):

电话:　　邮政编码:　　电子信箱:　　传真:

法定代表人(负责人)姓名:　　职务:

电话:　　通信地址、邮政编码、电子信箱:

被申请人:田××,中华人民共和国公民

中国居民身份证(见附件)号码:

电话:　　邮政编码:　　电子信箱:

申请仲裁所依据的仲裁协议：

申请人××有限公司与被申请人田××于×年×月×日签订的×合同(见附件页)中的仲裁条款,该合同第十五条。1.约定:"……"

仲裁请求：

1. 被申请人向申请人支付××元人民币；被申请人向申请人支付违约金××元人民币。
2. 被申请人向申请人支付××元人民币以补偿申请人花费的律师费、差旅费等。

上述合计××元人民币。

3. 本案仲裁费由被申请人承担。

事实和理由：

……

……,故,申请人依法对被申请人提出仲裁申请,请仲裁委员会支持申请人的仲裁请求,维护申请人的合法权益。

此致

×仲裁委员会

申请人：(签名、盖章)

×年 ×月 ×日

附件：

1. 附件第1页至第3页,申请人的注册登记文件。
2. 附件第4页,授权委托书。
3. 附件第5页,××的中国居民身份证复印件。
4. 附件第6页,双方签订的×号合同文本。

"法定代表人证明书"参考样本：

法定代表人身份证明书(参考格式)

××同志,在我单位任××职务,特此证明。

单位全称(盖章)

×年 ×月 ×日

附：该代表人住址

电话：

注：企业事业单位、机关、团体或其他组织的主要负责人为本单位的法定代表人。

"授权委托书"参考样本[当事人是法人的(代理人用)]：

授权委托书

委托人：
法定代表人：   职务：
受委托人：
工作单位：   职务：
受委托人：
工作单位：   职务：
现委托上列受委托人在我(单位)与因××
纠纷一案中，作为我方仲裁代理人。
代理人：××的代理权限为

代理人：××的代理权限为

              委托人(盖章)
              法定代表人(签名)
              ×年 ×月 ×日

注：
1. 本委托书供法人当事人委托参加诉讼的委托代理人用。委托人应按有关法律规定，写明委托权限。
2. 本件由委托人签名或盖章后递交仲裁委员会。
附件：代理人身份或资格复印件。

"授权委托书"参考样本[当事人是自然人的(代理人用)]：

授权委托书

委托人(姓名)：
受委托人(姓名)：
工作单位：
住址：   电话：

现委托××在我与××
案中，作为我参加诉讼的委托代理人。
代理人：××的代理权限为
代理人：××的代理权限为

              委托人(签名)
              ×年 ×月 ×日

注：

1. 本委托书供公民当事人委托参加诉讼的委托代理人用。委托人应按有关法律规定，写明委托权限。

2. 本件由委托人签名或盖章后递交仲裁委员会。

三、仲裁受理

仲裁受理是指接受仲裁申请的仲裁机构，对当事人提交的仲裁申请进行审查，认为符合法定条件和要求，同意立案进行仲裁的行为。仲裁受理一般包括仲裁机构对仲裁申请的审查和处理以及决定受理后所进行的相关活动。

(一) 仲裁委员会对仲裁申请的审查和处理

《仲裁法》第二十四条规定："仲裁委员会收到仲裁申请书之日起五日内，认为符合受理条件的，应当受理，并通知当事人；认为不符合受理条件的，应当书面通知当事人不予受理，并说明理由。"在理解这一条规定时，我们认为应当明确以下几点：

(1) 仲裁委员会必须对当事人的申请进行审查后才能决定是否受理。审查的内容主要是看仲裁申请是否符合《仲裁法》第二、三、二十一条所规定的申请仲裁的条件、方式和要求。经审查，仲裁委员会认为符合这些方面要求的，应当自收到当事人预交仲裁费之日五日内受理。

(2) 仲裁委员会审查后不论决定是否受理仲裁申请，均应通知当事人。决定不予受理的，还应在书面通知中向当事人说明理由。

(3) 仲裁庭在三十日内通过仲裁申请书预留的联系方式或其他方式无法联系到申请人，或者联系到后拒不到庭的，仲裁庭中止案件审理，期间超过四个月的视为撤回仲裁申请。

(二) 仲裁委员会受理仲裁申请后应做的准备工作

仲裁委员会受理案件后，在仲裁庭决定开庭之前，需要作一系列的准备工作，其主要工作包括以下几项：

(1) 仲裁委员会受理仲裁申请后，应当在"受理案件通知书"和"应诉通知书"中向当事人告知有关的权利和义务，或者口头予以告知有关的权利和义务（适合简易程序审理的案件）。在仲裁规则规定的期限内，将仲裁规则和仲裁员名册送达申请人，以便申请人及时了解如何参与仲裁和选定自己信任的仲裁员。

(2) 将应诉通知书、仲裁申请书副本、仲裁规则、仲裁员名册（根据被申请人的人数）分别送达被申请人，以便被申请人了解申请人的有关情况、仲裁请求、事实和理由。

(3) 仲裁委员会收到被申请人的答辩书后，应当在仲裁规则规定的期限内将答辩书副本送达申请人，如果被申请人未提交答辩书的，视为放弃答辩的权利，不影响仲裁程序的进行。

(4) 如果被申请人提出反请求，经审查反请求申请成立的，仲裁委员会应当在仲裁规则规定的期限内，将反请求申请书副本送达申请人。申请人应当自收到反请求申请书之日起在仲裁规则规定的期限内，提出书面答辩，未提出书面答辩的，不影响仲裁程序的进行。

(5) 当事人提出财产保全或证据保全申请的,仲裁委员会应当将当事人的申请,按照《民事诉讼法》的有关规定提交人民法院。

(6) 根据法律的规定或当事人的授权,由仲裁委员会主任决定仲裁庭的组成方式和指定仲裁员。

(7) 决定仲裁员(书记员、翻译人员、鉴定人员)的回避事由。

四、确定仲裁争议所适用的法律

(一)涉外仲裁实体法的确定

仲裁机构在受理当事人的申请时,往往涉及该仲裁案件所适用的程序法和实体法问题,如果当事人在仲裁协议中约定了仲裁争议所适用的法律,仲裁庭应当依据当事人约定的准据法进行仲裁裁决,如果当事人没有约定适用何种法律或者约定不明确所适用的法律,这就需要仲裁庭确定其认为适当的冲突规范,根据该冲突规范指引确定其所适用的程序法和实体法律。

关于仲裁所适用的程序法问题,本书已在"仲裁协议"一章和本章第二节中述及。

在如何确定仲裁争议所适用的实体法问题上,各国立法和有关国际公约所确定的规则大致相同,即当事人有约定的依照其约定。如1965年的《华盛顿公约》、1985年的《联合国国际商事仲裁示范法》均规定,仲裁庭应当按照当事人选定的适用争议实体问题的法律规则对该争议作出仲裁裁决,英国《仲裁法》和德国《民事诉讼法典》也同样如此规定。当事人没有约定适用争议实体法的,需要仲裁庭确定适用其认为适当的实体法。仲裁庭如何确定"适当的实体法",这就需要考虑如何援引冲突规范,目前国际上通行的做法是适用"仲裁地"法、"当事人经常居住地"法和"最密切联系地"国家的法律等。

(二)我国关于确定实体争议所适用法律的规定

我国立法在确定仲裁争议所适用的实体法问题上同样采取了国际上通行的做法。如《中华人民共和国涉外民事关系法律适用法》第四十一条和《合同法》第一百二十六条均规定,当事人可以协议选择合同适用的法律。当事人没有选择的,适用履行义务最能体现该合同特征的一方当事人经常居住地法律或者其他与该合同有最密切联系的法律。

2015年2月4日起施行的《最高人民法院关于适用〈中华人民共和国民事诉讼法〉的解释》第五百三十一条将涉外合同最密切联系地解释为:涉外合同或者其他财产权益纠纷的当事人,可以书面协议选择被告住所地、合同履行地、合同签订地、原告住所地、标的物所在地、侵权行为地等与争议有实际联系的地点。2007年8月8日起施行的《最高人民法院关于审理涉外民事或商事合同纠纷案件法律适用若干问题的规定》第五条更详细地列举了有关合同的最密切联系地,如当事人未选择合同争议应适用的法律的,适用与合同有最密切联系的国家或者地区的法律。人民法院根据最密切联系原则确定合同争议应适用的法律时,应根据合同的特殊性质,以及某一方当事人履行的义务最能体现合同的本质特性等因素,确定与合同有最密切联系的国家或者地区的法律作为合同的准据法。其中:(1)买卖合同,适用合同订立时卖方住所地法;如果合同是在买方住所地谈判并订立的,或者合同明确规定卖方须在买方住所地履行交货义务的,适用买方住所地法。(2)来料加工、来件装配以及其他各种加工承揽合同,适用加工承揽人住所地法。(3)成套设备供应合同,适用设备安装地法。(4)不动产买卖、租赁或者抵押合同,适用不动产所在地法。(5)动产租赁合同,适用出租人住所地法。(6)动产质押合同,适用质权人住所地法。(7)借款合同,适用贷款人住所地法。(8)保险合同,适用保险人住所地法。(9)融资租赁合同,适用承租人住所地法。(10)建设工程合同,适用建设工程所在地法。(11)仓储、保管合同,适用仓储、保管人住所地法。(12)保证合同,适用保证人住所地法。(13)委托合同,适用受托人住所地法。(14)债券的发行、销售和转让合同,分别适用债券发行地法、债券销售地法和债券转让地法。(15)拍卖合同,适用拍卖举行地法。(16)行纪合同,适用行纪人住所地法。(17)居间合同,适用居间人住所地法。如果上述合同明显与另一国家或者地区有更密切联系的,适用该另一国家或者地区的法律。

但是,如有当事人故意规避我国的法律或违反我国公共利益和强制性规定的,应当适用我国的法律。

第二节 仲裁答辩、仲裁管辖权异议和仲裁反请求

一、仲裁答辩

答辩是被申请人对申请人因提请仲裁,为维护自己合法权益,针对仲裁申请书中的仲裁请求及其事实和理由而作出的反驳、答复和辩解。

根据《仲裁法》第二十五条规定,被申请人收到仲裁申请书副本后,应当在仲裁规则规定的期限内向仲裁委员会提交答辩书。仲裁委员会收到答辩书后,应当在仲裁规则规定的期限内将答辩书副本送达申请人。被申请人未提交答辩书的,不影响仲裁程序的进行。

答辩是一种应诉行为,是法律赋予被申请人的一项权利。被申请人向仲裁庭提交答辩书有利于仲裁员全面正确地审理案件,也有利于维护当事人各自的合法权益,因为在答辩书中被申请人有针对性地反驳申请人的仲裁请求,或承认申请人的仲裁请求,一方面可以使仲裁庭全面了解双方的情况,这对于仲裁庭查明案件事实,全面分析案情,正确分清是非,恰当地行使仲裁权,公正合理地作出裁决,都有很大的意义。另一方面,被申请人以实事求是的理由充分地进行辩解,明确地提出自己的主张和理由,充分行使法律赋予自己的平等"对话"权利,有利于被申请人的合法权益的保护。

书写答辩书可以参照下列格式:

答辩书由首部、正文和尾部组成。

(1)首部。

①文书名称——答辩书。

②答辩人的基本情况。写明名称和住所等(与申请书写法基本相同。住所所在地与经常居住地不一致的,写经常居住地)。

③案由。具体写法可表述为:"答辩人就××(或单位名称)因×××争议提请仲裁一案,

现提出答辩如下。"

(2)正文。

正文部分要针对申请人提出的仲裁请求,清晰地证明自己对案件的主张和理由,一一以予答辩。是承认其请求,还是反对其请求,或部分承认、部分反对。反对的或反驳的,要有实体上的事实和证据或适用程序上的错误,根据法律或惯例,阐明理由。如果认为自己理亏,也应采取积极的态度,寻找对自己有利的证据和理由,以尽量减少损失,或争取与申请人在仲裁程序中或程序外和解解决。在正文部分的最后,答辩人在充分说明理由的基础上,要就所答辩的问题,简要归纳自己的意见。内容主要包括依据有关法律条文,说明答辩理由的正确性,根据证据事实证明自己法律行为的合理性,概括性地归纳答辩事实,指出对方谬误,并请求仲裁庭公正裁决。

(3)尾部。

写法与申请书格式相同,但落款应改称为"答辩人"。

这里应指出的是,①答辩也应本着解决问题的原则,实事求是地行使自己的答辩权。如果采取针锋相对、剑拔弩张或不理不睬消极不作为的态度都是不可取的。②被申请人不按期提交答辩书的,视为放弃答辩权,仲裁庭可以按照仲裁规则的规定继续进行,不影响案件的审理。③如果被申请人有正当理由在仲裁规则规定的期限内无法提出答辩,被申请人可以向仲裁委员会提出延期答辩的请求。是否延期,由仲裁庭决定。

"仲裁答辩书"样本:

答　辩　书

答辩人(被申请人):××有限公司

住所(注册登记地址):

电话:　　　邮政编码:　　　电子信箱:　　　　　传真:

法定代表人(负责人)姓名:　　　　　职务:

电话:　　　通信地址、邮政编码、电子信箱:

被答辩人(申请人):×××,中华人民共和国公民

中国居民身份证(见附件)号码:

电话:　　　邮政编码:　　　电子信箱:

申请仲裁所依据的仲裁协议:

申请人××有限公司与被申请人田××于×年×月×日签订的×合同(见附件页)中的仲裁条款,该合同第十五条。1.约定:"……"

答辩人就××仲裁委员会编号××的案件,对申请人的仲裁请求,现答辩如下:

(正文,如上述)……

此致

××仲裁委员会

答辩人：（签名、盖章）

×年×月×日

附件：1.……
   2.……

二、仲裁管辖权异议

（一）仲裁管辖权的含义

管辖权通常是指一个国家在规定和实施其权利和义务以及在管理自然人和法人的行为等方面的权力。国际法上的一个重要问题就是准确划分国家间以及国家对被管理者对某些问题的管辖权，从而维护一个国家的独立和主权平等。

仲裁管辖权是指法律赋予仲裁机构和法院处理仲裁事项的权力或资格。仲裁机构和法院对当事人约定的某种情况发生时对某一特定的争议享有审理并作出有拘束力裁决的权力。[1]

我国法律对法院管辖权以及管辖权的提出期间作出了明确规定，目前尚未看到对"仲裁管辖权"和"仲裁管辖权异议"的含义作出明确的界定。但我国《仲裁法》第二十条规定，当事人对仲裁协议的效力有异议的，可以请求仲裁委员会作出决定或者请求人民法院作出裁定。一方请求仲裁委员会作出决定，另一方请求人民法院作出裁定的，由人民法院裁定。当事人对仲裁协议的效力有异议，应当在仲裁庭首次开庭前提出。由此可见，我国受理仲裁管辖权异议的机构有两个，一个是仲裁机构，另一个是法院；二者中一方请求仲裁委员会作出决定，另一方请求人民法院作出裁定的，由人民法院裁定。这里需要指出的是，我国法院对当事人的民事诉讼案件，提出管辖权异议的时间是在答辩期间，而仲裁法规定，应当在答辩结束后仲裁庭首次开庭前提出。（见《最高人民法院关于适用〈中华人民共和国仲裁法〉若干问题的解释》第十四条）

（二）向仲裁委员会或者仲裁庭提出仲裁管辖权异议

根据上述当事人"请求仲裁委员会作出决定"法律规定，可见法律将仲裁管辖异议的决定权赋予了仲裁委员会，而不是仲裁庭。原因在于，我国在仲裁立法时考虑当事人的仲裁管辖权异议，一般是在仲裁庭组成之前提出，如果不赋予仲裁委员会决定权，并及时对仲裁管辖权异议作出处理，一旦出现仲裁协议无效或者仲裁委员会无管辖权等问题时，便不利于下一步仲裁程序的进行，对已进行的仲裁程序而言，无论对当事人，还是对仲裁机构或仲裁庭，都可能造成精力、时间和费用上的浪费。[2]

---

[1] 高田甜.论国际商事仲裁之自裁管辖权原则[J].世界贸易组织动态与研究,2008(5):34.
[2] 韩健.商事仲裁律师基础实务[M].北京:中国人民大学出版社,2014:123.

但是,在仲裁实践中,为了解决仲裁委员会处理管辖权异议中力所不及的问题,我国仲裁机构在其仲裁规则中多规定,仲裁委员会可以授权仲裁庭就当事人提出的管辖异议作出决定。①

该"授权"行为也是国外和国内仲裁机构的普遍做法,有学者将其称为"仲裁庭自裁管辖原则"。如《国际商会仲裁规则》(1955年)第六条第二款规定:"仲裁庭有权就当事人对仲裁庭管辖权提出的异议作出决定"。联合国国际贸易法委员会《国际商事仲裁示范法》(1985年)第十六条第一款也规定:"仲裁庭可以对它自己的管辖权包括对仲裁协议的存在或效力的任何异议,作出裁定。为此目的,构成合同的一部分的仲裁条款视为独立于其他合同条款以外的一项协议。仲裁庭作出关于合同无效的决定,不应在法律上导致仲裁条款的无效。"

我国的贸易仲裁委员会(简称"贸仲委")和各地设立的仲裁委员会也相继作了类似的规定。同时有的仲裁机构还将仲裁庭与仲裁委员会二者的管辖权进一步划分,如贸仲委仲裁规则规定,在仲裁庭组成后,当事人提出管辖权异议,仲裁委员会认为管辖权情况复杂的,在作出管辖权决定之前,"要商"仲裁庭,以免二者意见不统一。

(三)向有管辖权的法院提出仲裁管辖权异议

当事人提出仲裁管辖权异议,应当向中级人民法院提出。我国现行《仲裁法》未就仲裁管辖权异议具体由哪一级法院管辖作出规定。但最高人民法院在2000年《关于当事人对仲裁协议的效力提出异议由哪一级人民法院管辖问题的批复》(法释〔2000〕25号)中,对仲裁协议效力异议的管辖法院作出了相关规定。根据该规定,"当事人协议选择国内仲裁机构仲裁后,一方对仲裁协议的效力有异议请求人民法院作出裁定的,由该仲裁委员会所在地的中级人民法院管辖。当事人对仲裁委员会没有约定或者约定不明的,由被告(被申请人)所在地的中级人民法院管辖。"

依照最高人民法院2006年《关于适用〈中华人民共和国仲裁法〉若干问题的解释》第十二条的规定,对仲裁管辖异议具有管辖权的法院如下:当事人向人民法院申请确认仲裁协议效力的案件,由仲裁协议约定的仲裁机构所在地的中级人民法院管辖;仲裁协议约定的仲裁机构不明确的,由仲裁协议签订地或者被申请人住所地的中级人民法院管辖。申请确认涉外仲裁协议效力的案件,由仲裁协议约定的仲裁机构所在地、仲裁协议签订地、申请人或者被申请人住所地的中级人民法院管辖。涉及海事海商纠纷仲裁协议效力的案件,由仲裁协议约定的仲裁机构所在地、仲裁协议签订地、申请人或者被申请人住所地的海事法院管辖。上述地点没有海事法院的,由就近的海事法院管辖。

三、仲裁反请求

被申请人除了提交答辩外,还可以提出反请求(民事诉讼称,反诉)。

根据《仲裁法》第二十七条规定,被申请人可以承认或者反驳仲裁请求,有权提出反请求。

---

① 2012年《中国国际贸易仲裁委员会仲裁规则》第六条。

反请求，就是在已经开始的仲裁程序里，被申请人把申请人视为被申请人，向仲裁机构提出的与原仲裁请求在事实和法律上有牵连的一种保护自己合法权益的独立请求。反请求的目的在于抵消、排斥并吞原仲裁请求申请人的权利，或者使原仲裁请求申请人的请求目的失去实际意义。

提出反请求必须具备以下条件：

(1) 反请求的被申请人必须是原仲裁申请书中的原申请人。

(2) 反请求必须在仲裁程序开始以后，仲裁庭辩论终结之前提出。

(3) 反请求只能向受理仲裁申请的原仲裁机构提出。

反请求具体有以下几种情况：

① 属于同一事实或同一法律关系。例如，申请人请求被申请人按照买卖合同付清货款，而被申请人则提出反请求，要求申请人赔偿因买来的设备，有严重质量问题而造成的重大经济损失和违约金。又如，申请人请求被申请人按照买卖合同发货，而被申请人提出反请求要求撤销买卖合同，等等。

② 权利义务基于同一法律关系产生。如申请人以自用为理由请求申请人交还租用的房屋，而被申请人以租赁合同未到期为由，要求申请人返还预付的租金或者继续租用房屋。

③ 请求与反请求属于同一目的，并且适用同一仲裁程序等。

(4) 反请求与请求的事实、理由和标的相互牵连。

被申请人在反请求书中应写明其要求及所依据的事实和证据，并附有关证据。提出反请求的，同样应按照仲裁委员会仲裁收费办法的规定预交仲裁费，否则，仲裁机构不予受理。

在仲裁实践中，为了避免仲裁庭对相关的问题作出相互矛盾的裁决，为了简化程序，节省人力、物力和时间，仲裁庭应将请求与反请求合并审理。但应在裁决中指明两个独立的请求是如何确认的，分别判明各方应承担的责任，并作出最后的结论。

总之，仲裁反请求是被申请人维护其合法权益不受侵害的重要手段，这是反驳申请人仲裁请求的有利形式，但应正确运用，不可滥用请求权，否则会给自己造成不必要的反诉费用或其他额外的损失，也会给仲裁庭带来不必要的赘诉麻烦和资源浪费。

四、仲裁请求与仲裁反请求的变更

在仲裁机构受理仲裁请求与仲裁反请求以后，当事人可以就自己提出的请求予以变更。申请人可以变更其仲裁请求；被申请人也可以变更其反请求。

仲裁委员会收到其请求后，应及时通知另一方当事人在指定的时间内就变更的请求事项向仲裁委员会提交答辩。但是，仲裁庭认为当事人的变更请求提出的时间太迟，可以拒绝审理其请求。

仲裁机构的《仲裁规则》一般均要求，仲裁请求与仲裁反请求的变更申请，最迟要在仲裁庭第一次开庭结束前提出，逾期提出的，仲裁庭可以拒绝审理。

另一方当事人应当自收到其变更请求15日内，就请求事项向仲裁委员会提交答辩。未提交答辩书的，同样不影响仲裁程序的进行。

仲裁反请求的书写格式,与仲裁申请书的格式基本相同。

"仲裁反请求申请书"样本:

仲裁反请求申请书

反请求申请人(原被申请人) ×××(自然人的姓名、性别、民族、出生年月日、身份证号、工作单位、邮政编码、联系电话;法人或者非法人组织的名称、邮政编码、联系电话)

住所:×××

法定代表人:×××　　职务:

反请求被申请人(原申请人):×××(自然人的姓名、性别、民族、出生年月日、身份证号、工作单位、邮政编码、联系电话)

(法人或者非法人组织的名称、邮政编码、联系电话)

住所:×××

法定代表人:×××　　职务:

请求事项

(一)依法裁决反请求被申请人……

(二)依法裁决反请求被申请人承担反请求仲裁费用。

事实与理由

(主要说明事实经过及申请的理由)

此致
×××仲裁委员会

反请求申请人:(签字或盖章)
×年×月×日

第三节　仲裁庭的组成

一、仲裁庭的组成方式

仲裁委员会受理仲裁申请后,并不是直接就开始审理仲裁案件,而是要组成仲裁庭来独立审理案件。

仲裁庭的组成取决于当事人的自愿约定。只有在当事人没有约定或约定不成的情况下,才取决于法律的规定,即由仲裁委员会主任决定仲裁庭的组成形式、指定仲裁员。这里当事人事先约定的"组庭"方式,先于法律的规定,它体现了仲裁的根本原则即当事人自愿。

依据《仲裁法》第三十条的规定,仲裁庭的组成形式有两种:一种是合议庭,由3名仲裁员组成;一种是独任庭,由1名仲裁员组成。合议庭中设首席仲裁员,首席仲裁员负责主持仲裁案件的仲裁工作,当合议庭不能形成多数意见时,裁决应当按照首席仲裁员的意见作出。

仲裁庭组成后,仲裁委员会应当自仲裁庭组成之日起在仲裁规则规定的期限内,将仲裁庭的组成情况书面通知当事人,也可以在仲裁庭组成当日将仲裁庭的组成情况书面通知当事人。

二、仲裁员的产生方式

决定组庭和仲裁员的产生,是法律赋予当事人的一项权利,仲裁员行使仲裁权是基于当事人的授权,根据《仲裁法》第三十一条、第三十二条的规定,仲裁员的产生方式有三种:

(1)当事人约定由3名仲裁员组成仲裁庭的,应当各自选定或者各自委托仲裁委员会主任指定一名仲裁员,第三名仲裁员由当事人共同选定或者共同委托仲裁委员会主任指定。第三名仲裁员是首席仲裁员。

(2)当事人约定由一名仲裁员成立仲裁庭的,应当由当事人共同选定或者共同委托仲裁委员会主任指定仲裁员。

(3)如果当事人没有在仲裁规则规定的期限内约定仲裁庭的组成方式或者选定仲裁员的,由仲裁委员会主任指定。

这里需要指出的是,当事人只能在仲裁委员会送达的仲裁员名册中选定仲裁员或者委托仲裁委员会指定仲裁员,而不能超出仲裁员名册的范围。指定自己信任的仲裁员,约定仲裁庭的组成形式,是当事人行使其权利的表现,当事人一般不要放弃这一项权利。

三、仲裁庭仲裁员的回避

(一)回避的概念

回避是指仲裁庭仲裁员以及其他有关人员与本案或者本案当事人有利害关系,可能会影响案件的公正裁决,按照法律的规定应当避开本案仲裁活动的一项制度。回避的方式有自行回避、申请回避和依职权决定回避。

实行仲裁庭成员回避制度是一项国际惯例,世界上绝大多数国家的仲裁立法中都规定了这一制度。其目的在于避免仲裁员徇私舞弊,作出不公正的裁决,以保障仲裁的公正性,维护法律的尊严。

(二)回避的情形

《仲裁法》第三十四条规定必须回避的情形有:

(1)仲裁员是本案当事人或者当事人、代理人的近亲属。

这里有两层含义:第一层是指本案的当事人,尽管他有仲裁员的资格被选定或被指定成为仲裁庭的仲裁员,但因为他是本案的当事人即本案实体权利的享有者或义务的承担者,因此他不能同时既以当事人的身份又以该案仲裁员的身份参加仲裁。如果以双重身份参与仲裁活动,势必会影响公正裁决。第二层是指审理该案的仲裁员与本案的当事人、代理人是近亲属关系有可能为照顾亲属的利益,从不同的角度影响案件的公正裁决,不利于保护当事人的合法权益。

（2）仲裁员与本案有利害关系。

仲裁员与本案有利害关系，案件涉及他本人的利益，肯定会影响案件的公正裁决。

（3）仲裁员与本案当事人、代理人有其他关系，可能影响公正仲裁的其他关系指除上述关系以外的其他社会关系，如师生、同学、朋友、邻居等关系。如果仲裁员与本案当事人存在这些关系，同样有可能影响案件的公正裁决。

（4）仲裁员私自会见当事人、代理人，或者接受当事人、代理人请客送礼的。

以上规定，前三项与《民事诉讼法》中规定审判人员的回避相同，我国《仲裁法》之所以以明确列举的方式对仲裁庭组成人员的回避加以规定，是总结了我国这些年来审判和仲裁工作中存在的问题，从我国的实际出发而加以规定的，为了避免徇情仲裁的嫌疑，确保仲裁员公正公平地仲裁案件。

（三）回避的方式

1. 自行回避

仲裁员遇有《仲裁法》第三十四条规定的情形之一的，应当自动退出对案件的仲裁称为自行回避。

仲裁员的回避应当向仲裁委员会提出。是否回避，由仲裁委员会主任决定。仲裁委员会主任担任仲裁员时的自行回避、由仲裁委员会集体决定。其他有关人员包括书记人员、翻译、勘验人、鉴定人的自行回避应当向仲裁庭提出。是否回避，由首席仲裁员或独任仲裁庭仲裁员决定。

2. 申请回避

当事人认为仲裁员以及其他有关人员，存在《仲裁法》第三十五条规定的某种情形提出回避申请、要求他们回避时，可以书面申请回避。

《仲裁法》第三十五规定："当事人提出回避申请，应当说明理由，在首次开庭前提出。回避事由在首次开庭后知道的，可以在最后一次开庭终结前提出。"当事人的回避申请可以用书面形式。如果当事人协议不开庭的，回避申请应当在不开庭协议达成前提出。回避情形是在协议达成后知道的，或者回避情形是在协议后发生的，当事人可以在案件裁决前提出回避申请。

当事人的申请回避、应当向仲裁委员会提出。《仲裁法》第三十六条规定："仲裁员是否回避，由仲裁委员会主任决定，仲裁委员会主任担任仲裁员时，由仲裁委员会集体决定。"

3. 仲裁机构依职权决定回避

在仲裁实践中，仲裁员以及其他人员依法应当自行回避而未回避，当事人也未提出申请回避，如果仲裁员确有应当回避的法定情形，仲裁委员会或仲裁委员会主任有权决定其回避，这在理论上称为依职权决定回避（也有人称其为"命令回避"）。

（四）回避的后果

（1）仲裁员因回避或者其他原因不能履行职责的，应当依照《仲裁法》的有关规定重新选定或者指定仲裁员。因回避而重新选定或者指定仲裁员后,当事人可以请求已进行的仲裁程序重新进行,是否准许,由仲裁庭决定;仲裁庭也可以自行决定已进行的仲裁程序是否重新进行。

(2)仲裁员如果有上述《仲裁法》第三十四条第四项规定的回避情形情节严重的,或者有《仲裁法》第五十八条第六项规定的情形即仲裁员在仲裁该案时有索贿受贿、徇私舞弊、枉法裁决行为的,其应当承担法律责任,仲裁委员会应当将其除名。

关于仲裁员的回避问题,这里需要指出的是,当事人选定的自己信任的仲裁员,并不表明谁选定的仲裁员就应该站在谁的一边甚至应该为谁争辩。

当事人选定的仲裁员与当事人委托的律师其身份和作用是截然不同的。按照仲裁规则的规定,仲裁员在审理案件过程中,不能私自会见当事人,有些当事人在开庭前想找找自己选定的仲裁员会会面,谈谈有关案件的情况,心情可以理解,然而,仲裁员是不得私自会见当事人或代理人的,更不能接受当事人、代理人的请客送礼。当事人有什么意见和要求,可以向仲裁委员会的秘书机构提出,需要提交仲裁员的,由仲裁委员会秘书机构转递给仲裁员。仲裁员独立公正地审理案件,不代表任何一方的权益,不偏袒任何一方,对于案件中涉及的程序问题或实体问题,当事人如果聘请了律师,可以与代理律师商量,充分听取律师的意见。

第四节 仲裁证据和保全

证据是用以证明案件真实情况的事实,是审理案件的依据。仲裁中的证据,是指在仲裁活动中查明和确定案件真实情况的根据,是仲裁庭审理案件的主要依据,对仲裁裁决起着决定性的作用。因而证据在仲裁活动中具有十分重要的意义。

一、证据的种类

仲裁中的证据,2017年修改后的《民事诉讼法》第六十三条规定,包括:(一)当事人的陈述;(二)书证;(三)物证;(四)视听资料;(五)电子数据;(六)证人证言;(七)鉴定意见;(八)勘验笔录。

1. **当事人的陈述**

当事人的陈述是仲裁当事人就案件事实向仲裁机构所作的陈述。仲裁庭对当事人的陈述,应当结合本案的其他证据,审查确定能否作为认定事实的根据。当事人拒绝陈述的,不影响仲裁庭根据证据确定对案件事实的认定。

2. **书证**

书证指用文字、符号、图画在物体(纸、布帛、木料、塑料、金属、石块或其他物品)上表达人的思想,其内容能够证明待证事实的一部分或全部。书证必须提交原件。提交原件确有困难的,可以提交副本、复印件、节录本。书证的制作可以是手书,也可以印刷、刻制,如合同、票据、账本等。

3. 物证

物证指用物品的外形、特征、质量等证明待证事实的一部分或全部。物证应当提交原物，提交原物确有困难的，可以提交复制品、照片等。

4. 视听资料

视听资料指利用录像或录音反映出的图像和音响，或以计算机、手机储存的资料来证明一定事实的根据。如录像带、录音带、光盘、电影胶卷、电话录音、微信、短信等。2015年《最高人民法院关于适用〈中华人民共和国民事诉讼法〉若干问题的解释》第一百一十六条规定，视听资料包括录音资料和影像资料。

5. 电子数据

电子数据是指通过电子邮件、电子数据交换、网上聊天记录、博客、微博、手机短信、电子签名、域名等形成或者存储在电子介质中的信息。存储在电子介质中的录音资料和影像资料，适用电子数据的规定。

《中华人民共和国民事诉讼法》明确了电子数据为法定的证据类型。最高人民法院又详细作了司法解释。

这里需要说明的是，现行手机微信平台上的信息，以电子数据的形式存在，显然也属于《民事诉讼法》规定的证据范畴，由于使用的普遍性，目前在仲裁、诉讼中作为证据出现的频率越来越高。微信作为一种新兴的网络传媒工具，它整合了电子邮件、博客、网络聊天工具、网上购物、网络支付平台等功能，越来越被广大消费者采用，可为一种新型的证据。

6. 证人证言

证人证言是证人就其所感知的案件情况向仲裁机构所作的陈述。利用证人的证言来查清案件事实是仲裁和诉讼中运用最广泛的一种证据形式。凡知道案件的有关情况，应到庭作证的人称为证人，证人向仲裁机构所作的陈述，称为证人的证言。任何公民都有作证的义务，但是，无民事行为能力、限制民事行为能力的不能正确表达意思的人，不能作证。

7. 鉴定意见

鉴定意见是鉴定人员为解决专门性的问题，通过有关部门或法院指定有专业知识的人进行鉴定，作出科学的符合实际的分析，得出结论性的意见。这种结论性意见称为鉴定结论。作出鉴定的人必须是自然人而不能是法人。在仲裁中，需找哪个鉴定部门，《仲裁法》第四十四条规定可以由当事人约定，也可以由仲裁庭指定。这与《民事诉讼法》中的规定不同。在民事诉讼中，专门性问题的鉴定，必须交法定鉴定部门或由法院指定。

8. 勘验笔录

勘验笔录，就是指派的勘验人员对案件的标的物和有关证据，经过现场勘验、调查所作的记录。勘验笔录是我国仲裁诉讼程序中法定证据之一。

二、举证与质证

(一) 举证

举证是指当事人对自己提出的主张,负有提出证据,以证明其主张真实的责任。

《仲裁法》第四十三条规定:"当事人应当对自己的主张提供证据。"当事人负有举证责任,是世界大部分国家民事诉讼和仲裁立法中的通行做法。

在当事人承担提供证据的主要责任的同时,并不排除仲裁庭也有收集证据的责任。《仲裁法》第四十三条还规定:"仲裁庭认为有必要收集的证据,可以自行收集。"这就是说,只有当仲裁庭认为有必要时才自行收集证据,有必要一般指的是当事人在收集证据时,由于客观的原因确有困难,难以得到,而这些证据如不收集到又将影响案件的公正裁决。这与当事人的举证责任是不同的。

在仲裁活动中,举证是可以转移的,并不是自始至终由申请人一方承担举证责任。"谁主张,谁举证"即谁要提出主张,谁就应当用证据来证明自己的主张,当被申请方反驳仲裁请求,提出反请求时,举证责任的义务将由被申请方承担。

(二) 质证

质证是当事人在仲裁庭出示并交换证据后,当事人及其代理人之间对对方的证据进行质询和辩论。

《仲裁法》第四十五条规定:"证据应当在开庭时出示,当事人可以质证。"目的是帮助仲裁庭辨别证据的真伪。仲裁庭只有让当事人知道将依据什么证据和理由作出裁决,才能表明其公正裁决。开庭将证据向当事人出示,这是法定的程序,也是仲裁庭应履行的义务,一般的做法是仲裁庭在开庭审理时,对书证、物证等证据,先由当事人辨认真伪,然后当庭宣布证据的效力,尚不能当庭宣布,则经核实合议后确认。对录音、录像等视听资料和电子数据也要当庭播放和出示,对证人证言、鉴定结论、勘验笔录等均应当庭宣读,只要当事人对与本案有关的任何证据提出不同意见,仲裁庭均应允许当事人质证,需要证人、鉴定人、勘验人出庭的,经当事人申请,经仲裁庭允许可以出庭。对证据质证,以确保仲裁庭的裁决公平公正,符合事实和法律的规定。

三、仲裁中的证据保全

证据保全,是指在证据可能灭失或者日后难以取得的情况下,由有关部门采取强制措施,对证据加以固定和保护的制度。

《仲裁法》第四十六条规定:"在证据可能灭失或者以后难以取得的情况下,当事人可以申请证据保全。当事人申请证据保全的,仲裁委员会应当将当事人的申请提交证据所在地的基层人民法院。"

证据保全,对于及时取得对仲裁活动有意义的证据,查明事实真相,正确处理案件具有十分重要的意义。这里应当指出的是,证据保全的方法因需要保全的证据不同而不同,对于证人证言,应将其制作成笔录或进行录音、录像;对于物证,应保存原物,但也可以进行绘图、拍照、摄像;需要进行鉴定的,应当委托鉴定部门予以鉴定;对于案件现场,应及时进行勘验,制作勘验笔录或进行测量、绘图、拍照。不管是采取哪一种方法对证据进行保全,均应做到客观真实,以便使被保全的证据能有效地发挥其证明力。

对于涉外仲裁中的证据保全,根据《仲裁法》第六十八条的规定:"涉外仲裁的当事人申请证据保全的,涉外仲裁委员会应当将当事人的申请提交证据所在地的中级人民法院。"法院按照民诉法及有关司法解释有权作出证据保全的裁定。当事人如果不服该级人民法院作出的采取保全或不予保全的裁定,可以向作出裁定的人民法院申请复议一次,但不得提起上诉。在复议期间,不停止裁定的执行。①

四、仲裁中的财产保全

(一)财产保全的概念

仲裁中的财产保全,是指在仲裁庭作出裁决前,为确保仲裁调解或者裁决能够得以实现,而通过人民法院对当事人的财产采取的一些强制措施。

我国《仲裁法》第二十八条第一款规定,一方当事人因另一方当事人的行为或者其他原因,可能使裁决不能执行或者难以执行的,可以申请财产保全。

由于仲裁主要解决合同纠纷及其他财产权益纠纷,如果裁决前,财产已经发生转移、消耗、毁损、灭失、变质、腐烂等情况,那么仲裁裁决将不能执行或者难以执行。因而,也可以这样说,财产保全是对仲裁活动的一种司法保护制度,其目的和意义在于保障当事人的合法权益,便于仲裁裁决的执行,维护仲裁裁决的法律效力。

财产保全是有范围限制的,并不是当事人的所有财产都能采取保全措施,财产保全的范围只限于仲裁请求的范围,或者与本案有关的财产。与本案无关的财产,不属于仲裁请求的范围,一律不得采取任何保全措施。

(二)财产保全的申请

我国《仲裁法》第二十八条第二款规定,当事人申请财产保全的,仲裁委员会应当将当事人的申请依照民事诉讼法的有关规定提交人民法院。这就是说,财产保全的申请只能由当事人提出,仲裁机构或人民法院都不能主动采取财产保全措施。当事人可以在申请仲裁的同时提出财产保全申请,也可以在仲裁裁决作出前的任何阶段申请财产保全。

当事人申请财产保全,应当向仲裁委员会递交财产保全申请书,由仲裁委员会将当事人的申请提交被申请人住所地或财产所在地的基层人民法院。

涉外仲裁的财产保全,涉外仲裁委员会应将当事人的财产保全申请提交财产所在地的中级人民法院。按照《仲裁法》的有关规定,财产保全申请只能由仲裁委员会提交人民法院,当事人不能越过仲裁委员会直接向人民法院申请财产保全,仲裁庭也不能向人民法院转交财产保全申请书。而且,仲裁委员会若没有当事人的申请,亦不能主动向人民法院申请财产保全。

---

① 《民事诉讼法》第八十一条,因情况紧急,在证据可能灭失或者以后难以取得的情况下,利害关系人可以在提起诉讼或者申请仲裁前向证据所在地、被申请人住所地或者对案件有管辖权的人民法院申请保全证据。

(三) 财产保全措施

按照仲裁的有关规定,人民法院应对仲裁委员会提交的当事人财产保全申请作出财产保全的裁定。人民法院接受当事人的财产保全申请后,对于情况紧急的,应当在48小时内作出裁定,并开始执行。财产保全可以采取查封、扣押、冻结或者法律允许的其他方式。人民法院对于查封、扣押的不宜长期保存的物品,可以拍卖、变卖、保存价款。人民法院采取财产保全措施时,可以责令申请人提供担保。申请人不提供担保的,人民法院有权拒绝财产保全。当事人提供担保的方式有两种:一种是保证,由保证人作出履行义务的保证;二是抵押,由申请人或第三人提供一定的财产作为抵押物。申请人不提供担保的,人民法院可以驳回财产保全申请。

当事人对人民法院财产保全的裁定不服,可以向人民法院申请复议一次,复议期间,不停止裁定的执行。

《仲裁法》第二十八条第三款规定,申请有错误的,申请人应当赔偿被申请人因财产保全所遭受的损失。被申请人申请财产保全错误的,应当赔偿申请人因财产保全所遭受的财产损失。仲裁委员会和法院不承担赔偿责任。

第五节 仲裁和解与调解

一、和解

仲裁和解是解决争议的重要方式之一,仲裁中的和解是指仲裁活动中的双方当事人在没有仲裁庭的参与下,自行协商解决他们之间的争议。

当事人自行解决争议在仲裁活动中具有十分重要的意义。在一般情况下,当事人双方签订和解书或和解协议,应视为建立了一种新的合同关系。我国《仲裁法》第四十九条规定,当事人申请仲裁后,可以自行和解。达成和解协议的,可以请求仲裁庭根据和解协议作出裁决书,也可以撤回仲裁申请。当事人自行协商解决争议,是当事人行使民事处分权的重要体现,能便于及时、合理地解决他们之间的争议。

涉外仲裁,根据《中国国际贸易仲裁委员会现行仲裁规则》的规定,在仲裁庭进行和解过程中,双方当事人在仲裁庭之外达成和解的,应视为是在仲裁庭调解下达成的和解,经仲裁庭调解达成和解协议的,双方当事人应签订书面和解协议;除非当事人另有约定,仲裁庭应当根据当事人书面和解协议的内容作出裁决书。

按照《仲裁法》的有关规定,仲裁中的和解,既可以在开庭中,也可以在庭外达成协议。可以由双方当事人提出,也可由申请人或被申请人单方提出。其关键在于没有仲裁庭参与的情况下双方当事人的自愿行为。

我国《仲裁法》第五十条规定:"当事人达成和解协议,撤回仲裁申请后反悔的,可以根据仲裁协议申请仲裁。"当事人双方在仲裁中达成和解,撤回了仲裁申请,原仲裁协议是否有效,目前理论界有两种不同看法。一种看法认为,仲裁协议只能使用一次,当事人和解后撤回仲裁申请,原仲裁协议即失去效力,当事人若再申请仲裁,需重新达成仲裁协议;另一种看法认为,当事人自行和解后撤回了仲裁申请,因为仲裁庭尚未裁决,故原仲裁协议仍然有效,当事人再申请仲裁,无须重新订立仲裁协议。现行《仲裁法》按第二种看法作出了规定,即当事人达成和解协议,撤回仲裁申请后又反悔的,可以根据原仲裁协议申请仲裁。

二、调解

(1)仲裁中的调解,是指在仲裁庭的主持下,在查明事实、分清责任的基础上,促使当事人双方互谅互让、自愿达成调解协议,以解决他们之间的争议。

仲裁通过调解方式解决民商事争议,是中国的民事诉讼和仲裁的优良传统与成功经验。用调解方式解决纠纷,既有利于纠纷的及时解决,又可加强当事人之间的相互了解,为以后继续合作打下基础,还利于当事人自觉履行自己的义务。因此,调解是目前民事诉讼或仲裁程序中普遍采用的化解纠纷的方式。

仲裁与调解相结合是我国《仲裁法》的一个重要特点。《仲裁法》第五十一条规定:"仲裁庭在作出裁决前,可以先行调解。当事人自愿调解的,仲裁庭应当调解。调解不成的,应当及时作出裁决。"这里需要说明的是,我国《仲裁法》中虽然规定了调解,但调解不是一个独立的程序,也不是仲裁前的必经程序,应基于当事人自愿在仲裁庭主持下进行,双方达成协商一致的协议。在仲裁程序活动中,只要当事人愿意调解的,仲裁庭应当进行调解。仲裁庭若调解不成功,或者当事人不愿调解的,仲裁庭应当及时裁决。《仲裁法》第五十一条还规定:"调解达成协议的,仲裁庭应当制作调解书或根据协议的结果制作裁决书。调解书与裁决书具有同等法律效力。"仲裁庭调解成功,是制作调解书,还是制作裁决书,应按照当事人的请求,当事人请求制作调解书的,仲裁庭应制作调解书,当事人请求制作裁决书的,仲裁庭应制作裁决书。

《仲裁法》第五十二条规定:"调解书应当写明仲裁请求和当事人协议的结果……调解书经双方当事人签收后,即发生法律效力。在调解书签收前当事人反悔的,仲裁庭应当及时作出裁决。"经仲裁庭调解,当事人达成调解协议的,仲裁庭应当制作调解书。调解书应当载明仲裁请求和协议结果,案件事实可以写明,也可以不写。调解书需由仲裁员签名,加盖仲裁委员会印章。调解书应送达当事人,经双方签收,即发生法律效力。仅一方当事人签收,调解书不发生法律效力。

调解在仲裁活动中发挥重要作用,那么,调解应遵循什么原则进行。我国《仲裁法》没有明确规定,从仲裁的特点和国际上的仲裁惯例通行做法看,笔者认为,仲裁实践中应遵循以下原则:

第一,调解是在经过仲裁庭调查和辩论后,查清事实、分清是非的基础上进行的。

第二,仲裁调解不是仲裁的必经程序,必须坚持当事人双方自愿的原则,不能强迫。

第三,对于调解达成协议的,是否制作仲裁调解书或裁决书,由当事人决定,如果可以既履行给付的义务,也可以不制作仲裁文书。

第四,如果调解不成的,仲裁庭应当及时裁决,这里的"及时"包括上述《仲裁法》用语,是给仲裁庭的自由裁量,但仲裁员应当尽心尽责,毫不迟延地执行职务,不能久调不决。

(2)仲裁中的调解、和解与民事诉讼中的调解的区别。

我国的《民事诉讼法》和《仲裁法》都规定了调解程序,但是两个法中的调解是有区别的,具体表现在:

仲裁过程中的调解不是一个独立的程序,调解必须基于双方当事人的同意而进行。仲裁调解允许当事人随时撤回同意调解的意思表示,仲裁庭在当事人明示不再进行调解后,应即刻中止调解程序,恢复仲裁程序,并及时作出裁决。而法院的调解,《民事诉讼法》中规定调解贯穿于审理的全过程。法庭在开庭审理前的准备阶段,一般都要进行调解,目前各地人民法院均设有"诉讼服务中心""调解中心"等,负责案件受理前的调解。调解不成则交给审判庭,审判程序中还可以调解,一审判决后上诉阶段,二审法院还可以再进行调解。

仲裁过程中的调解,只能由仲裁庭的组成人员进行,由仲裁员主持调解,而人民法院的调解,可以邀请有关单位和个人协助进行,被邀请的单位和个人应当协助,即实行人民陪审制度。

仲裁庭调解达成协议的,仲裁庭应当制作调解书,也可以根据协议的结果制作裁决书,制作何种法律文书由当事人自己选择。人民法院调解达成协议的,应当制作调解书。

《仲裁法》规定,当事人有权依法申请撤销仲裁裁决,但是对仲裁庭制作的调解书,当事人则无权向法院申请撤销。而《民事诉讼法》规定,当事人对已发生法律效力的调解书,提出证据证明调解违反自愿原则或者调解协议的内容违反法律的,可以要求撤销申请再审。

(3)就仲裁本身进行的和解与调解也是有区别的。

二者的相同点在于:和解与调解都必须基于双方当事人的自愿。根据互谅互让的原则,不一定都按照法律的严格规定来决定赔偿违约金的多少或者补偿损失多少,甚至补偿的方式也可以多种多样,只要双方同意就行。达成和解协议或者调解协议后,都可以请求仲裁庭根据其协议作出裁决书。另外,无论是和解不成还是调解不成,对于仲裁庭以后作出的裁决,都不受其调解、和解过程中双方当事人或仲裁庭提出的调解方案、建议或作过的承认、放弃等意见、观点的影响,更不能以此作为以后的仲裁程序或司法程序中的证据。

二者的不同点在于:和解是双方当事人自行和平解决争议,随意性强,仲裁员一般不参与,和解达成协议的,当事人可以撤回仲裁申请,而调解一般由仲裁庭主持,在仲裁庭作出裁决前,可以先行调解,当事人自愿调解的,仲裁庭应当停止仲裁程序进行调解,调解不成的,仲裁庭应当及时宣布调解终结,迅速恢复仲裁程序,防止久调不决。

和解协议,当事人如果不请求仲裁庭根据和解协议制作裁决书的,其法律效力与调解书不同。和解协议只能由当事人根据其协议约定自动履行其义务,因为和解协议的效力不是终局的,一般不具有强制执行的效力。而调解书与裁决书则具有同等法律效力。

涉外仲裁,根据其仲裁规则只制作裁决书,因为涉及协助问题和执行外国仲裁裁决及法院配合问题。调解书对双方均有约束力,如果有义务的一方不自动履行调解协议,权利方可以凭已生效的调解书向人民法院申请强制执行。

第六节 仲裁开庭

开庭和裁决是仲裁程序中的重要环节,这是因为,当事人之间的争议须通过开庭的方式才能进一步查明事实真相,分清是非责任,进行必要的调解,并在此基础上作出裁决。它对于维护当事人的合法权益,公正、快捷地解决当事人之间的争议,实现仲裁权等具有十分重要的意义。

一、开庭准备

仲裁庭正式开庭之前进行必要的准备,是保证仲裁庭开庭和裁决活动顺利进行的重要条件,只有庭前充分、具体的准备,才能保障仲裁活动的顺利进行。笔者认为,在仲裁庭开庭前准备阶段的主要内容应包括以下方面:

1. 确定仲裁开庭的方式

我国《仲裁法》第三十九条规定,仲裁庭应当开庭进行。当事人协议不开庭的,仲裁庭可以根据仲裁申请书、答辩书以及其他证据材料作出裁决。《仲裁法》第四十条规定,仲裁一般不公开进行。但当事人协议公开的,可以公开进行,但涉及国家秘密的除外。

根据以上规定,仲裁活动原则上应不公开进行,但是也尊重当事人的意愿,但涉及国家秘密的应除外。所以,仲裁活动到底是开庭还是不开庭,是公开进行还是不公开进行,均应在开庭前的准备阶段依据当事人的意愿和法律的规定作出决定。

2. 确定开庭日期,并通知当事人

仲裁庭依法组成后,仲裁机构的秘书人员应当及时与仲裁庭联系,以确定开庭的具体时间,并把开庭时间按照法定的期限通知到双方当事人,若当事人有请求延期审理的,应及时与仲裁庭联系,再商定开庭时间。

我国《仲裁法》第四十一条规定,仲裁委员会应当在仲裁规则规定的期限内将开庭日期通知双方当事人。当事人有正当理由的,可以在仲裁规则规定的期限内请求延期开庭。是否延期,由仲裁庭决定。《仲裁法》第四十二条规定,申请人经书面通知,无正当理由不到庭或者未经仲裁庭许可中途退庭的,可以视为撤回仲裁申请。被申请人经书面通知,无正当理由不到庭或者未经仲裁庭许可中途退庭的,可以缺席裁决。

3. 查明身份、宣布开庭纪律

仲裁庭开庭时,一般应让出庭人员填写出庭人员签到表,有没有当事人或其他仲裁参与人未到庭,然后核定当事人的身份,代理人的代理权限。由记录人员宣布开庭,宣读仲裁庭的组成情况,并告知当事人在仲裁开庭过程中的权利和义务,询问当事人是否对出庭人员申请回避。

二、仲裁庭调查

仲裁庭调查阶段的任务是,通过在仲裁庭全面调查案件事实,审核各种证据材料,为合理、公正地解决当事人之间的争议,保证仲裁裁决的公正性打下良好的基础。依照《仲

裁法》第四十三条至四十五条的规定，仲裁庭调查阶段的主要内容应包括以下几方面：

1. 认真听取当事人的陈述

先由申请人或其代表人全面、具体、系统地陈述申请仲裁的具体请求和所依据的事实理由，并向仲裁庭提供有关的证据和证据来源，然后由被申请人对申请人的陈述进行答辩。双方当事人有代理人的，在当事人陈述后，由其代理人作补充陈述。

我国《仲裁法》第二十七条规定，申请人可以放弃或变更仲裁请求。被申请人可以承认或者反驳仲裁请求，有权提出反请求。被申请人提出反请求的，仲裁庭应当合并调查。被申请人陈述后，若申请人对被申请人的答辩和反请求有不同意见的，还应让申请人再作陈述。申请人陈述后，被申请人要求补充陈述的，应当允许，以贯彻平等原则。

2. 询问当事人

询问当事人即仲裁庭在听取当事人陈述后，针对双方争执的焦点有目的地向当事人提问，让当事人回答，以便查明事实真相。询问当事人，应当按照先申请人，后被申请人的顺序进行，并贯彻平等原则，不能带有任何主观偏见。

3. 对证据进行出示、辨认和质证

《仲裁法》第四十三条规定，当事人应当对自己的主张提供证据。仲裁庭认为有必要收集的证据，可以自行收集。在仲裁庭调查阶段，不论是当事人提供的证据还是仲裁庭自行收集的证据，都必须当庭审查核实，才能作为认定案件事实的依据。

具体内容和要求包括：(1)告知证人的权利和义务、通知证人到庭作证，或宣读未到庭的证人所提供的证言；(2)出示书证、物证和播放视听资料；(3)宣读鉴定结论和勘验笔录。上述证据应当让当事人辨认和质证，并允许当事人向证人、鉴定人、勘验人提问。同时，当事人还可以在仲裁庭上提出新的证据，并有权要求重新调查、鉴定和勘验，是否准许，由仲裁庭决定。

三、仲裁庭辩论

仲裁庭辩论阶段的任务是组织当事人及其代理人对仲裁庭调查的事实、证据及法律适用等问题，陈述自己的意见，以辨明是非，分清责任，为公正裁决打下基础。《仲裁法》第四十七条规定，当事人在仲裁过程中有权进行辩论。可以这样说，当事人在仲裁庭的辩论，是当事人行使辩论权的集中体现，仲裁庭应当保障双方当事人充分地、平等地行使法律规定的辩论权。

当事人辩论发言的顺序是，先由申请人及其代理人发言，再由被申请人及其代理人发言，然后进行辩论。

在辩论过程中，仲裁庭应注意掌握以下几点：

(1)在申请人总体陈述时，被申请人不能随意对对方的发言进行反驳，被申请人在进行答辩时，申请人也不能随意打断、插话，要让对方充分陈述案情。双方发言要尽量不谈与本案无关的问题，更不能言辞过激，侮辱对方人格，以便开庭程序有序进行。

(2)当事人只能就仲裁庭已经查清的事实进行辩论，而不能就尚未查清的事实进行辩论。如果当事人及其代理人提出或者仲裁庭发现有新的事实和证据需要进一步查明时,仲裁庭应当灵活掌握,暂时停止辩论,穿插休庭,进行调查,待查清事实后再恢复辩论。

四、仲裁不开庭审理

不开庭审理也称书面审理,是指申请人和被申请人以及他们的代理人不必亲自到庭,仲裁庭只根据仲裁申请书、答辩书以及其他材料对案件进行全面审理,并作出裁决的审理程序。

仲裁庭进行不开庭审理应注意以下几点:

(1)根据《仲裁法》第三十九条的规定,进行不开庭审理的依据是双方当事人达成的不开庭审理的协议。

这个协议可以在仲裁条款中规定,也可以在提请仲裁时双方当事人以书面协议约定。

(2)不开庭审理的案件,一般是争议金额较小、事实清楚、案情简单的仲裁案件。

(3)书面审理,仲裁委员会同样要按照仲裁规则的规定,将一方当事人提交的仲裁申请书、答辩书以及其他证据材料送达对方当事人。当事人提交材料时仍要遵守期限的有关规定。否则,将视为放弃提交材料的权利。

(4)不开庭审理并不排除传唤一方当事人到庭接受仲裁庭的询问,仲裁庭认为有必要时,可以通知当事人到庭就案件的某些问题进行询问。

(5)不开庭审理,仲裁庭在裁决作出前,同样应该征询双方当事人的最后意见。

五、仲裁庭开庭操作规程

(一)仲裁开庭前的工作

(1)仲裁委员会受理案件后,应当在受理案件通知书和应诉通知书中向当事人告知有关的权利义务,或者口头予以告知。仲裁庭组成后,仲裁委员会应当在5日内将仲裁庭的组成情况告知当事人。告知后因情势变化,必须调整仲裁庭组成人员的,应当于调整后3日内告知当事人。在开庭前3日内决定仲裁庭组成人员的,原定的开庭日期应予顺延。如果仲裁庭已经确定开庭日期的,仲裁委员会应当一并告知当事人及其代理人开庭的时间、地点。

(2)开庭日期确定后,仲裁委员会应当在开庭3日前将开庭通知送达应当出庭的当事人及其代理人、证人、鉴定人、勘验人、翻译人员等。当事人或其他仲裁参与人在外地的,应留有必要的在途时间。当事人协议公开审理的,应当公告当事人姓名、案由和开庭的时间、地点。但涉及国家秘密的案件,不得公开审理。

(3)开庭审理前,书记员应当登记到庭的当事人和其他仲裁参与人。当事人或其他参与人没有到庭的,书记员应将情况及时告知首席仲裁员(独任仲裁员),并由仲裁庭根据情况决定是否延期开庭审理或者中止审理,决定中止审理的,应当制作裁定书送达当事人,中止审理期间不计入审理期限。申请人经书面通知,无正当理由不到庭或者未经仲裁庭许可中途退庭的,可视为撤回仲裁申请。被申请人经书面通知,无正当理由不到庭或者未经仲裁庭许可中途退庭的,可以缺席裁决。

(二)宣布开庭

(1)书记员宣布当事人及其代理人、鉴定人、勘验人、翻译人员入庭。

(2) 书记员宣读庭审应注意的事项。

①当事人应积极配合仲裁庭的提问和呼唤。

②当事人陈述事实,辩论问题,要实事求是,文明礼貌,未经仲裁庭允许,不得随意发言或者打断别人的发言。

③未经仲裁庭允许不准录音、录像和摄影,不得随意退出仲裁庭,庭审笔录和录音只供仲裁庭查用。

④当事人对仲裁活动有意见,可在闭庭后以口头或者书面形式向仲裁委员会反映。

(3) 书记员宣布:请首席仲裁员、仲裁员入庭。

(4) 书记员向首席仲裁员(独任仲裁员)报告当事人及其代理人的出庭情况。

(5) 首席仲裁员(独任仲裁员)宣布:现在开庭!

(6) 首席仲裁员(独任仲裁员)宣读双方当事人出庭人员名单及代理人代理权限。如,×律师事务所律师×××为申请人(被申请人)的委托代理人出庭参与仲裁。

(7) 询问各方当事人对于对方出庭人员有无异议(仲裁庭视情况作出决定)。

(8) 如果当事人对对方出庭人员没有提出异议,首席仲裁员(独任仲裁员)宣布:各方当事人及其代理人符合法律规定,可以参加本案仲裁活动。

(9) 宣读仲裁庭的组成情况及其他参加开庭人员名单根据《中华人民共和国仲裁法》第三十条、第三十一条、第三十二条的规定,由仲裁员×××担任首席仲裁员,仲裁员×××、×××组成仲裁庭(由独任仲裁员×××成立仲裁庭)。书记员×××记录。(仲裁庭视情况作出决定)

(10) 宣布:据本案需要,本庭指定(或是交由当事人约定)××鉴定部门的××出庭为本案的鉴定人。

(11) 首席仲裁员(独任仲裁员)宣读,×仲裁委员会现就申请人×××与被申请人……纠纷一案,依法开庭审理。

(12) 宣读当事人的权利和义务。

①申请人有申请、放弃或者变更仲裁请求的权利,被申请人可以答辩、承认仲裁请求,提出反请求的权利。

②有委托律师和其他人代为诉讼;申请回避、提供证据进行辩论、调解、自行和解和请求仲裁庭根据和解协议、调解协议作出裁决书、调解书,也可以撤回仲裁申请的权利。

③有申请证据保全和财产保全的权利,有使用本民族语言文字的权利。

④经仲裁庭许可有向鉴定人或其他仲裁参与人提问的权利,有查阅庭审材料、请求复印庭审材料和仲裁文书的权利,当事人和其他仲裁参与人认为对自己陈述的记录有遗漏或者差错的,对裁决书中的文字、计算错误或者仲裁庭已经裁决,但在裁决中有遗漏的事项有申请补正的权利。

⑤一方对已发生法律效力的裁决书、调解书有向人民法院申请执行的权利。

当事人有下列义务:

①当事人有遵守仲裁程序的义务。

②如实陈述案情,实事求是地提供证据的义务。

③按规定缴纳仲裁费以及自动履行仲裁文书的义务。

(13) 提问双方当事人对本庭的组成人员是否申请回避。

当事人提出回避的,仲裁庭应当宣布休庭,并按照仲裁规则决定回避事项。

(三) 仲裁开庭调查和辩论

(1) 首席仲裁员或独任仲裁员宣布:现在进行开庭调查。

①由申请人陈述仲裁请求和理由,或者宣读申请书。

②由被申请人陈述答辩理由。

③核对案情事实(可按事先拟出的提问提纲,对基本事实、争执重点要问清,需要当庭宣读的证人、证言、证件、鉴定结论,有关记录要先准备好)。

(2) 需要证人出庭作证的应按以下顺序进行。

①证人入庭后,首席仲裁员(或独任仲裁员)要提问证人身份(姓名、年龄、工作单位、职务、住址等)。

②首席仲裁员(或独任仲裁员)要告知证人作证的义务以及作伪证应负的法律责任。证人应如实地提供证言、证物和证明材料。

③首席仲裁员(或独任仲裁员)提问证人:听清了没有?证人回答后让证人当庭作证,证人作证后,应征询双方当事人对证人证言的意见。经仲裁庭许可,当事人及其代理人可以向证人发问(提问后宣布证人退庭),证人确有困难不能到庭的,可以宣读未到庭的证人证言。当事人自己调查取得的证人证言,由当事人宣读后提交仲裁庭,对方当事人可以质询。仲裁庭调查取得的证人证言,由书记员宣读,双方当事人可以质询和辩论。

(3) 需要勘验人、鉴定人出庭的,勘验人、鉴定人宣读勘验笔录,鉴定结论后,由双方当事人发表意见,当事人对其有异议的,经仲裁庭许可,可以向勘验人、鉴定人发问,勘验人、鉴定人未出庭的,可由书记员宣读勘验笔录,鉴定结论,对其有异议的可以质询和辩论。

(4) 当事人就争议的事实所提供的书证、物证、视听资料,应经对方辩论、互相质证。涉及国家机密、商业秘密的证据,当事人提交仲裁庭的,仲裁庭不能公开出示,但可以适当提示。

(5) 双方当事人争议的事实查清后,首席仲裁员(或独任种裁员)应当询问双方当事人有无新的证据提出,申请人的仲裁请求和被申请人的反请求有无变更。当事人重复陈述的仲裁庭应当及时提醒或制止。

(6) 在仲裁庭调查、核对案件事实中,如果当事人要求重新进行鉴定、调查或勘验,仲裁庭应当立即作出是否准许的决定,待案件的主要事实清楚后,首席仲裁员(或独任仲裁员)宣布:现在开始辩论。

顺序:

①申请人及其代理人发言。

②被申请人及其代理人答辩。

③当事人双方依次互相辩论。

(7) 当事人及其代理人就本案争议的问题进行辩论,辩论应当实事求是、以理服人。第一轮辩论结束,首席仲裁员(或独任仲裁员)应当征询当事人是否还有补充意见,当事人要求继续发言的,应当允许,但要提醒不可重复。

(8)当事人没有补充意见的,首席仲裁员(或独任仲裁员)宣布仲裁庭调查辩论终结。

(9)仲裁庭辩论终结,首席仲裁员(或独任仲裁员)按照申请人、被申请人的先后顺序征询双方最后意见。

(四)仲裁庭辩论后的调解

首席仲裁员(或独任仲裁员)宣布:仲裁庭辩论结束,现在进行调解(根据情况可以在庭上调解,也可以让另一方退庭,分别作调解工作)。

调解时,可以先由双方当事人提出调解方案。当事人意见不一致的,仲裁庭要讲清法律规定,分清责任,促使双方当事人达成协议,必要时,仲裁庭可以根据双方当事人的请求提出调解方案,供双方当事人考虑;也可以先分别征询各方当事人意见,而后进行调解。

调解达成协议的,双方当事人应当在调解协议上签字盖章。仲裁庭应当根据双方当事人达成的调解协议制作调解书或者根据协议的结果制作裁决书送达当事人。双方当事人达成协议后当即履行完毕,不要求发给调解书的,应记入笔录,在双方当事人、仲裁庭成员、书记员签名并加盖仲裁委员会印章后,即具有法律效力。

(五)仲裁庭评议

经过开庭审理后调解不成的,仲裁庭休庭进行评议,就案件的性质、认定的事实、适用的法律、是非责任和处理结果作出结论。

首席仲裁员(或独任仲裁员)宣布:现在休庭,进行评议。

如不当庭宣布裁决则可以宣布:裁决书另行送达。

裁决应当按照多数仲裁员的意见作出,少数仲裁员的不同意见可以记入笔录。仲裁庭不能形成多数意见时,裁决应当按照首席仲裁员的意见作出。

裁决书应当写明仲裁请求、争议事实、裁决理由、裁决结果、仲裁费用的负担和裁决日期。当事人协议不愿写明争议事实和裁决理由的,可以不写。裁决书由仲裁员签名,加盖仲裁委员会印章。对裁决持不同意见的仲裁员,可以签名,也可以不签名。

(六)宣布裁决

首席仲裁员(或独任仲裁员)宣布:现在继续开庭。由首席仲裁员(或独任仲裁员)宣布裁决内容。仲裁裁决如果能够当庭宣布的当庭宣布,不能当庭宣布的,为方便当事人,裁决书可另行送达双方当事人,即发生效力。

宣布裁决后,当事人及其仲裁参与人应当庭或者5日内阅读仲裁庭的笔录。当事人认为对自己的陈述记载有遗漏或差错,有权申请补正。补正时不要将原记录涂改,可在笔录旁边或后边补正说明。笔录经补正无误后,当事人应当签名盖章。拒绝签名盖章的,则写明情况附卷。当事人对裁决书中的文字、计算错误或仲裁庭已经裁决但在裁决书中遗漏的事项,仲裁庭应当补正;当事人自收到裁决书之日起30日内,可以请求仲裁庭补正。最后,由首席仲裁员(或独任仲裁员)宣布:本案处理完毕,现在闭庭。

第七节 仲裁裁决

一、仲裁裁决的作出

(一)仲裁员意见不一的仲裁裁决

仲裁裁决是仲裁庭就仲裁案件的实体问题和程序问题作出的结论,是仲裁审理阶段的最后程序。当仲裁庭辩论终结,且调解不成时,应由仲裁庭根据事实和法律规定,参考商业惯例和国际惯例,遵循公平合理原则,独立、公正、及时地作出仲裁裁决。

按照仲裁庭的二种组庭方式:独任仲裁庭和合议仲裁庭,在作出裁决时,如果仲裁庭不能形成一致意见,二种组庭方式的独任仲裁庭,就一个仲裁员不存在形不成一致意见问题。但如果是合议仲裁庭三个仲裁员各执己见,如何作出裁决?对此,《仲裁法》第五十三条的规定,由 3 名仲裁员组成仲裁庭审理的案件,裁决应当按照多数仲裁员的意见作出,少数服从多数,少数仲裁员的不同意见可以记入合议庭评议笔录。仲裁庭不能形成多数意见时,裁决应当按照首席仲裁员的意见作出,即两名仲裁员各执己见,而首席仲裁员又持第三种意见时,以首席仲裁员的意见作出裁决。书记员应当将仲裁庭的评议做成笔录。

仲裁裁决书应当按照仲裁委员会仲裁规则的规定期限内作出,并及时向当事人宣布和送达。我国国内仲裁,仲裁裁决作出的期间,按照各地《仲裁委员会仲裁暂行规则》的一般规定,均在 4 个月内作出,从组成仲裁庭之日起算。有特殊情况,需要延长的,由首席仲裁员或独任仲裁员报仲裁委员会主任批准。涉外案件应当在 8 个月内作出仲裁裁决。

(二)仲裁裁决书的格式和内容

裁决书应当写明双方当事人及其代理人的基本情况、开庭审理的基本情况、当事人的仲裁请求、仲裁反请求、争议事实、证据及其证明目的、质证意见、裁决理由、合同依据、法律依据、裁决的结果、履行期限及逾期履行的法律责任、仲裁费用的负担、裁决日期等。当事人协议不愿写明争议事实和裁决理由的,可以不写。裁决书由仲裁员签名,加盖仲裁委员会印章。对裁决持不同意见的仲裁员,可以签名,也可以不签名。对不签名的仲裁员,应当在裁决书中载明其参加了该案的全部仲裁过程。

二、仲裁裁决的类型

仲裁裁决与民事判决有所不同,民事一审判决只能作一次性判决,而仲裁裁决可以灵活多次,可以部分先行裁决、可以中间裁决、可以最终裁决。

(一)仲裁中间裁决和部分裁决

中间裁决是指对整个争议已部分审理清楚,为了有利于继续进一步审理并作出最终裁决,仲裁庭在某一审理阶段所作出的某项暂时性裁决。中间裁决并不反映仲裁庭对其案件审理的任何倾向或意向,也不影响案件的审理和裁决,是仲裁程序方面的裁决。

中间裁决多使用于涉外仲裁,外国仲裁的中间裁决,多用于解决仲裁管辖问题或法律适用问题,要求当事人合作,为减少案件损失的扩大,对容易腐烂、变质、贬值的标的物进行出售、变卖等采取措施。①

部分裁决亦称先行裁决,是指对整个争议中的某一个或者某一部分问题已经审理清楚。为了有利于继续审理其他实体问题,仲裁庭先行作出的就该部分问题的局部性裁决。根据我国《仲裁法》第五十五条规定,仲裁庭仲裁纠纷时,其中一部分事实和责任已经查清楚,可以就该部分先行裁决。在仲裁实践中,部分裁决主要适应于当事人有多项仲裁请求或为了避免一方当事人的损失扩大,为了不影响仲裁程序和审理期限太长,可以临时就该部分作出局部性裁决。

中间裁决与部分裁决的区别是,部分裁决可以构成最终裁决的一部分,是实体裁决的一部分,但中间裁决不能构成最终裁决的一部分,中间裁决只是为了解决仲裁程序方面裁决,不是实体裁决。

这里需要注意的是,部分裁决已经构成实体裁决,可以执行,当事人也可以申请法院执行。但在最终裁决时,应当注明并除去该部分裁决的内容和赔偿金额,不能重复。②

(二)仲裁缺席裁决

被申请人经书面通知无正当理由不到庭或者未经仲裁庭许可中途退庭的,可以缺席裁决。这个"正当理由"主要指当事人不能预见、不能避免的客观情况,如交通中断、当事人疾病等不可抗力的客观情况。

缺席裁决同样应当开庭审理,对证据材料或答辩理由进行审查,根据现有证据和案件事实,依照法律规定,公平合理地作出仲裁裁决。

三、仲裁裁决书的补正及补充裁决

仲裁程序中的开庭情况,可以反映仲裁活动的基本情况,是仲裁庭调解和仲裁的重要依据,也是仲裁机构积累经验、研究案例、发展仲裁事业的重要资料。因此,《仲裁法》第四十八条规定,仲裁庭应当将开庭情况记入笔录。当事人和其他仲裁参与人认为对自己陈述的记录有遗漏或者差错的,有权申请补正。如果不予补正,应当记录该申请。笔录由仲裁员、记录人员、当事人和其他仲裁参与人签名或者盖章。

对仲裁裁决书中的文字、计算错误或者仲裁庭已经裁决但在裁决书中遗漏的事项,仲裁庭应当补充;当事人自收到裁决书之日起30日内,可以请求仲裁庭补正,包括中间裁决、部分裁决、仲裁决定书、调解书等文书均可以补正。补正也是原裁决书、仲裁决定书、调解书的组成部分。

仲裁庭对裁决书的遗漏事项,应当作出补充裁决。当事人自收到仲裁裁决书之日起30日内,也可以请求仲裁委员会仲裁庭作出补充裁决。补正裁决也是原裁决书的组成部分,均有同等法律效力。

---

① 见本书"仲裁文书"章节《中间裁决书》样式。
② 见本书"仲裁文书"章节《部分裁决书》样式。

四、仲裁裁决的效力

(一)仲裁裁决的生效时间

仲裁裁决的生效时间即为仲裁裁决发生法律效力的时间。确定一份《仲裁裁决书》的生效时间,涉及仲裁裁决何时履行和申请法院承认及执行问题。

关于仲裁裁决书的生效时间,世界各国仲裁立法并不统一,如《瑞士国际私法法案》第一百九十条第一款规定,仲裁"裁决自送达之时即为终局",我国法院民事案件的判决书也均规定为送达后发生效力,不送达对当事人不产生法律效力。但仲裁裁决书发生法律效力的时间,多数国家规定并非"自送达之时"发生效力,如英国、法国等国规定,仲裁裁决自作出之日起即发生法律效力,还有的国家如瑞典、德国等对仲裁裁决的生效时间没有规定。我国《仲裁法》则规定,仲裁裁决发生法律效力的时间为仲裁裁决作出之日。仲裁庭如果当庭宣布仲裁裁决,宣告时间即为裁决作出时间,如果不是在当庭宣布裁决,在仲裁裁决制作完成后,仲裁员在裁决书上签名并加盖仲裁委员会印章时,为仲裁裁决的生效时间。

(二)裁决"一裁终局"

仲裁裁决的效力,主要指裁决对当事人的法律约束力,彰显仲裁文书的权威性。仲裁裁决采取"一裁终局"也是世界各国仲裁的通行做法,如上述《瑞士国际私法法案》规定,仲裁"裁决自送达之时即为终局";伦敦国际仲裁院仲裁规则规定,"仲裁裁决应当是终局的,并且自作出之日起对所有当事人具有约束力";法国《民事诉讼法》也同样规定,"仲裁裁决自作出之日起对于它所决定的争议具有既判力"。我国《仲裁法》第五十七条同样规定:"裁决书自作出之日起发生法律效力。"

从上述各国规定来看,不管是"裁决自送达之时起",还是"自裁决书自作出之日起",均为"一裁终局"。

我国现行的仲裁"一裁终局"制,同人民法院一审判决、裁定发生的法律效力不同,法院实行的是二审终局制。仲裁裁决作出后所发生"一裁终局"的法律效力主要表现在,当事人就同一事实和理由再次申请仲裁或者向人民法院起诉的,仲裁委员会或者人民法院不予受理,即"一事不再理"。"一裁终局"还具有"排他"的效力,包括其他仲裁机构和法院或者其他行政机关等,仲裁裁决一旦作出,其他任何机关、单位、组织等均不能改变或重新作出仲裁裁决,具有排他性和强制性。

(三)裁决对当事人产生执行力

仲裁裁决发生法律效力以后,当事人应当自觉履行仲裁裁决。因为仲裁裁决书一般均规定了履行裁决的期限,如"被申请人应当自本裁决书作出之日起至×年×月×日将×××给付申请人,逾期则如何如何……"而且有给付义务的一方当事人不履行的,另一方当事人还可以依照《民事诉讼法》的有关规定向人民法院申请强制执行。受理申请的人民法院应当执行。

这里需要注意的是,如果是外国仲裁裁决的执行,还涉及承认或认可仲裁裁决的效力问题。有些国家,如法国,其民事诉讼法典规定,仲裁裁决需要经过法院认可,才能进入执行程序。如果加入了《承认及执行外国仲裁裁决公约》、双边或多边条约,还应按其公约规定办理。①

五、重新仲裁

重新仲裁是指当事人对仲裁裁决向人民法院提出异议,申请撤销国内仲裁裁决,经法院审查认定该仲裁裁决存在瑕疵,且该瑕疵可以通过仲裁庭重新裁决进行弥补修正,经法院通知仲裁委员会,发回仲裁庭进行重新仲裁的制度。

我国《仲裁法》第六十一条规定:"人民法院受理撤销裁决的申请后,认为可以由仲裁庭重新仲裁的,通知仲裁庭在一定期限内重新仲裁,并裁定中止撤销程序。仲裁庭拒绝重新仲裁的,人民法院应当裁定恢复撤销程序。"《最高人民法院关于适用〈中华人民共和国仲裁法〉若干问题的解释》第二十一条列举了仲裁庭重新仲裁的情形,"当事人申请撤销国内仲裁裁决的案件属于下列情形之一的,人民法院可以依照仲裁法第六十一条的规定通知仲裁庭在一定期限内重新仲裁:(一)仲裁裁决所根据的证据是伪造的;(二)对方当事人隐瞒了足以影响公正裁决的证据的。人民法院应当在通知中说明要求重新仲裁的具体理由。"

仲裁庭在人民法院指定的期限内开始重新仲裁的,人民法院应当裁定终结撤销程序。"当事人对重新仲裁裁决不服的,可以在重新仲裁裁决书送达之日起六个月内依据仲裁法第五十八条规定向人民法院申请撤销。"

重新仲裁是针对原仲裁案件的仲裁程序的继续,是仲裁裁决撤销程序中法院在尊重裁决终局性基础上的司法支持和司法监督。不过需要注意的是,重新仲裁并非法院裁定撤销仲裁裁决的前置程序。

重新仲裁的意义在于,一是重新仲裁可以避免仲裁裁决被法院撤销,提高仲裁解决纠纷的效率;二是重新仲裁有利于维护仲裁的权威和终局性;三是重新仲裁既维护了公正公平原则,也体现了当事人对效率的追求,防止诉讼资源和社会资源的浪费。

第八节 仲裁时效、期间与送达

一、仲裁时效的概念

时效,是指时间在法律上的效力。时间本身是一种客观存在,也是一种法律事实。仲裁时效是指一定的客观事实持续经过一段时间,从而产生一定的法律后果的一种法律制度。该制度确认法律文件和法律事实发生、消灭和法律效力的时间范围。据史料记载,时效制度起源于古罗马时代的"十二铜表法"。②

民法范畴的时效制度,各国规定不尽相同,私有制国家的民法把时效分为"取得时

---

① 参见本书"涉外仲裁"承认及执行涉外仲裁裁决的法律制度部分。
② 郑云端.民法总论[M].北京:北京大学出版社,2007:306-307.

效"和"消灭时效"。

取得时效又称占有时效，是权利取得的原因，指占有人占有他人财产的客观事实经过一定的时间后，将取得该财产的所有权。它是针对物权（所有权）而设立的一种法律制度。

消灭时效又称诉讼时效，是权利消灭的原因，指权利在一定时间内不行使将导致请求权消灭或丧失，它是针对债权而设立的法律制度。1992 年的《俄罗斯苏维埃联邦社会主义共和国民法典》，否定了取得时效，只规定了诉讼时效，即消灭时效。

我国的时效制度，适用的是诉讼时效制度。我国《仲裁法》第七十四条规定，法律对仲裁时效有规定的，适用该规定。法律对仲裁时效没有规定的，适用对诉讼时效的规定。

仲裁时效是权利人向仲裁委员会申请仲裁，请求保护其权益的法定期间。权利人在仲裁时效规定的期间内不向仲裁委员会请求保护其权益，就丧失了得到仲裁委员会保护其财产权益的权利。这里需要注意的是，期间届满后，义务人虽可拒绝履行其义务，权利人请求权的行使发生障碍，权利本身及请求权并不消灭。当事人超过请求时效后申请仲裁的，仲裁机构应当受理。受理后，如另一方当事人提出时效抗辩，且经查明无中止、中断、延长事由的，裁决驳回其仲裁请求。如果另一方当事人未提出时效抗辩，则视为其自动放弃该权利，仲裁机构不得依照职权主动适用仲裁时效，应当受理支持其仲裁请求。

按照《中华人民共和国民法典》第一百八十八规定，时效分为普通诉讼时效、特殊诉讼时效和最长诉讼时效。

普通诉讼时效又称一般时效，是指在一般情况下，凡法律没有特别规定的均应适用的诉讼时效，该时效期间为三年，从当事人知道权利被侵害之日起计算。

特殊诉讼时效是指法律有特别规定的诉讼时效。如《中华人民共和国产品质量法》第四十五条规定："因产品存在缺陷造成损害要求赔偿的诉讼时效期间为二年，自当事人知道或者应当知道其权益受到损害时起计算。"2017 年修改后的《民法总则》第一百三十六条规定，向人民法院请求保护民事权利，对于下列诉讼，其时效期间为 1 年：（1）身体受到伤害要求赔偿的。（2）出售质量不合格的商品未声明的。（3）延付或者拒付租金的。（4）寄存财产被丢失或者损毁的。因国际货物买卖合同和技术进出口合同争议提起诉讼或者申请仲裁的，其诉讼时效期限为 4 年。根据我国《立法法》规定的"特别法优于普通法原则"，上述 2 年、1 年或 4 年，均属于特别法和特别规定。

最长诉讼时效是指从权利遭受侵害之日起，不知道也不应当知道的情况下，且不适用时效中止、中断规定的时效。如现行《民法典》第一百八十八条第二款规定的条款："诉讼时效期间自权利人知道或者应当知道权利受到损害以及义务人之日起计算。法律另有规定的，依照其规定。但是，自权利受到损害之日起超二十年的，人民法院不予保护，有特殊情况的，人民法院可以根据权利人的申请决定延长。"该"二十年"即为最长诉讼时效。从财产权利被侵害之日起计算超过二十年的，一般不予保护。它和三年的一般诉讼时效不同点在于，期间为二十年的诉讼时效，适用于"不知道其权利被侵害"的特殊事实条件，而三年的一般诉讼时效适用于"从知道或者应当知道其权益受到损害"的事实条件。

二、仲裁时效的开始、中止、中断与延长

(一)仲裁时效的开始

仲裁时效的开始,是仲裁时效的起算点,即从什么时候起仲裁时效开始计算。仲裁时效开始,权利人就可以向仲裁委员会申请仲裁,要求义务人履行义务。仲裁时效期间是从权利人知道或者应当知道权利被侵害之日开始计算的。

仲裁时效的开始,可以归纳为以下几种情况:(1)有期限的债权,从期限届满之日的第二天开始计算;(2)无期限的债权,从权利人提出要求履行的第二天起计算。如果权利人提出要求履行后,给予债务人一定的宽限期,则从宽限期届满的第二天开始计算;(3)附条件的债权,从条件成立之日的第二天开始计算;(4)适用二十年仲裁时效的,一律从权利人的权利被侵害的第二天开始计算。

(二)仲裁时效的中止

仲裁时效中止,又称暂停,是在仲裁时效进行到最后6个月内,因不可抗力或其他障碍,使仲裁申请人不能行使仲裁请求权时,暂时停止时效计算的制度。所谓"不可抗力"是指人们不能预见、不能避免、不能克服的客观情况。如地震、海啸、洪水等自然灾害或战争、暴乱、"非典"等因素。"其他障碍"包括权利被侵害的无民事行为能力人、限制民事行为能力人、没有法定代理人或者法定代理人死亡,丧失代理权或者法定代理人丧失民事行为能力等情况。

仲裁时效中止后,以前经过的时效期间仍然有效,等到阻碍时效进行的原因消失后,也即权利人可以行使请求权申请仲裁时,时效又继续进行。仲裁时效的中止使时效暂停期间不计入仲裁时效期间之内,保证了权利人享有法律规定的申请仲裁的必要时间。

(三)仲裁时效的中断

仲裁时效的中断,是指在仲裁时效进行过程中,因当事人某种法定事由而阻碍了时效的进行,并使得以前经过的时效期间统归无效,待这种法定事由消除后,时效期间重新计算。

仲裁时效中断的法定事由有三种情况:一是权利人申请仲裁,要求仲裁委员会维护自己的权益而中断;二是权利人通过一定的方式向义务人提出请求履行义务的意思表示,直接向义务人提出履行义务的要求而中断;三是义务人承认自己所负的义务,表示愿意履行义务,或偿还了部分债务或表示要求缓期履行等,仲裁时效重新计算。

(四)仲裁时效的延长

仲裁时效的延长,是指仲裁委员会对于已经届满的仲裁时效期间,如果权利人提出特殊理由,给予适当延长的制度。仲裁时效的延长,适用于二十年最长仲裁时效期间,且不存在时效中止或中断的法定事由。

三、仲裁期间的概念

仲裁期间,是指仲裁机构、当事人和其他仲裁参与人进行仲裁活动的期限。当民事权利受到侵害时,权利人在法定的期间内不行使权利,当期间届满,权利人将失去胜诉权利,

即胜诉权利丧失。在法律规定的期间内,权利人提出请求的,仲裁机构对其权利予以保护,而在法定的期间届满之后,权利人行使请求权的,仲裁机构将不再予以保护。

法律规定期间的意义,第一,有利于仲裁程序在期间内顺利进行。第二,保证当事人有效行使仲裁权。第三,维护法律规定的时效性、严肃性和权威性。

我国现行《民法典》第一编、2017年《民事诉讼法》和《仲裁法》及有关司法解释,均对时效和期间作出了详细的规定,而且《仲裁法》又作了"兜底"规定,如第七十四条:"法律对仲裁时效有规定的,适用该规定。法律对仲裁时效没有规定的,适用诉讼时效的规定。"

根据《民事诉讼法》第八十二条规定:"期间包括法定期间和人民法院指定的期间。"

法定期间,是指由法律明确规定的期间。这种期间基于某种法律事实的发生而开始。在法定期间内实施的仲裁行为具有法律效力。如《仲裁法》第二十四条规定:"仲裁委员会收到仲裁申请书之日起五日内,经审查认为符合受理条件的,应当受理,并通知当事人;认为不符合受理条件的,应当书面通知当事人不予受理,并说明理由。""从收到仲裁申请书之日起五日内"的时间,即为仲裁委员会决定是否受理的法定期间。

指定期间,是仲裁机构根据审理案件的具体情况和需要依职权或依照法律的授权而指定的期间。

四、仲裁期间的计算方法

按照现行《民法典》第一编第十章的规定,我国期间的计算方法,以公历年、月、日、小时连续计算。其计算方法如下:

(1)按照年、月、日计算期间的,开始的当日不计入,自下一日开始计算。按照小时计算期间的,自法律规定或者当事人约定的时间开始计算。

(2)按照年、月计算期间的到期月的对应日为期间的最后一日;没有对应日的,月末日为期间的最后一日。

(3)期间的最后一日是法定休假日的,以法定休假日结束的次日为期间的最后一日。期间的最后一日的截止时间为二十四时;有业务时间的,停止业务活动的时间为截止时间。

(4)期间的计算方法依照本法的规定,但是法律另有规定或者当事人另有约定的除外。

五、仲裁文书送达

(一)送达的概念

仲裁文书的送达,是指仲裁委员会,依照法定方式和程序,将仲裁文书送达当事人和其他仲裁参与人的一种行为。送达的特点:(1)送达是仲裁委员会执行职务的行为,只能是仲裁委员会向当事人和其他仲裁参与人实施的一种行为。仲裁委员会为送达人,被送达的当事人和其他仲裁参与人系受送达人。(2)送达必须按法定方式和法定程序进行。(3)送达的内容应是各种仲裁文书,如仲裁申请书副本、答辩书副本、仲裁决定书、调解书、裁决书等。(4)送达应有送达回证。由受送达人在送达回证上签明收到日期,并签名或者盖章。受送达人在送达回证上的签收日期为送达日期。

(二)送达的方式

依照《民事诉讼法》的有关规定,仲裁文书的送达方式主要有五种:

(1)直接送达:直接送达是指仲裁委员会派专人将仲裁文书直接送交受送达人的送达方式。受送达人是公民的,由本人签收,本人不在,交其同住的成年家属签收。受送达人是法人或者其他组织的,应当由法定代表人、其他组织的主要负责人或者该法人、组织的办公室、收发室、值班室等负责收件的人签收。受送达人有代理人的,即可以向受送达人送达,也可以向其他代理人送达。受送达人已向仲裁委员会指定代收人的,送交代收人签收。

(2)留置送达:留置送达是指受送达人拒绝签收仲裁委员会向其送达的仲裁文书时,送达人依照法律规定,邀请有关基层组织或所在单位的代表及其他见证人员到场,说明情况,在送达回证上证明受送人拒收事由和日期,由执行送达职务的人和见证人签名、盖章(见证人不愿在送达回证上签字或盖章的,由送达人在送达回证上记明情况),把仲裁文书留在受送达人住所,也可以把诉讼文书留在受送达人的住所,并采用拍照、录像等方式记录送达过程,即视为送达。

(3)委托送达:委托送达是指仲裁委员会直接送达仲裁文书有困难的委托其他仲裁委员会代为交给受送达人的送达方式。

(4)邮寄送达:邮寄送达是指仲裁委员会在直接送达有困难的情况下通过邮局将仲裁文书用挂号邮寄给受送达人的送达方式。邮寄送达应附有送达回证。挂号信回执上注明的收件日期与送达回证上注明的收件日期不一致的,或者送达回证没有寄回的,以挂号信回执上的收件日期为送达日期。

(5)公告送达:如果受送达人下落不明,或者用上述的其他方式无法送达的,在报刊上公告送达。自发出公告之日起,经过六十日,即视为送达。公告送达,应当在案卷中记明原因和经过。

(三)送达的效力

送达的效力是指仲裁文书送达给受送达人所产生的法律后果。仲裁委员会送达仲裁文书后,所产生的法律后果有两方面:一是程序上的后果。如经仲裁庭书面通知,无正当理由不到庭,是申请人,按撤回仲裁申请处理,是被申请人,可以缺席裁决。二是实体上的后果。如双方当事人签收了向其送达的调解书,调解书即发生法律效力。债务人就应履行调解书所确认的义务,拒不履行的,债权人有权向人民法院申请强制执行。

第九节 仲裁裁决的执行

一、执行的概念及意义

仲裁裁决的执行,是指争议双方当事人对已送达的发生法律效力的仲裁裁决书,在规定的期限内应自动履行,当一方逾期不履行的,对方当事人可以向被申请人住所地或者财产所在地的人民法院申请执行。人民法院执行机关依照法律规定的程序,运用强制手段,保证仲裁机构生效的裁决书、调解书付诸实现,强制当事人履行其义务的行为。

《仲裁法》第六十二条规定:"当事人应当履行裁决。一方当事人不履行的,另一方当事人可以依照民事诉讼法的有关规定向人民法院申请执行。受申请的人民法院应当执行。"在这一条规定中,"履行"与"执行"是两个相对应的概念,履行是义务人自动实行法律文书或协议所规定的义务,而执行是人民法院以国家的强制力使法律所保护的权利得以实现。二者以有无强制力为主要区别。

在我国,由于仲裁较其他解决纠纷的方式灵活,在程序上仲裁庭大多尊重于双方当事人意愿,使双方当事人容易达成和解,容易接受调解,而且,有的裁决书又是根据和解协议、调解协议制作的,所以一般都能够自动履行,无须再到法院申请强制执行。

目前在理论界有一种说法:仲裁的优势是信用,是信誉,而不是强制。一个好的仲裁委员会办理的仲裁案件,申请法院强制执行的案件不应超过20%,当事人一方申请撤销的不应当超过20%,如果超过这个比例,就意味着仲裁案件的失信,仲裁的信用发生危机。但是,尽管有20%的案件需要执行,从执行的意义上讲,这是维护仲裁的尊严,保护当事人的合法权益,保障社会主义市场经济的健康发展,迫使负有义务的当事人履行义务的有效保证。

二、执行依据和执行机关

执行依据是指生效的仲裁裁决书(也叫执行文书)和法律的规定,它是当事人据以申请执行和人民法院据以采取执行措施的主要依据。

(一)法律规定

向我国法院申请仲裁裁决的执行的法律依据主要有:《仲裁法》第六十二条规定和《民事诉讼法》第二百三十七、二百三十九、二百八十、二百八十三条以及有关的司法解释等。

我国现行《民事诉讼法》第二百三十七条规定:"对依法设立的仲裁机构的裁决,一方当事人不履行的,对方当事人可以向有管辖权的人民法院申请执行。受申请的人民法院应当执行。""有管辖权的人民法院"是指被执行人住所地和被执行财产所在地的基层人民法院。"

涉外仲裁裁决的执行,如果是我国的涉外仲裁机构作出的,适用《民事诉讼法》第二百七十三条规定,即经中华人民共和国涉外仲裁机构裁决的,当事人不得向人民法院起诉。一方当事人不履行仲裁裁决的,对方当事人可以向被申请人住所地或者财产所在地的中级人民法院申请执行。

涉外仲裁裁决的执行,如果是外国的涉外仲裁机构作出的,适用《民事诉讼法》第二百八十三条规定,即国外仲裁机构的裁决,需要中华人民共和国人民法院承认及执行的,应当由当事人直接向被执行人住所地或者其财产所在地的中级人民法院申请,人民法院应当依照中华人民共和国缔结或者参加的国际条约,或者按照互惠原则办理。

如果被执行人或者其财产不在中华人民共和国领域内,《民事诉讼法》第二百八十条第二款规定,中华人民共和国涉外仲裁机构作出的发生法律效力的仲裁裁决,当事人请求执行的,如果被执行人或者其财产不在中华人民共和国领域内,应当由当事人直接向有管辖权的外国法院申请承认及执行。

(二) 司法解释

最高人民法院于2015年2月4日施行的《关于适用〈中华人民共和国民事诉讼法〉若干问题的解释》第五百四十五条规定,对临时仲裁庭在中华人民共和国领域外作出的仲裁裁决,一方当事人向人民法院申请承认及执行的,人民法院应当依照民事诉讼法第二百八十三条规定处理。

第五百四十六条规定,对外国法院作出的发生法律效力的判决、裁定或者外国仲裁裁决,需要中华人民共和国法院执行的,当事人应当先向人民法院申请承认。人民法院经审查、裁定承认后,再根据民事诉讼法第三编的规定予以执行。当事人仅申请承认而未同时申请执行的,人民法院仅对应否承认进行审查并作出裁定。

三、申请执行的期限

当事人申请执行的生效的仲裁书,必须在法律规定的期限内提出,无正当理由逾期提出申请的,人民法院一般不予执行。依照我国《民事诉讼法》第二百三十九条规定,申请执行的期间为两年。申请执行时效的中止、中断,适用法律有关诉讼时效中止、中断的规定,前款规定的期间,从法律文书规定履行期间的最后一日起计算;法律文书规定分期履行的,从规定的每次履行期间的最后一日起计算;法律文书未规定履行期间的,从法律文书生效之日起计算。

涉外仲裁机构作出的仲裁裁决执行的期限,当事人应当依照仲裁裁决书写明的期限自动履行,仲裁裁决书未写明期限的,应当立即执行。如果被执行人是外国当事人,其财产又不在中国境内的,需要到外国法院申请执行的,根据缔结或者参加的国际条约,或者按照互惠原则办理。如果是《承认及执行外国仲裁裁决的公约》,即1958年《纽约公约》的缔约国,按《纽约公约》的规定办理,《纽约公约》未作出执行期限的,按照国际惯例,一般取决于受申请法院地国法律的规定。

四、执行异议

执行异议是指执行案件以外的人(案外人),对被执行的标的主张权利,提出自己不同的意见。执行标的是申请人拟以请求人民法院强制执行仲裁文书所确定的内容,是当事人应当享受的一种实体对象、一种权利。

根据最高人民法院于2015年2月4日施行的《关于适用〈中华人民共和国民事诉讼法〉若干问题的解释》第四百六十五条规定,案外人对执行标的提出的异议,经审查,如果案外人对执行标的不享有足以排除强制执行的权益的,裁定驳回其异议;如果案外人对执行标的享有足以排除强制执行的权益的,裁定中止执行。驳回案外人执行异议裁定送达案外人之日起十五日内,人民法院不得对执行标的进行处分。

根据《民事诉讼法》第二百二十七条规定,案外人对执行标的提出异议的,应当在该执行标的执行程序终结前提出。

我国《民事诉讼法》准许案外人对执行提出异议,是为了保护案外人的合法权益,从实事求是的角度出发,纠正已经发生法律效力并已开始执行的仲裁裁决的错误,是法律赋予案外人的一种救济措施。案外人提出执行异议,应当采取书面形式,说明其理由并提供有关证据,表明自己所提异议是正确的,是有根据的。人民法院执行人员在收到执行异议后,应及时进行审查,经调查,如果认为案外人提出的异议有理由,或者作为执行根据的仲裁文书确有错误,应报请法院院长批准,裁定中止裁决,并将有关文书交合议庭审查,按监督程序进行。

如果认为案外人提出的异议,理由不成立,予以驳回,执行程序继续进行。

五、执行中止和终结

执行程序开始后,由于出现某种法定的特殊情况,暂时停止执行程序的进行,待这种特殊情况消除后,再继续执行,称为执行中止。

在执行过程中,一般来讲,执行程序应当依序进行,直至执行完毕。但是,如果遇到某种法定的特殊原因,使执行工作无法继续进行时,即应依法暂停执行。这种特殊情况是指:

(1) 一方当事人申请执行裁决,另一方当事人申请撤销裁决的,人民法院应当裁定中止执行,先审理申请撤销裁决之诉。

(2) 申请人自愿要求延期执行的或达成执行和解的。

(3) 案外人提出执行异议的理由成立的。

(4) 被执行人短期内确无偿付能力的。

(5) 一方当事人死亡或法人终止的前提下自愿撤销申请的。

(6) 被执行的当事人死亡,法人终止,无财产可供执行的。

(7) 人民法院认为应当终结执行的其他情况。

六、执行和解

执行和解,是指在执行过程中,双方当事人在执行程序以外自愿协商,达成协议,以解决他们之间的争议,从而结束执行程序。

和解是当事人之间的自愿行为,与调解不同。调解是在仲裁庭的主持下,本着互谅互让自愿合法的原则,动员双方达成协议,以解决他们之间的纠纷。而在执行程序中,不允许执行人员调解,和解则允许在仲裁程序、执行程序的任何阶段进行。和解达成协议的,双方当事人应当报告人民法院,经执行人员审查,只要不违反法律和公共利益的,应予准许,并将和解协议的内容记入笔录,由双方当事人签名或者盖章,即结束执行程序。

这里需要注意的是,如果一方当事人不履行和解协议,则该和解协议即失去效力,当事人应当依照《民事诉讼法》的有关规定,向人民法院申请执行原已生效的仲裁裁决。人民法院应当根据当事人的申请,恢复对原仲裁裁决的执行。

第十节 仲裁简易程序

一、仲裁简易程序的概念和特点

(一)简易程序的概念

简易程序是相对于普通程序而言的,是仲裁庭审理简单的仲裁案件所适用的一种独立的程序。简易程序只适用于事实清楚、权利义务明确、争议金额不大的案件。在仲裁活动中,有相当一部分案件争议金额不大,案情比较简单。

作为当事人,解决经济纠纷时往往都希望仲裁时间短一些,争议解决得快一点。为了真正体现仲裁裁决快速简便和费用少的优点,以及体现当事人自治的原则,许多仲裁机构的仲裁规则都规定了仲裁简易程序。仲裁简易程序是普通程序的简化,是仲裁机构审理简单的仲裁案件所适用的一种独立之简便易行的仲裁程序。

(二)简易程序的特点

与普通程序相比较,简易程序有以下特点:

1. 受案快速便捷

仲裁委员会收到仲裁申请后,经审查认为符合受理条件的,简单经济纠纷案件,可以当即受理,并可以向双方当事人写出仲裁通知。

2. 组庭形式简单

适用仲裁简易程序审理案件,仲裁是实行独任制,即由当事人共同选定或者仲裁委员会主任指定的一名仲裁员成立仲裁庭审理案件。

3. 审案方式灵活

仲裁庭审理案件,既可以只依据当事人提交的书面材料和证据进行书面审理,也可以决定开庭审理。

4. 审理期限较短

仲裁庭适用简易程序审理案件,一般在仲裁庭成立后三十日内即可作出仲裁裁决。

二、仲裁简易程序的适用范围

(一)适用范围

按照××仲裁委员会仲裁规则,对于事实清楚、权利义务关系明确、争议金额一般不超过三十万元的简单经济纠纷案件,除当事人另有约定外,可以适用简易程序。

所谓事实清楚是指当事人对双方争议的事实陈述基本一致,并能提供可靠的证据,无须作大量调查即可判明是非,分清责任。所谓权利义务关系明确是指谁是责任的承担者,谁是权利的享有者,关系比较明确。争议金额不大是指一般不超过三十万元且当事人对其权利义务和仲裁的标的争议无重大原则分歧。

(二)简易程序中仲裁员的指定

××仲裁委员会仲裁规则规定,仲裁委员会受理仲裁申请后,双方当事人应于十五日内在仲裁员名册中共同选定一名仲裁员或者共同委托仲裁委员会主任在仲裁员名册中指定一名仲裁员。双方当事人逾期未能共同选定或者共同委托仲裁委员会主任指定,仲裁委员会主任有权立即指定一名仲裁员成立仲裁庭审理案件。仲裁庭成立后,可以当日审理,也可以另定日期审理。

(三)适用仲裁简易程序应注意的问题

(1)仲裁员在审理案件中,如果发现案件事实比较复杂,有些证据在短时间内难以调取,仲裁庭可以向仲裁委员会主任申请延长裁决书作出期限,仲裁委员会主任审查认为确有必要的,可以适当延长该期限。

(2)申请人在提出仲裁申请后变更仲裁请求或被申请人提出反请求时,原则上不影响简易程序的继续进行。但是如果仲裁请求的变更或者反请求的提出,使原诉争议标的扩大并且双方当事人不能就是否继续适用简易程序形成一致意见时,应由简易程序转为普通程序。

(3)由于简易程序只是普通程序的简化,凡简易程序没有规定的,则应适用普通程序。如受案范围、仲裁协议、回避制度、调解条款、审理裁决、仲裁费预交等事项均还应适用仲裁普通程序。

第十一节 仲裁文书

一、仲裁文书的概念、作用和特点

(一)仲裁文书的概念

仲裁文书是仲裁机构按照仲裁程序处理经济纠纷以及其他财产权益纠纷所制作的具有法律效力的文件。

在我国,仲裁文书与司法文书一样系大陆法系国家采用的推理方式,即大前提、小前提,最后是结论的演绎法。仲裁裁决带有司法的某些特征。由于仲裁文书的执行,仲裁中的保全措施,都与《民事诉讼法》联系在一起,故有人还称之为"准司法文书"。

(二)仲裁文书的作用

仲裁机构的仲裁活动,根据有关规定必须使用相应的文书形式予以记载。没有文字记载,仲裁就失去了依据和凭证。因此,为保证仲裁裁决等法律文件的实施,必须严格按照仲裁程序的规定来制作仲裁文书,它的作用在于:

1.反映仲裁活动的忠实记录

全部仲裁活动中的每一环节,都需要制作相应的文书予以记载。从立案受理、仲裁庭的组成、仲裁员的回避、开庭、裁决、送达等每一个环节都有相应的仲裁文书,这些文书详细记载了仲裁活动的全过程,它不仅是保证仲裁裁决从作出之日即发生法律效力的现实意义,而且,也为人民法院、仲裁协会等进行监督、保证其执行提供文字依据,是一部重要的历史和法律档案。

2. 进行法制"说服"的重要教材

通过仲裁活动仲裁员可以以事实为根据,有效地运用法律、宣传法律,说服教育当事人,以达到案件处理预期的效果。当事人之间也同样多次运用法律这个武器来保护自己的合法权益,当事人所谓"花多少钱,买个教训"即起到了教育人们增强法制观念的作用,以其"违约金""赔偿金""不予执行"等,达到"教训"的目的。

3. 实施法律的重要手段

有关法律、法规和规章的制定及公布在于切实实施,否则便成为一纸空文。仲裁机构通过处理仲裁案件,制作和使用规范的仲裁文书,则是保证法律贯彻实施的重要手段。特别是仲裁裁决书具有与法律一样的效力,其作用尤其重要。

(三)仲裁文书的特点

仲裁文书虽然具有司法文书的某些特点,但与其也有区别,它的特点有:

(1)法律性。法律是国家意志的体现。制作仲裁文书应当根据事实,符合法律规定,无论是认定事实、阐明仲裁庭观点、作出结论,还是进行仲裁裁决,都必须严格依法办事,绝不允许歪曲事实,草率制作,随意立论。

(2)强制性。仲裁文书发生法律效力后,当事人应当依照规定的期限自动履行其义务。一方当事人不履行的,另一方当事人可以依照《民事诉讼法》的有关规定向人民法院申请强制执行。这种强制性是国家赋予当事人的权利,仲裁文书体现了这一特点。

(3)当事人意思自治性。有别于司法文书的一大特点,是当事人仲裁的意思自治性。当事人意思自治包括:①协议仲裁意思自治。仲裁协议是仲裁机构受理案件的根据。没有仲裁协议,仲裁委员会不能受理,因此,仲裁协议是重要的仲裁文书之一。②选择仲裁员意思自治。按照《仲裁法》规定,仲裁委员会受理仲裁申请后,应当在仲裁规则规定的期限内,将仲裁规则和仲裁员名册和选定仲裁员通知书送达当事人,当事人有权选定自己信任的仲裁员,并约定仲裁庭组成方式。③当事人达成和解或者调解协议后,可以根据自己的意愿,要求仲裁庭制作裁决书或者调解书,也可以撤回仲裁申请,如果双方当事人协议不愿在仲裁裁决书中写明争议事实和裁决理由的,可以要求仲裁庭不写,等等,均给予了当事人充分的自由选择。对于仲裁员,如果对仲裁裁决持有不同意见,可以在裁决书上签名,也可以不签名。④仲裁庭仲裁纠纷时,当事人根据自己的意愿可以请求仲裁庭,就其中一部分已经清楚的事实制作部分裁决书。仲裁庭根据实际需要也可以作出中间裁决书。

(4)规范性。仲裁文书必须按照一定的格式和要求制作。根据《仲裁法》的规定和案件处理的需要,按照一定的格式,把仲裁文书具备的基本内容、项目,条理清晰、简明扼要地写出来,这不仅是形式上的需要,更重要的是保证仲裁文书的质量和效果。仲裁文书同样是法律赋予的执行文书。因此,仲裁员在制作时,必须以严肃认真的态度,尊重客观事实,反映法定程序,做到结构严谨,条理清晰,论辩说理,逻辑严密,适用法律条款准确,用语规范,语言精练,以保证仲裁文书的完整性、正确性和有效性。

二、几种主要仲裁文书的制作

(一)仲裁决定书

仲裁决定书是由仲裁委员会为了保证公正地处理仲裁案件和维护正常的仲裁程序,对仲裁过程中发生的特殊问题作出的书面决定。

按照仲裁规则规定,仲裁决定书适用以下几个方面:(1)准予或驳回回避;(2)是否准予撤销仲裁申请;(3)仲裁管辖权的决定;(4)其他需要仲裁委员会作出的决定。

仲裁决定书由首部、正文和尾部组成。其行文格式如下:

(1)首部。制作文书的机构名称、文书名称和编号,分两行写明"×××仲裁委员会关于×××……的决定"。

(2)正文。决定书的正文比较简单,包括案由、理由、法律根据和主文。

(3)尾部。在上项的右下方,签名或不签名,盖仲裁委员会印章。写明作出决定的年、月、日。

仲裁决定书参考样式:

××仲裁委员会
决定书
××仲裁字(200×)第×号

申请人:××电子供销有限公司

地址:××市××路×号

被申请人:××计算机维修软件有限公司

地址:××市××路×号

××仲裁委员会根据申请人××公司和被申请人××公司于××年×月×日签订的第×号合同中的仲裁条款以及申请人于××年×月×日向本会提出的书面仲裁申请,受理了上述合同项下的合同争议仲裁案。本会按照仲裁规则有关组成仲裁庭的规定,由×××首席仲裁员、××仲裁员和××仲裁员共同组成了仲裁庭。

本仲裁庭在审理申请人与被申请人……合同纠纷中,双方愿意通过内部协调解决,申请人要求撤回仲裁申请,根据《仲裁法》规定,决定如下:

准许申请人撤回仲裁申请。

案件受理费××元及其他处理费××元,共计××元由申请人承担。

首席仲裁员:××(签名)
仲裁员:××(签名)
仲裁员:××(签名)

××年×月×日 天津(仲裁委员会盖章)

(二)仲裁调解书

仲裁调解书,是仲裁庭在解决经济争议时,在查清事实,分清责任的基础上,通过对当事人进行劝说、引导和协调,促使双方当事人达成协议,然后根据协议的内容制作仲裁文书。根据《仲裁法》第五十二条规定:"调解书应当写明仲裁请求和当事人协议的结果。调解书由仲裁员签名,加盖仲裁委员会印章,送达双方当事人。"其具体内容和写法如下:

1. 首部

各项书写,除文书名称应写"调解书"和加"案由"一项外,其格式与上述决定书相同。案由,应简明扼要,反映争议问题确切。其用语一般采用"合同名称+争议标的",如"工矿产品购销合同产品质量纠纷"或具体表明工矿产品的种类名称,加争议的焦点。

2. 正文

第一,写明争议的主要事实和当事人的请求,包括订立合同的主要条款,纠纷发生的经过、原因、争议焦点、要求事项等。书写时应注意:①由于争议的事实是双方当事人提供的,申辩的内容可能有所夸大或缩小,所要求的事项不一定都合理、合法,但均应根据审理的结果,实事求是地归纳,做到准确、精炼、忠于原意,不掺杂仲裁人员的主观观点。②如果当事人多于两方,可直接称当事人的单位名称或姓名,也可称其为第一申请人(或被申请人)。

第二,申请人(或被申请人)身份,防止混乱不清。

第三,查明事实和划分责任。写明仲裁庭查证的事实,继而依法判明过错,分清违约责任。

第四,协议内容。双方在仲裁庭的主持下,在互谅互让的基础上自愿达成的解决争议的一致意见。可表述为:"经仲裁庭主持调解,双方在互谅互让的基础上,达成如下协议",其内容逐项写明。如果当事人协议不愿写明争议事实和裁决理由的可以不写。

3. 尾部

尾部写明"本调解书与裁决书具有同等的法律效力"。在上项的右下方,依次由双方当事人签字,仲裁员署名,写明发出调解书的年、月、日,并加盖仲裁委员会印章,最后由书记员署名。

仲裁调解书样式:

××仲裁委员会
调解书
×字(×)第×号

申请人:××矿山管理局(出租方)　地址:××市××大街×号
法定代表人:××　职务:局长
委托代理人:××　职务:该局法律顾问
被申请人:×××生活服务中心(承租方)　地址:××市××路×号
法定代表人:××　职务:经理
委托代理人:××　职务:该单位会计
委托代理人:××　律师事务所律师

案由:财产租赁合同纠纷。

上列出租方与承租方于一九九三年三月二十日签订租赁三辆依土兹 TD50A 自卸汽车合同。合同规定:租赁费每辆车每月三千元,租赁期限一年。被申请人接车时交抵押金两万元。合同到期后,被申请人未按合同规定交付租赁费也未归还租赁物。双方协商不成,申请人依据合同中的仲裁条款,于一九九×年二月二十八日向××仲裁委员会申请仲裁要求被申请人返还出租物汽车并支付租赁费十万八千元。本会依照《中华人民共和国经济合同法》第四十二条规定,依法立案,并按照本会仲裁规则产生仲裁庭的规定,由首席仲裁员×××和仲裁员×××、仲裁员×××组成合议仲裁庭审理此案。现已查明:

申请人与被申请人于一九九三年三月二十日签订租赁三辆依土兹 TD50A 自卸汽车租赁合同。租赁费每辆车每月租金三千元,租赁期一年,申请人已将三辆车交付被申请人使用,被申请人按合同规定已预交抵押金两万元,但没有按时交付七万二千元租赁费,也未返还租赁物。

又查明:申请人与被申请人于一九九四年三月四日签订了一份"关于履行租赁车辆合同的补充意见",允许被申请人按十万元将租赁物出售,但被申请人至今未将售车款付给申请人。

根据以上事实,仲裁庭在申请人和被申请人同意之下对本案进行了调解。经过调解,申请人能够体谅被申请人的困难,双方在互谅互让的基础上达成协议如下:

一、出售汽车款十万元,租赁费减为三万元,共计十三万元由被申请人付给申请人。

二、申请人不再返还其抵押金两万元。

三、违约金、赔偿金申请人放弃其权利不再追究。

上列应付款项,被申请人应从本调解书签字之日起至××年十二月三十一日以前分期偿还申请人。逾期则按照中国人民银行有关延期付款的规定处理。

本案仲裁费用××元,由被申请人承担(申请人已预付由被申请人直接付给申请人)。

本调解书与裁决书具有同等法律效力。

申请人授权代表:(签名) 被申请人授权代表:(签名)

首席仲裁员:×××(签名)
仲裁员:×××(签名)
仲裁员:×××(签名)
××年×月×日于北京(仲裁委员会盖章)

(四)仲裁裁决书

仲裁裁决书,是仲裁庭依照仲裁程序,在查明事实的基础上,根据法律按多数仲裁员的意见(不能根据少数服从多数的,按首席仲裁员的意见)作出的书面决定。

裁决书与决定书不同,决定书解决的是因实体涉及的程序问题,而裁决书解决的是实体问题,即当事人的权利义务问题。仲裁裁决书与法院判决书既有相同之处,也有不同之处。这在本节仲裁文书的特征中已经阐述。现就有关仲裁调解不成制作的裁决书、根据调解达成的协议制作的裁决书、根据和解协议制作的裁决书、仲裁庭就一部分事实制作的部分裁决书、仲裁庭根据实际需要制作程序性的中间裁决书以及当事人协议不开庭制作的裁决书的共同写法和不同写法分别列举如下:

1. 相同写法:裁决书由首部、正文、尾部组成

（1）首部。各项书写除文书名称应写"裁决书"，其余与决定书相同。

（2）正文。正文包括:①事实和理由，即申请的理由，争议的事实和要求，裁决认定的事实、理由和适用的法律依据。当事人协议不愿写明争议事实和裁决理由的，可以不写。如果是合同纠纷，主要写明签订合同的主要条款、合同履行的情况、纠纷发生的经过、"申请人诉称"和"被申请人辩称"的理由和要求等，以及认定的事实、理由、仲裁庭的意见和适用的法律。根据相关规定，仲裁庭审理案件实行独任制和合议制相结合的原则，仲裁庭可以由三名仲裁员组成，也可以由一名仲裁员组成，由三名仲裁员组成的，设首席仲裁员。仲裁裁决按照多数仲裁员意见作出，不能形成多数意见时，按照首席仲裁员的意见作出。因此，裁决书在这部分要写明:仲裁委员会根据仲裁规则的规定，组成了以×××为首席仲裁员、××和××为仲裁员的仲裁庭审理本案。然后写明认定的事实、理由和仲裁庭认为最后引用的法律条款项目。②主文，主文是裁决书的核心，必须写得明确具体，文意解释单一，不可产生歧义，以保证其执行效力。内容包括裁决结果和仲裁费用负担。开头文句可表述为"经仲裁庭主持调解、双方协商不成（或在调解书送达前×方反悔），根据×法第×条第×款第×项，本庭裁决如下:"。

（3）尾部。尾部包括:①写明本裁决为终局裁决。②在上项的右下方依次由首席仲裁员、仲裁员签名。③写明作出裁决的年、月、日，并加盖仲裁委员会印章。

2. 不同写法

（1）缺席裁决书。

缺席裁决书是在被申请人经书面通知，无正当理由不到庭或者未经仲裁庭许可中途退庭的情况下作出的裁决。裁决书中的行文可这样表述:"仲裁庭在审理此案中，仲裁委员会按照仲裁规则的规定，将开庭通知送达被申请人，被申请人无正当理由不到庭，据此，根据××法第×条，《中华人民共和国仲裁法》第四十二条第二款的规定，缺席裁决如下:"。

（2）反请求裁决书。

反请求在民事诉讼中称为反诉。根据《仲裁法》第二十七条的规定，被申请人可以承认或者反驳仲裁请求，有权提出反请求。反请求是相对本诉而言的独立之诉，本诉的申请人作为被申请人，制作裁决书时，应当将其区别开来。

①首部当事人的名称"申请人"后面应括号注明"反申请人"，"被申请人"后面括号注明"原申请人"。

②文中应表明被申请人的反请求理由和根据。在认定事实、理由和适用法律部分，行文上可以这样表述:"本会依法受理上述请求与反请求两案，并决定将其合并审理。根据仲裁规则的规定，由双方选定的第三名仲裁员×××担任首席仲裁员，与仲裁员×××、×××组成仲裁庭审理本案。查明……"

(3)协议裁决书。

协议裁决书包括当事人双方达成和解协议、请求仲裁庭根据协议制作裁决书和经仲裁庭调解达成协议,根据调解协议制作的裁决书。

经仲裁庭调解达成协议或者双方私下和解达成协议是双方当事人为维持友好商贸关系,在互谅互让的基础上妥协的结果。不一定完全根据责任的大小决定违约金或赔偿金的多少,甚至补偿的方式也灵活多样。因此,仲裁庭根据其协议结果制作裁决书,其内容应当有别于上述调解不成制作的裁决书,原因在于保证其裁决的执行。防止当事人一旦反悔,以违反法定根据、没有按照过错大小承担责任的原则决定违约金和赔偿金为由就裁决的执行提出抗辩。为此,根据其协议结果制作的裁决书,可以在正文部分这样表述:"仲裁庭在申请人和被申请人双方同意之下,对本案进行当庭调解。经过调解,申请人和被申请人达成和解协议,了结了争议。"

在案情的记叙部分,叙述双方协议的全文并由双方当事人签名。最后在主文裁决部分,叙述裁决的依据时,载明裁决是依照仲裁规则关于调解达成协议制作裁决书的条款和申请人与被申请人双方签订的和解协议制作的。行文可以表述为"仲裁庭按照《××仲裁委员会仲裁规则》第×条第×款,并根据申请人和被申请人双方签订的和解协议书,裁决如下:"。

"仲裁请求或反请求裁决书"样式:

××仲裁委员会
裁决书

仲裁字(×年)第×号

申请人:××电子供销有限公司

地址:××市××路×号

被申请人(反申请人):××计算机维修软件有限公司

地址:××市××路×号

案由:工矿产品购销合同拖欠款纠纷

上列双方于一九九四年十一月十二日签订了一份理德彩色名片系统(一套)买卖合同,标的金额二万七千元。合同约定:申请人提货时预付一万元,待系统运行正常后,再付一万七千元清结。被申请人承担该系统的安装、调试、售后服务等事宜,其标的物免费保修一年。双方在履行合同中,因申请人未依约交付一万七千元给被申请人,并称其质量有问题发生纠纷,双方协商不能解决,申请人依据该合同中的仲裁条款于一九九×年×月×日向本会申请仲裁。

申请人诉称:按照合同约定,如对理德系统不满意,最多不超过一周内更换富兰德激光彩扩名片系统,被申请人于一九九四年十一月十三日、十四日两次调试均未成功,不能正常生产,随后于十六日被申请人派技术人员到我方调试又未成功,被申请人提出带回主机回去调试,保证十八日正常生产。过期损失由被申请人负责赔偿。被申请人将主机带回后又未调试成功,在此期间,被申请人于一九九五年三月十日下午派人进入我门市,以修机器为名,强行将主机(TDE)3860×40、主机硬盘100 MB、激光印字机4L(400线)、切卡机强行带走,致使我方受到了很大经济损失。

被申请人答辩并反请求称：一九九四年三月十五日前后我方派技术人员曾三次到对方单位进行调试，经更换电源线加装地线，改善系统工作环境等有效措施，已使该系统正常运行。复经北京××计算机技术部门检测，该系统运转正常，无任何问题，而且从微机储存档案的材料可以证明（见书证1）从一九九四年十一月十八日至一九九五年三月二十日上午十时二十八分几乎每日机器都在工作，对方完全是在败坏我方声誉，他们一方面故意拖欠款，一方面让理德系统在恶劣的环境下超负荷运行，大获其利，想在保修内使机器自行损坏，这是一种商业不道德行为。由于对方违约使我方耗费了大量的人力、财力、单追要拖欠款用直拨电话一项就达六百元，租车费二千元，再加上行业利息二千三百六十元和律师费五千四百元，总计直接经济损失达四千七百七十余元，对此提出反请求，请求仲裁庭秉公断案。

本会依法受理上述请求与反请求两案，决定将其合并审理。根据本会仲裁规则的有关规定，由双方共同选定的第一名仲裁员×××担任首席仲裁员以及由申请人选定的仲裁员×××和被申请人选定的仲裁员×××组成仲裁庭审理本案。查明：

申请人于一九九四年十一月十二日已交付给被申请人一万元，并取走理德彩色名片电子系统一套，被申请人于一九九四年十一月十三日、十四日、十六日连续三次到申请人处调试均未成功，并取回TDE386/DX40主机一台重新调试后，申请人于一九九四年十一月十八日下午一点二十一分正式投入使用，截至一九九五年三月二十日上午十一时二十八分（被申请人强行拉回机器之日），该系统连续工作运行正常，其制作前仅存储微机部分就达二百六十一套名片，申请人尚欠标的款×万七千元，被申请人所受直接经济损失四千七百七十元五角四分。被申请人于一九九五年三月二十一日未征得申请人同意，将主机系统拉走，至今未送回申请人。

鉴于上述事实，仲裁庭认为：双方签约合同中"如对理德系统不满意最迟不超过一周内更换其他系统"的表述用语模糊，难以确定；申请人诉称机器不能正常生产给其造成了其他经济损失的理由被被申请人举证推翻，申请人的请求，仲裁庭不予支持。被申请人的反请求成立，但双方发生纠纷后，被申请人不通过有关法律部门解决而将其主机部分强行拉回的做法，也是不妥当的。仲裁庭在审理此案中仲裁委员会按照仲裁规则第×条的规定将开庭通知送达申请人，申请人经书面通知，无正当理由不到庭。据此，根据《中华人民共和国合同法》第×条、第×条第×款，《中华人民共和国仲裁法》第×条、第×条第二款的规定缺席裁决如下：

一、××电子供销有限公司付给××计算机维修软件技术有限公司欠款一万七千元，并赔偿其经济损失四千七百七十元五角四分。

二、本案（请求与反请求两案）仲裁费用为××元由申请人承担，此款由申请人预交的仲裁费××元冲抵。

上列款项于本裁决送达后十五日内付清。赔偿金于裁决送达后十日内付清，逾期按中国人民银行有关延期付款的规定处理。

本裁决为终局裁决。

首席仲裁员：××
仲裁员：××

　　　　　　　　　　　　　仲裁员:××
　　　　　　　　　　　　　年　月　日　北京(仲裁委员会盖章)

(4)中间裁决书。

根据仲裁规则的规定,仲裁庭认为有必要或者当事人提出请求并经仲裁庭同意,可以在仲裁过程中的任何时候,就案件的程序性问题作出中间裁决。

中间裁决是仲裁庭查明事实或者采取必要的措施的一种手段,是终局裁决的基础,中间裁决不对当事人的责任问题作出结论,只是对案件的重要问题作出处理。中间裁决不具有强制执行的效力,但当事人应当认真履行,当事人不履行的,仲裁庭可以在终局裁决里就此划分责任。中间裁决当事人执行结果,可以作为终局裁决的依据。

中间裁决书样式:

×××仲裁委员会
中间裁决书
(　)×仲裁字第×号

申请人:河南省安阳市×县××乡××村
地址:××乡××村
法定代表人:××　　　职务:村主任
委托代理人:××　　　　　××律师事务所律师
被申请人:河北省××市××农贸公司
地址:邯郸市××路×号
法定代表人:××　　　职务:经理
委托代理人:××　　　　　××律师事务所律师
委托代理人:××　　　　　职务:该公司业务员

根据申请人和被申请人于××年6月3日签订的第×号合同中的仲裁条款和××年6月10日签订的补充协议以及申请人于××年6月30日提出的书面仲裁申请,本会受理了前述合同项下的购销西瓜合同争议案。

本会根据仲裁规则第×条的规定,组成了以×××为首席仲裁员、××和××为仲裁员的仲裁庭,审理此案。

仲裁庭审阅了申请人和被申请人分别提出的书面申请答辩及其证据材料,并于××年7月25日在××市开庭审理。申请人和被申请人及其代理人均到庭。

根据开庭审理的情况,仲裁庭认为:为防止西瓜的腐烂变质,避免经济损失的继续扩大,应设法尽快将存放在××车站北货场的一个车匹的西瓜以合理价格就地售出。为此,作出中间裁决如下:

一、申请人与被申请人在收到本中间裁决书后当日内各派出代表,会同×价格事务所对上述货物——西瓜的重量、破损等情况进行勘验,并写出勘验报告,由双方代表及价格事务所人员签字。如有损耗应说明其原因,如有不同意见可以同时列出。勘验结果应在勘验结束后立即报仲裁庭。

二、勘验后根据标的物的实际情况,被申请人应充分利用其销售渠道尽快将西瓜售出,收回货款。申请人也应尽力协助被申请人多方联系销路,并对被申请人上述工作给予积极协助。被申请人在销出标的物后,可选择适当银行将所得货款存入专立账户,听候仲裁庭最终裁决。

三、为执行上述销售,双方所发生的费用,各自暂行垫付,如认为应由另一方支付,可以报仲裁庭,待最终裁决时处理。

四、本中间裁决是为避免损失的继续扩大,申请人与被申请人均应尽快执行本中间裁决。出售上述标的物的进展情况,双方应及时共同或分别向仲裁庭报告,而且在一周之内至少报告一次。

本中间裁决并不反映仲裁庭对本案审理的任何倾向或意向,也不影响对本案的审理与最终裁决。

首席仲裁员:×××
仲裁员:×××
仲裁员:×××
××年×月×日于北京(仲裁委员会盖章)

(5)部分裁决书。

如同中间裁决,部分裁决也是仲裁庭在案件审理过程中,对其中一部分事实已经清楚,就该部分作出的先行裁决。

与中间裁决不同的是,部分裁决与终局裁决一样,对当事人具有法律约束力。部分裁决作出的结论,在终局裁决里就不再进行裁决。

部分裁决书样式:

××仲裁委员会
部分裁决书

仲裁字(1995)第×号

申请人:×××汽车小修保养厂

地 址:××市××路73号

被申请人:××总厂第××工程处

地 址:××市××路××号

案 由:联营合同纠纷

上列双方于××年一月十八日签订了一份联营修理汽车、摩托车合同。合同约定:申请人将场地、厂房、注册资金全部投入作为联营股金;被申请人投入人民币三十万元作为联营股金;经营盈亏按4:6比例共享利益和共担风险。

××年九月二十一日,申请人依据联营合同中的仲裁条款,以被申请人未按时全部投入股金违约和侵犯其场地使用权为由向××仲裁委员会申请仲裁,请求保护联营场地的合法使用权,要求被申请人补足股金并承担由此产生的经济损失。

本会依法受理此案,并按照仲裁规则的有关规定由双方选定的首席仲裁员×××和各自指定的仲裁员×××、×××组成仲裁庭审理此案,并于××年十月二十二日开庭审理。申请人和被申请人均参加了开庭,作了口头陈述,并回答了仲裁庭的询问,而且双方进行了辩

论。开庭审理后,申请人和被申请人又提交了补充证明材料。现已查明部分案情:

上列双方于××年一月十八日签订联营修理汽车合同,期限十年。申请人投入了全部场地、厂房及注册资金十万元;被申请人未按合同规定全部投足三十万元的股金(具体数额及责任待查)。合同中双方约定要充分利用现有场地,各自有权开展自身业务,联营形式为松散型。凡是联营业务,双方利润分成的比例为:申请人得60%,被申请人得40%。双方还约定:各自使用的场地和厂房使用的范围另行商定。但是,双方发生纠纷后至今没有另行具体商定。从现场勘验情况看,主要用于汽车、摩托车修理的厂房、修理间被被申请人占用,申请人无法开展自身的业务,没有必要的厂房、修理车台。

又查明:申请人在联营场地上建房三间作为对外营业餐厅,并向院内场地延伸约二点五米宽,二十米长,对联营业务也有一定影响。联营时,申请人在原修理间安装了铁门,被申请人在联营场地东院建了一个洗车台。

根据上述事实,仲裁庭认为,造成其纠纷双方都有过错,被申请人应负主要责任。为了不影响双方各自本身业务的开展,经仲裁庭合议,作出如下部分裁决:

联营合同继续履行,将场地、厂房明确划分为:××年十月二十日申请人租用的四点五亩场地及设施(不包括油库、水房)归申请人使用;××年四月一日申请人租用的七亩场地及原设施(不包括餐厅)归被申请人经营使用。

场地划分后,由于被申请人的出路是外单位的,如果外单位一旦将出路堵死,申请人必须保证被申请人从其东门进出。为方便各自经营,由被申请人负责拉一道围墙,留一小门供被申请人进入打水用。申请人的对外餐厅由其继续使用。原车库联营时投资所焊铁门,申请人不得拆走或要求赔偿。被申请人对洗车台的费用造价也不得追究任何权利。

本裁决为部分裁决。

首席仲裁员:×××(签字)
仲裁员:×××(签字)
仲裁员:×××(签字)
××年×月×日于石家庄(仲裁委员会盖章)

(6)协议不开庭裁决。

根据仲裁规则的规定,仲裁应当开庭进行,当事人协议不开庭的,仲裁庭可以根据仲裁申请书、答辩书以及其他材料制作不开庭裁决书,该裁决书应当在正文部分表明"当事人协议不开庭"的文句,其他格式雷同上述裁决书。

第十二节　仲裁费用的交纳

当事人申请仲裁,应当按照规定向仲裁委员会交纳仲裁费用,仲裁费用包括案件受理费和案件处理费。其收费依据和标准依照国务院办公厅1995年8月1日颁布的《仲裁委员会仲裁收费办法》(国发办〔1995〕44号)执行。

一、案件受理费

(一)案件受理费收费方法

案件受理费,主要用于给付仲裁员报酬,维持仲裁委员会日常工作运转等必要的开支。

申请人应当自收到仲裁委员会受理通知书之日起十五日内,按照仲裁委员会仲裁案件受理费表中的规定预交案件受理费。被申请人在提出反请求的同时,同样应当按照仲裁案件受理费表中的规定预交案件受理费。

当事人预交案件受理费确有困难的,由当事人提出申请,仲裁委员会批准,可以缓交。当事人如果在规定的期限内不预交案件受理费,又不提出缓交申请,仲裁委员会将视为撤回仲裁申请。

案件受理费的具体标准由仲裁委员会在仲裁案件受理费表规定的幅度内确定,并报仲裁委员会所在地的省、自治区、直辖市人民政府物价管理部门核准。

案件受理费的具体收费金额,根据仲裁案件受理表中确定的幅度按比例收取。以当事人请求的数额为准,请求的数额与实际争议金额不一致的,以实际争议金额为准。争议金额未确定的,由仲裁委员会根据争议所涉及权益的具体情况确定预收的受理费数额。

关于确定仲裁案件的争议金额问题,是一个比较复杂的问题,根据我们以往的仲裁收费实践,一般认为,争议金额是指引起当事人争议的、未履行合同的金额。可采取下列方法计算:

(1)如果合同全部未履行,争议金额则应以该合同的总金额计算。

(2)在一方当事人请求继续履行或部分履行合同(如交付货物、给付定金、预付款、货款等),另一方面当事人提出异议的情况下,争议金额确定为未履行的合同金额。

(3)当事人在请求继续履行合同的同时,还请求支付违约金、赔偿金的,争议金额包括违约金、赔偿金部分。

(4)当事人申请仲裁后,在仲裁庭尚未组成前,自行达成和解协议,双方互不追究其责任(违约金、赔偿金)的,不计算争议金额;撤回仲裁申请的,视情况可不予收费或减免。

(二)仲裁委员会仲裁案件收费表

(1)各省、自治区、直辖市国内仲裁案件一般受理费收费标准见下表4-1。

表4-1 仲裁费用表

争议金额/人民币	案件受理费/人民币
1 000 元以下	40—100 元
1 001 元至 50 000 元	按 4%—5% 交纳
50 001 元至 100 000 元	按 3%—4% 交纳
100 001 元至 200 000 元	按 2%—3% 交纳
200 001 元至 500 000 元	按 1%—2% 交纳
500 001 元至 1 000 000 元	按 0.5%—1% 交纳
1 000 001 元以上	按 0.25%—0.5% 交纳

(2) 中国国际经济贸易仲裁委员会仲裁费收费标准见下表 4-2。

表 4-2　中国国际经济贸易仲裁委员会仲裁费用表①

争议金额/人民币	仲裁费用/人民币
1 000 000 元以下	争议金额的 4%，最低不少于 10 000 元
1 000 001 元至 2 000 000 元	40 000 元+争议金额 1 000 000 元以上部分的 3.5%
2 000 001 元至 5 000 000 元	75 000 元+争议金额 2 000 000 元以上部分的 2.5%
5 000 001 元至 10 000 000 元	150 000 元+争议金额 5 000 000 元以上部分的 1.5%
10 000 001 元至 50 000 000 元	225 000 元+争议金额 10 000 000 元以上部分的 1%
50 000 001 元至 100 000 000 元	625 000 元+争议金额 50 000 000 元以上部分的 0.5%
100 000 001 元至 500 000 000 元	875 000 元+争议金额 100 000 000 元以上部分的 0.48%
500 000 001 元至 1 000 000 000	2 795 000 元+争议金额 500 000 000 元以上部分的 0.47%
1 000 000 001 元至 2 000 000 000	5 145 000 元+争议金额 1 000 000 000 元以上部分的 0.46%
2 000 000 000 元以上	9 745 000 元+争议金额 2 000 000 000 元以上部分的 0.45%，最高不超过 15 000 000 元

申请仲裁时，每案另收立案费人民币 10 000 元，其中包括仲裁申请的审查、立案、输入及使用计算机程序和归档等费用。

二、案件处理费

仲裁案件处理费是仲裁委员会在办案中的实际支出的费用，根据国内和国际的有关规定，由当事人负担。仲裁案件处理费一般包括：

(1) 仲裁员因办案出差、开庭而支出的食宿费、交通费及其他合理费用。

(2) 证人、鉴定人、翻译人员等因出庭而支出的食宿费、交通费、误工补贴。

(3) 咨询、鉴定、勘验、翻译等费用。

(4) 复制、送达案件材料、文书的费用。

(5) 其他应当由当事人承担的合理费用。

上列 (2)(3) 项的处理费用由提出申请的另一方当事人预付。案件处理终结，连同案件受理费由败诉的当事人承担；当事人部分胜诉、部分败诉的，由仲裁庭根据当事人各方责任大小确定其各自应当承担的仲裁费用的比例。当事人自行和解或者经仲裁庭调解结案的。当事人可以协商确定各自承担的仲裁费用的比例。当事人协商不能确定的，仲裁庭应当在调解书或者裁决书中写明双方当事人最终应当支付的仲裁费用金额。

中国国际经济贸易仲裁委员会仲裁费用见表 4-3。

---

① 本费用表适用于该会仲裁规则第三条第二款第一项和第二项所规定的仲裁案件。

表 4-3　中国国际经济贸易仲裁委员会仲裁费用表①

争议金额/人民币	案件处理费/人民币
200 000 元以下	最低不少于 6 000 元
200 001 元至 500 000 元	6 000 元+争议金额 200 000 元以上部分的 2%
500 001 元至 1 000 000 元	12 000 元+争议金额 500 000 元以上部分的 1.5%
1 000 001 元至 2 000 000 元	19 500 元+争议金额 1 000 000 元以上部分的 0.5%
2 000 001 元至 5 000 000 元	24 500 元+争议金额 2 000 000 元以上部分的 0.45%
5 000 001 元至 10 000 000 元	38 000 元+争议金额 5 000 000 元以上部分的 0.4%
10 000 001 元至 20 000 000 元	58 000 元+争议金额 10 000 000 元以上部分的 0.3%
20 000 001 元至 40 000 000 元	88 000 元+争议金额 20 000 000 元以上部分的 0.2%
40 000 001 元至 100 000 000 元	128 000 元+争议金额 4 000 000 元以上部分的 0.15%
100 000 001 元至 500 000 000 元	218 000 元+争议金额 100 000 000 元以上部分的 0.13%
500 000 000 元以上	738 000 元+争议金额 500 000 000 元以上部分的 0.12%

① 本费用表适用于该会仲裁规则第三条第二款第三项所规定的仲裁案件。

第五章　仲裁监督

第一节　仲裁监督概述

1995年9月1日,《中华人民共和国仲裁法》的施行确立了当事人意思自治原则、或裁或审原则、一裁终局原则、独立公正仲裁原则,赋予了仲裁裁决具有强制执行的效力,并对有关仲裁监督问题作了规定。

实施仲裁监督也是世界各国在仲裁制度上通行的做法。如英美法系的一些国家,赋予了法院对仲裁机构有许多干预权,英国1950年的《仲裁法》和美国1955年的《统一仲裁法》规定,法院有权撤免仲裁员、有权撤销仲裁协议、有权决定仲裁中涉及的法律问题、有权撤销仲裁裁决等。而大陆法系的一些国家则采取"不干预原则",无论从仲裁的实体上还是程序上均由仲裁员自由裁量。

我国《仲裁法》第九条规定:"仲裁实行的一裁终局的制度。裁决作出后,当事人就同一纠纷再申请仲裁或者向人民法院起诉的,仲裁委员会或者人民法院不予受理。"这就是说,仲裁裁决作出后即发生法律效力,当事人不能就同一纠纷再申请仲裁或向人民法院起诉。

上述制度的规定,对于公正及时地解决经济纠纷,依法保护当事人的合法权益,都将起着十分重要的作用。但是客观世界是复杂的,由于各种因素的存在,仲裁裁决不可能都绝对正确,有的可能会出现这样或那样的错误。同时,依照《仲裁法》重新组建的仲裁机构,无上级主管部门,且各仲裁委员会之间也无隶属关系,不存在级别管辖、地域管辖或指定管辖。如果没有适当的监督,各个仲裁机构有可能各行其是。因此,为确保仲裁裁决的公正性和合法性,防止和减少仲裁裁决的错误发生,就有必要建立仲裁监督机制。

建立仲裁监督机制,有利于维护国家和公民的合法权益,有利于维护正常的民事法律关系和社会经济秩序的稳定,可以减少错误仲裁或不当仲裁,提高仲裁质量,促进并制约仲裁委员会和仲裁庭严格依法办事,公正执法,为当事人提供对仲裁"一裁终局"不服的最终法律救济。同时,实行仲裁监督也符合国际惯例,有利于发展社会主义市场经济和开展国际经贸交往活动,提高仲裁机构的信誉和维护仲裁的尊严。

仲裁监督主要包括对仲裁机构的监督,对仲裁员的监督和人民法院对仲裁裁决的监督等。

第二节　仲裁机构内部监督

所谓内部监督,主要指仲裁协会对仲裁委员会的监督和仲裁委员会对仲裁庭、仲裁员和仲裁程序的监督。

一、中国仲裁协会的监督

中国仲裁协会的监督有学者又将其称为行业监督。

《仲裁法》第十五条规定："中国仲裁协会是社会团体法人。仲裁委员会是中国仲裁协会的会员。中国仲裁协会的章程由全国会员大会制定。中国仲裁协会是仲裁委员会的自律性组织，根据章程对仲裁委员会及其组成人员、仲裁员的违纪行为进行监督。中国仲裁协会依照本法和民事诉讼法的有关规定制定仲裁规则。"所以我们将其称为内部监督。由于中国仲裁协会目前尚未成立，其章程和仲裁规则也待由全国会员大会制定，关于仲裁协会的监督，目前从学术上可将其归纳为以下几点：

1. 监督形式的特殊行业性

实施监督的主体是中国仲裁协会，中国仲裁协会是仲裁这个特殊行业的自律性组织，而不是其他组织，其行业具有特殊性。

2. 监督对象的指导、协调性

这种监督的对象包括对仲裁委员会的监督，也包括对仲裁委员会组成人员的监督，还包括对仲裁员的监督。中国仲裁协会指导并协调各地仲裁委员会的工作。

3. 监督事项的违纪性

中国仲裁协会只能对仲裁委员会及其组成人员、仲裁员的一般违纪行为进行监督，至于在仲裁过程中出现的具体操作方法的问题，应由仲裁委员会按照其内部规范实行内部监督。而对严重的违法事项，则应由有关机关追究有关责任人员的相应行政责任或刑事责任。

目前，中国仲裁协会由于种种原因，仍在筹建之中，随着中国仲裁协会的成立，与之相应的各专门监督职能机构，如仲裁员惩戒委员会或者仲裁纪律检查委员会，以及有关仲裁行业的自律规则、查处范围、处理规定等规定也将逐步完善。

二、仲裁委员会的监督

仲裁委员会的监督，主要指仲裁委员会对仲裁员、仲裁程序以及仲裁机构内部办事工作人员和对执行仲裁程序的监督。

在仲裁过程中，仲裁庭被选定或被指定的仲裁员，应当按照仲裁委员会制定的章程和仲裁规则、操作规程的规定，合理、公平地仲裁案件。仲裁员在执行职务期间，不得私自会见任何一方当事人、代理人，不得单独接受一方当事人、代理人提供的证据、材料，所有证明、材料应由仲裁委员会转达。在案件未作出裁决之前，仲裁员不得与任何一方当事人交谈案情或发表个人意见，严守仲裁秘密和当事人的商业秘密，不得接受当事人、代理人的请客送礼，不得索贿受贿、徇私舞弊和枉法裁决。仲裁员在办案中发现有法律规定的回避情形的，应主动向仲裁委员会提出回避。当事人也有权向仲裁委员会提出回避的申请，仲裁员是否回避，由仲裁委员会主任决定。

仲裁员有违反上述情形，情节严重的，由仲裁委员会决定将其除名。对此，2018年1

月 1 日起施行的《最高人民法院关于审理仲裁司法审查案件若干问题的规定》第十八条明确规定,《仲裁法》第五十八条第一款第六项规定的仲裁员在仲裁该案时有索贿受贿,徇私舞弊,枉法裁决行为,是指已经由生效刑事法律文书或者纪律处分决定所确认的行为。但是笔者认为,如果有证据证明,仲裁员在仲裁该案时有索贿受贿,徇私舞弊,枉法裁决行为的,也应当受到仲裁协会的严肃处理。

在程序上,仲裁员被选定或指定后,应当按期结案,不得因其他事情影响案件的审理,遇有特殊情况应提前与仲裁委员会会商。在开庭审理前,首席仲裁员应当提出审理方案的设想,其他仲裁员应当参加讨论,共同商定审理方案。仲裁庭由独任仲裁员组成时,独任仲裁员应当在开庭前拟妥审理方案。在开庭审理结束后,首席仲裁员应当无迟延地主持会议,提出下一步程序进行的意见或裁决书起草的意见。在签署裁决前,仲裁员应当将裁决书草案提交仲裁委员会,在不影响仲裁员独立裁决的情况下,仲裁委员会可以就裁决书的形式问题提请仲裁庭注意。

仲裁员应当掌握仲裁程序进展情况,遵守仲裁规则规定的结案期限。如果涉外仲裁案件的仲裁庭要求延长仲裁期限的,是否准许由秘书长决定。国内仲裁案件的仲裁要求延长期限的,由仲裁委员会主任决定。

第三节 人民法院对仲裁的监督

根据现行《仲裁法》,人民法院一般对仲裁并不进行干涉,而是积极地予以支持,行使监督权也是依当事人申请而为之,且人民法院对仲裁的监督主要体现在仲裁程序上。

由于仲裁实行一裁终局制度,即一经作出裁决,即发生法律效力,对争议各方的当事人都有法律约束力和强制执行的效力。如果仲裁裁决未依照法律规定作出或仲裁程序上有错误,不加以纠正和干预,势必有失公平,损害当事人的合法权益,不利于维护正常的民事法律关系和经济秩序,也有损仲裁员的尊严和仲裁机构的威信。因此,我国法律规定赋予人民法院对仲裁加以监督是必要的,也是一项纠正仲裁错误的补救制度。

依据最高人民法院2018年2月23日发布的《最高人民法院关于适用〈中华人民共和国仲裁法〉若干问题的解释》,目前,我国人民法院对仲裁的司法监督表现在以下几个方面:一是对仲裁协议的监督,确认仲裁协议的效力;二是认定仲裁机构是否有权仲裁,对仲裁程序方面的错误进行监督;三是对仲裁裁决的监督,如撤销仲裁裁决,不予承认与不予执行仲裁裁决等。

一、对仲裁协议的监督

协议仲裁制度是仲裁委员会受理案件的根据和行使管辖权的前提。当事人如果一旦选择了以仲裁的方式解决其纠纷,并达成了仲裁协议,人民法院就应当依法支持当事人的约定,监督并保证其仲裁协议的落实。对此《仲裁法》第六条、第二十条、第二十六条分别对仲裁协议的监督作了规定。

如果当事人对仲裁协议的效力有异议,国内仲裁案件可以依据我国《仲裁法》的有关规定,请求人民法院作出裁定,认定其效力。如果是涉外商事仲裁案件,当事人可以根据所在国家缔结的国际公约,如《纽约公约》或双边和多边条约的规定,请求我国人民法院或外国法院作出裁定,认定其是否有效力。①

我国《仲裁法》第二十条规定:"当事人对仲裁协议的效力有异议的,可以请求仲裁委员会作出决定或者请求人民法院作出裁定。一方请求仲裁委员会作出决定,另一方请求人民法院作出裁定的,由人民法院裁定。"由此可见,确认仲裁协议的效力的机构一个是人民法院,一个是仲裁委员会,当"一方请求仲裁委员会作出决定,另一方请求人民法院作出裁定的,由人民法院裁定"。在当事人同时请求确认仲裁协议效力的情况下,以人民法院优先为原则。

《仲裁法》第二十条第二款规定:"当事人对仲裁协议的效力有异议,应当在仲裁庭首次开庭前提出。"如果仲裁委员会已经受理并作出仲裁协议有效的决定后,法院将不再受理,除非仲裁裁决作出后,当事人以仲裁协议无效或者不属于仲裁范围,仲裁机构无权仲裁为由,申请法院监督,请求撤销和不予执行该仲裁裁决。

《仲裁法》第六条和第二十六条规定,当事人之间达成仲裁协议,一方向人民法院起诉的,人民法院不予受理。当事人之间达成仲裁协议,一方向人民法院起诉未声明有仲裁协议,人民法院受理后,另一方在法院首次开庭前提交仲裁协议的,人民法院应当驳回起诉,但仲裁协议无效的除外;另一方在首次开庭前未对人民法院受理该案提出异议的,视为放弃仲裁协议,人民法院应当继续审理。

以上规定,体现了人民法院对仲裁的监督和支持。

二、对仲裁程序的监督

人民法院对仲裁机构的仲裁程序监督,主要认定仲裁机构是否有权仲裁,仲裁案件是否属于仲裁范围,以及对仲裁员的违纪行为进行监督。

《最高人民法院关于适用〈最高人民法院关于办理仲裁裁决执行案件〉若干问题的规定》第十三条规定,仲裁机构有下列情形经人民法院审查属实的,应当认定为民事诉讼法第二百三十七条第二款第二项规定的'裁决的事项不属于仲裁协议的范围或者仲裁机构无权仲裁的'情形:(1)裁决的事项超出仲裁协议约定的范围;(2)裁决的事项属于依照法律规定或者当事人选择的仲裁规则规定的不可仲裁事项;(3)裁决内容超出当事人仲裁请求的范围;(4)作出裁决的仲裁机构非仲裁协议所约定。

上述关于"裁决的事项超出仲裁协议约定的范围"问题,我国法律尚未作出具体的规定,司法解释也无详解。对此,我们可以借鉴北京市高级人民法院2017年12月7日发布的《关于仲裁裁决执行与不予执行申请审查若干问题的意见》第十四条规定:"下列情形属于民事诉讼法第二百三十七条第二款第二项规定的'裁决的事项不属于仲裁协议的范围或者仲裁机构无权仲裁的'情形:(1)除有继承关系或者权利义务承继关系的外,仲裁裁决当事人超出仲裁协议当事人范围的;(2)裁决的事项超出仲裁协议约定的事项范围的;(3)作出仲裁裁决的仲裁机构不是仲裁协议约定的仲裁机构的;(4)裁决的内容超出

---

① 认定仲裁协议的无效依据和适用哪国法律或者国际公约等问题,详见本书《仲裁协议》一章。

当事人仲裁请求或者反请求范围的;(5)裁决的事项超出仲裁法第二条、第三条规定的可仲裁事项范围的。"

上述最高人民法院的司法解释,还对违反仲裁法规定的仲裁程序、当事人选择的仲裁规则或者当事人对仲裁程序的特别约定,可能影响案件公正裁决的具体情形,作出了解释,"第十四条,违反仲裁法规定的仲裁程序、当事人选择的仲裁规则或者当事人对仲裁程序的特别约定,可能影响案件公正裁决,经人民法院审查属实的,应当认定为民事诉讼法第二百三十七条第二款第三项规定的仲裁庭的组成或者仲裁的程序违反法定程序的"情形:

"当事人主张未按照仲裁法或仲裁规则规定的方式送达法律文书导致其未能参与仲裁,或者仲裁员根据仲裁法或仲裁规则的规定应当回避而未回避,可能影响公正裁决,经审查属实的,人民法院应当支持;仲裁庭按照仲裁法或仲裁规则以及当事人约定的方式送达仲裁法律文书,当事人主张不符合民事诉讼法有关送达规定的,人民法院不予支持。适用的仲裁程序或仲裁规则经特别提示,当事人知道或者应当知道法定仲裁程序或选择的仲裁规则未被遵守,但仍然参加或者继续参加仲裁程序且未提出异议,在仲裁裁决作出之后以违反法定程序为由申请不予执行仲裁裁决的,人民法院不予支持。"

国外立法对仲裁程序的监督,主要表现在撤销仲裁员资格和仲裁委员会或者当事人指定仲裁员是否合法、选择仲裁地点、仲裁程序所适用的法律等问题上,如《联合国国际贸易法委员会示范法》以及英、美、德、法等国家,均在指定仲裁员、选择仲裁地点、仲裁程序所适用的法律等问题上作出了规定。英国1996年《仲裁法》还对仲裁员在仲裁案件时有"违纪""营私舞弊""枉法裁决"或与当事人有利害关系等问题上作出了撤销仲裁员资格的规定。

三、对仲裁裁决的监督

人民法院对仲裁裁决的监督主要体现在对仲裁裁决的撤销上。当事人申请撤销仲裁裁决,是仲裁的一项重要制度。

目前,世界上大多数国家的仲裁法和《联合国国际商事仲裁示范法》均对撤销仲裁裁决作出了规定,当事人申请撤销仲裁裁决是对仲裁双方当事人权益保护的一种补救。

撤销仲裁裁决,是指仲裁裁决具有法律规定的情形,由当事人提出申请,并经人民法院合议庭审查核实后,裁定撤销仲裁裁决。

我国《仲裁法》第五十八条、第五十九条规定了撤销仲裁裁决的条件和程序。当事人提出证据证明有下列情形之一的,可以向仲裁委员会所在地的中级人民法院申请撤销仲裁裁决:

(1)没有仲裁协议的;(2)裁决的事项不属于仲裁协议的范围或者仲裁委员会无权仲裁的;(3)仲裁庭的组成或仲裁的程序违反法定程序的;(4)裁决所根据的证据是伪造的;(5)对方当事人隐瞒了足以影响公正裁决的证据的;(6)仲裁员在仲裁该案时有索贿受贿、徇私舞弊、枉法裁决的;(7)违反社会公共利益的。当事人申请撤销仲裁裁决,应当在收到裁决书之日起六个月内向人民法院提出。人民法院应在受理撤销裁决申请之日起两个月内作出撤销裁决或驳回申请的裁定。

上述"(1)没有仲裁协议的;(2)裁决的事项不属于仲裁协议的范围或者仲裁委员会无权仲裁的"情形,《仲裁法》第三条、第四条规定:"下列纠纷不能仲裁:(一)婚姻、收养、监护、扶养、继承纠纷;依法应当由行政机关处理的行政争议。""当事人采用仲裁方式解决纠纷,应当双方自愿,达成仲裁协议。没有仲裁协议,一方申请仲裁的,仲裁委员会不予受理。"如果仲裁委员会不按照上述规定"超裁",当事人就可以凭证据向人民法院申请其撤销。

上述"(4)裁决所根据的证据是伪造的"情形,最高人民法院2018年2月23日发布的《关于适用仲裁法若干问题的解释》第十五条解释为:"符合下列条件的,人民法院应当认定为民事诉讼法第二百三十七条第二款第四项规定的'裁决所根据的证据是伪造的'情形:(一)该证据已被仲裁裁决采信;(二)该证据属于认定案件基本事实的主要证据;(三)该证据经查明确属通过捏造、变造、提供虚假证明等非法方式形成或者获取,违反证据的客观性、关联性、合法性要求。"

上述"(5)对方当事人隐瞒了足以影响公正裁决的证据的"的情形,《最高人民法院关于适用〈中华人民共和国仲裁法〉若干问题的解释》第十六条解释为:"符合下列条件的,人民法院应当认定为民事诉讼法第二百三十七条第二款第五项规定的'对方当事人向仲裁机构隐瞒了足以影响公正裁决的证据的'情形:(一)该证据属于认定案件基本事实的主要证据;(二)该证据仅为对方当事人掌握,但未向仲裁庭提交;(三)仲裁过程中知悉存在该证据,且要求对方当事人出示或者请求仲裁庭责令其提交,但对方当事人无正当理由未予出示或者提交。当事人一方在仲裁过程中隐瞒已方掌握的证据,仲裁裁决作出后以已方所隐瞒的证据足以影响公正裁决为由申请不予执行仲裁裁决的,人民法院不予支持。"

当事人提出证据,证明有上述情形之一的,人民法院经组成合议庭审查核实,应当裁定撤销。

人民法院受理撤销裁决的申请后,认为可以由仲裁庭重新仲裁的,通知仲裁庭在一定期限内重新仲裁,并裁定中止撤销程序。如果仲裁庭拒绝重新仲裁的,人民法院应当裁定恢复撤销程序。如果一方当事人申请执行裁决,另一方当事人申请撤销裁决,人民法院应裁定中止执行。人民法院裁定撤销裁决的,应当裁定终结对仲裁裁决的执行。撤销裁决的申请被人民法院裁定驳回的,人民法院应当恢复仲裁裁决的执行。

涉外仲裁案件,我国《仲裁法》第七十条规定,当事人提出证据证明涉外仲裁裁决有《民事诉讼法》第二百五十八条规定第一款情形之一的,经人民法院组成合议庭审查核实,裁定撤销。①

四、对仲裁裁决不予承认与不予执行

(一)国内仲裁案件的不予执行

仲裁庭作出仲裁裁决(或调解、和解)后,一方当事人不履行仲裁裁决(或调解、和解),另一方当事人可以向有管辖权的人民法院申请执行,被申请人如果能够提出证据证明其仲裁裁决(或调解、和解)具有不应执行的情形,可以向人民法院提出申请,请求不予执行。

我国《仲裁法》第六十三条规定了不予执行仲裁裁决的条件和程序,被申请人提出证据证明裁决有《民事诉讼法》第二百三十七条第二款有关不予执行情形的,经人民法院组成合议庭审查核实,裁定不予执行,这些情形包括:(一)当事人在合同中没有订有仲裁条款或者事后没有达成书面仲裁协议的;(二)裁决的事项不属于仲裁协议的范围或者仲裁机构无权仲裁的;(三)仲裁庭的组成或者仲裁的程序违反法定程序的;(四)裁决所根据的证据是伪造的;(五)对方当事人向仲裁机构隐瞒了足以影响公正裁决的证据的;(六)仲裁员在仲裁该案时有贪污受贿、徇私舞弊、枉法裁决行为的。人民法院认定执行该裁决违背社会公共利益的,裁定不予执行。

裁定书应当送达双方当事人和仲裁机构。仲裁裁决被人民法院裁定不予执行的,当事人可以根据双方达成的书面仲裁协议重新申请仲裁,也可以向人民法院起诉。

(二)涉外仲裁裁决的不予承认与不予执行

现行《民事诉讼法》第二百七十四条第一款规定,对中华人民共和国涉外仲裁机构作出的裁决,被申请人提出证据证明仲裁裁决有下列情形之一的,经人民法院组成合议庭审查核实,裁定不予执行:

---

① 2017年7月1日修改后的《民事诉讼法》第二百五十八条内容改为第二百七十四条;第二百一十三条改为二百三十七条。第二百七十四条:"对中华人民共和国涉外仲裁机构作出的裁决,被申请人提出证据证明仲裁裁决有下列情形之一的,经人民法院组成合议庭审查核实,裁定不予执行:(一)当事人在合同中没有订有仲裁条款或者事后没有达成书面仲裁协议的;(二)被申请人没有得到指定仲裁员或者进行仲裁程序的通知,或者由于其他不属于被申请人负责的原因未能陈述意见的;(三)仲裁庭的组成或者仲裁的程序与仲裁规则不符的;(四)裁决的事项不属于仲裁协议的范围或者仲裁机构无权仲裁的。人民法院认定执行该裁决违背社会公共利益的,裁定不予执行。"第二百三十七条:"对依法设立的仲裁机构的裁决,一方当事人不履行的,对方当事人可以向有管辖权的人民法院申请执行。受理申请的人民法院应当执行。被申请人提出证据证明仲裁裁决有下列情形之一的,经人民法院组成合议庭审查核实,裁定不予执行:(一)当事人在合同中没有订有仲裁条款或者事后没有达成书面仲裁协议的;(二)裁决的事项不属于仲裁协议的范围或者仲裁机构无权仲裁的;(三)仲裁庭的组成或者仲裁的程序违反法定程序的;(四)裁决所根据的证据是伪造的;(五)对方当事人向仲裁机构隐瞒了足以影响公正裁决的证据的;(六)仲裁员在仲裁该案时有贪污受贿,徇私舞弊,枉法裁决行为的。人民法院认定执行该裁决违背社会公共利益的,裁定不予执行。裁定书应当送达双方当事人和仲裁机构。仲裁裁决被人民法院裁定不予执行的,当事人可以根据双方达成的书面仲裁协议重新申请仲裁,也可以向人民法院起诉。"

(1)当事人在合同中没有订有仲裁条款或者事后没有达成书面仲裁协议的。

(2)被申请人没有得到指定仲裁员或者进行仲裁程序的通知,或者由于其他不属于被申请人负责的原因未能陈述意见的。

(3)仲裁庭的组成或者仲裁的程序与仲裁规则不符的。

(4)裁决的事项不属于仲裁协议的范围或者仲裁机构无权仲裁的。

(5)人民法院认定执行该裁决违背社会公共利益的,裁定不予执行。

这里需要指出的是,由于我国国内仲裁与涉外仲裁在性质和特点上有所差别,因此,在我国《民事诉讼法》的基础上,不予执行仲裁裁决的情况有所不同。对于国内仲裁裁决,人民法院的监督既包括程序问题,也涉及实体问题。

如上所述"国内仲裁案件的不予执行",《仲裁法》第六十三条规定的不予执行国内仲裁裁决的条件和程序是,被申请人提出证据证明裁决有《民事诉讼法》第二百三十七条第二款有关不予执行情形的,其中"(四)裁决所根据的证据是伪造的;(五)对方当事人向仲裁机构隐瞒了足以影响公正裁决的证据的"与上述《民事诉讼法》第二百七十四条第一款的五项规定是有差别的。可见,涉外仲裁仅涉及程序事项,人民法院不审查其实体问题。

关于我国人民法院拒绝承认及执行外国仲裁裁决的其他问题详见本书第七章"涉外仲裁"第六节"我国拒绝承认及执行外国仲裁裁决的法律制度"等,这里不再多述。

五、实践中仲裁监督存在的有关问题及建议

由于我国仲裁实行的是"一裁终局"制度,即《仲裁法》第九条规定:"仲裁实行一裁终局的制度。裁决作出后,当事人就同一纠纷再申请仲裁或向人民法院起诉的,仲裁委员会或者人民法院不予受理。"在仲裁实践中,由于各种因素的客观存在,受社会上的一些不正之风、腐败现象的影响,仲裁员们的仲裁裁决不可能都绝对正确,难免出现这样或那样的错误,如果仲裁委员会工作人员和仲裁员在仲裁该案时有索贿受贿、徇私舞弊、枉法裁决行为,如果不加以行之有效的干预和监督,势必有失法律公正,损害当事人的合法权益,不利于维护正常的民事法律关系和经济秩序。

现实中因为种种原因,各地仲裁庭仲裁裁决案件不可能都绝对正确。例如,某地仲裁委员会在裁决一商事纠纷案时,因仲裁时效问题,裁决驳回其仲裁申请,仲裁申请人不服该仲裁裁决,但由于仲裁申请人不懂法,在《仲裁法》第五十九条规定的六个月内,未向当地中级人民法院提出撤销该仲裁裁决,该仲裁裁决已经发生效力。由于仲裁采取"一裁终局"制度,致使当事人就该案再向仲裁委员会申请仲裁时,仲裁委员会不受理,向当地中级人民法院提请撤销,法院不管。当事人陷入进退两难的"境地"。

该案由于当事人有新的证据足以证明其仲裁裁决是错误的,且关于仲裁时效问题是仲裁程序问题,不是实体问题,该委员会本应按其仲裁规则下达仲裁决定书,不应当下达终局仲裁裁决书,故当事人通过有关专家依据该委员会仲裁暂行规则(第四十三条)的规定,向仲裁庭提出提请该仲裁委员会专家咨询委员会,经专家论证,认为该案仲裁时效确实没有过期。为此,经专家提议,参照《民事诉讼法》第十六章的有关审判监督程序的规定,当各级人民法院院长,这里为仲裁委员会主任对本会已经发生法律效力的判决、裁定、调解书,发现确有错误,认为需要再审的,提交仲裁委员会讨论决定启动仲裁再审程序,当事人也可以根据《民事诉讼法》第一百九十九条规定申请再审,其申请再审,由仲裁委员会讨论决定。最终该仲裁委员会采纳了专家的意见,对该案重新启动了仲裁程序,为当事人提供了法律救济的途径。但这一"参照"《民事诉讼法》的做法,毕竟法律上没有规定。尽管《仲裁法》第七十四条规定了"法律对仲裁时效有规定的,适用该规定。法律对仲裁时效没有规定的,适用诉讼时效的规定",但是对仲裁程序和仲裁实体问题上出现的错误,如何加以纠正和监督,如上述案件,尚待《仲裁法》和《民事诉讼法》修法加以完善。同时我们建议仲裁委员会在聘任仲裁员时,要严格按照《仲裁法》规定的仲裁员条件聘任,并对其进行考察,立法机关在修法时,可参照人民法院法官的产生制度,将单位推荐的仲裁员候选人交由仲裁员居住地的县级基层人民代表大会选举任命,并建立仲裁员错案追究机制。

第六章 劳动人事争议仲裁制度

第一节 劳动人事争议仲裁制度概述

一、劳动人事争议仲裁制度的概念和特征

劳动人事争议仲裁制度是仲裁制度的一种,旨在解决劳动纠纷。劳动人事争议仲裁制度既具有仲裁制度的某些特征,同时又有自己的特殊性。

劳动人事争议仲裁与民商事仲裁不同,民商事仲裁的当事人是将争议提交给争议之外中立的第三方,由其对当事人的纠纷居中调解并作出裁断。虽然不少国家将仲裁作为解决劳动争议的基本方式,但在具体的制度设计上存在很大的差异。如有些国家的劳动争议仲裁是自愿仲裁,即必须由双方当事人达成协议;而有些国家的仲裁是强制性的,有些国家针对不同的争议分别采取自愿仲裁和强制仲裁。我国和俄罗斯等国家的劳动争议仲裁是强制性的。

关于劳动人事争议仲裁的事项范围各国规定也不尽一致,很多国家把利益争议纳入劳动争议仲裁的范围,主要以自愿仲裁的方式解决。而有些国家的劳动争议仲裁仅解决权利争议。此外,各国劳动争议仲裁机构的设置也千差万别。

在我国,劳动人事争议仲裁是指劳动关系当事人将劳动争议提交法定的仲裁机构——劳动人事争议仲裁委员会,由其对双方的争议进行处理,并作出对双方具有约束力的裁决,从而解决劳动争议。劳动仲裁是我国劳动争议处理制度的核心,具有以下特点:

(1)公正性。仲裁是由中立的第三方居中裁判,因此有利于实现公正。为保证第三人公正处理纠纷,劳动人事争议仲裁委员会由干部主管部门代表、人力资源和社会保障等相关行政部门代表、军队及聘用单位文职人员工作主管部门代表、工会代表、用人单位代表组成,仲裁程序中实行回避、合议等制度,以保证劳动争议仲裁的公正性。

(2)及时性。及时性对于劳动争议的处理具有特殊的重要意义。仲裁与诉讼相比,比较快捷。仲裁的程序不像法院诉讼程序那样烦琐、严格,仲裁的申请、受理、审理和作出裁决都比较简单。

(3)强制性。其强制性主要有两方面的含义:一是关于仲裁程序的启动,不需要当事人达成仲裁协议,只要有一方当事人申请仲裁即可启动,另一方没有权利拒绝;二是劳动争议案件的处理必须经过仲裁才能进入法院诉讼程序。

二、劳动人事争议仲裁与民商事仲裁的不同

(1)仲裁机构的主体不同。民商事仲裁机构具有民间性,从法律主体的角度讲,属于

事业单位法人,在名称上一般称为某某仲裁委员会或经济贸易仲裁委员会等。劳动人事争议仲裁委员会则具有一定的行政性,一般设在人力资源和社会保障行政部门内部,具有官方性。二者在人员组成和编制上差别也很明显,前者是专门的办事机构和办事工作人员;后者一般为行政公务人员兼职。

(2)仲裁的对象不同。民商事仲裁处理的是发生在平等主体之间的民商事纠纷,而劳动争议仲裁处理的是用人单位与劳动者之间的劳动权利和义务纠纷,用人单位与劳动者存在隶属关系。

(3)程序启动不同。民商事仲裁属于自愿仲裁,必须有争议当事人同意的仲裁合意,才可进行,只要一方不同意,就不能申请仲裁。而劳动争议仲裁是强制仲裁,只要劳动者或用人单位有一方提出仲裁申请,仲裁程序即可启动。

(4)仲裁的地位不同。在民商事仲裁中,是否先经过仲裁处理,由双方当事人约定,当事人可以选择先经过仲裁处理,也可以选择不经仲裁处理直接向人民法院起诉;而劳动争议仲裁是解决劳动争议的必经程序,当事人只有先经过劳动争议仲裁,才能向人民法院起诉,否则,人民法院不予受理。

(5)裁决结果不同。民商事仲裁实行一裁终局制,不服仲裁裁决的,不能再向人民法院起诉,即"裁审分轨";而劳动人事争议仲裁,除部分案件对用人单位实行一裁终局外,当事人对其仲裁裁决不服的可依法向人民法院起诉,实行的是"裁审衔接"制。①

(6)适用的法律不同。民商事仲裁适用的是《中华人民共和国仲裁法》,国际商事仲裁适用的是国际公约、双边或多边条约;劳动人事争议仲裁适用的是《中华人民共和国劳动法》《中华人民共和国劳动争议调解仲裁法》《劳动人事争议仲裁办案规则》《人事争议处理规定》等法律法规及规章。

三、劳动人事争议仲裁的基本原则

(一)劳动人事争议仲裁前置原则

劳动人事争议仲裁前置是指发生劳动争议的当事人一方或双方在向人民法院起诉之前必须先申请劳动人事争议仲裁,只有对劳动争议仲裁委员会作出的裁决不服时,才能向人民法院起诉。

我国实行劳动人事争议仲裁前置原则是由劳动争议的特点所决定的。劳动争议涉及用人单位和劳动者利益的协调,如不及时解决,不利于用人单位和劳动者生产生活的正常进行。此外,劳动争议解决后劳动者一般还要在用人单位继续工作,久拖不决将使矛盾激化,产生不稳定因素,不利于社会化大生产对协作劳动的要求。而劳动争议仲裁与其他行政调解处理一样,具有及时、高效的特点,而且仲裁员都比较熟悉有关法律法规、规章和相关政策,仲裁程序也比诉讼程序更为简便、快捷,有利于劳动争议的迅速解决。

劳动人事争议仲裁前置原则,应从以下两个方面理解:(1)仲裁是诉讼解决劳动争议前的必经程序,劳动争议当事人向人民法院提起诉讼之前,必须首先申请仲裁,如果当事

---

① 关怀.劳动法学[M].北京:法律出版社,1996:517.

人未经仲裁而直接起诉,人民法院将不予受理。(2)仲裁前置是相对诉讼程序而言的,实行仲裁前置并不意味着仲裁是解决劳动争议的唯一程序,劳动争议发生后,当事人除可以申请仲裁外,也可以通过协商或调解的途径解决争议。

(二)仲裁中先行调解原则

先行调解是指在仲裁程序进行过程中,在裁决作出以前,仲裁人员必须对当事人之间的争议进行调解,只有调解不成才能进行裁决。强调先行调解是因为劳动争议是在用人单位内部发生的,调解能避免对簿公堂、激化矛盾,有利于用人单位和劳动者保持友好、合作的关系,而且调解协议是当事人自愿达成的,也有利于案件的执行。

先行调解原则,应从以下两个方面理解:(1)先行调解是相对于裁决而言的,即仲裁委员会在作出裁决之前必须先行调解,不能未经调解就进行裁决,这是先行调解与着重调解、自愿调解的根本区别。(2)先行调解不是强行调解,而是要求仲裁人员在裁决前必须作调解努力,先行调解必须在自愿合法的基础上进行,当事人拒绝调解或调解无效的应及时裁决,不应久调不决。

(三)一次裁决原则

一次裁决原则是指劳动争议经过任何一级劳动争议仲裁委员会作出裁决以后,当事人对仲裁裁决不服时,不得向上一级仲裁委员会申请再次仲裁或复议,只能在规定的时效期限内向人民法院起诉。仲裁裁决作出后,仲裁程序即告终结,一般不会对同一案件进行复议或再行仲裁。

(四)申请仲裁时效原则

申请仲裁时效原则是指用人单位或劳动者在法定期间内不向劳动争议仲裁委员会申请仲裁,则丧失请求仲裁委员会强制义务人履行义务的权利的法律制度。

《中华人民共和国劳动争议调解仲裁法》第二十七条规定:"劳动争议申请仲裁的时效期间为一年。仲裁时效期间从当事人知道或应当知道其权利被侵害之日起计算。"该仲裁时效,因当事人一方向对方当事人主张权利,或者向有关部门请求权利救济,或者对方当事人同意履行义务而中断。从中断时起,仲裁时效期间重新计算。因不可抗力或者有其他正当理由,当事人不能在上述仲裁时效期间申请仲裁的,仲裁时效中止。从中止时效的原因消除之日起,仲裁时效期间继续计算。劳动关系存续期间因拖欠劳动报酬发生争议的,劳动者申请仲裁不受上述仲裁时效期间的限制。但是,劳动关系终止的,应当自劳动关系终止之日起一年内提出仲裁申请。

第二节 劳动人事争议仲裁机构

一、劳动人事争议仲裁委员会

劳动人事争议仲裁委员会是依法设立的,经国家授权依法独立处理劳动争议案件的专门机构。

设立劳动人事争议仲裁委员会的规则为:(1)按照统筹规划、合理布局和适应实际需要的原则设立,由省、自治区、直辖市人民政府依法决定。(2)省、自治区政府可以决定在县、市、市辖区设立;直辖市政府可以决定在区、县设立。(3)直辖市、设区的市也可以设立一个或者若干个劳动人事争议仲裁委员会。(4)劳动人事争议仲裁委员会不按行政区划层层设立,市需要设立仲裁委员会的,由省、自治区、直辖市人民政府确定。各级仲裁委员会相互间不存在行政隶属关系,各自独立行使仲裁本行政区域内发生的劳动争议案件,各自向本级人民政府负责并报告工作。省、自治区、直辖市人民政府劳动行政部门对本行政区域内的劳动争议仲裁工作进行指导。

劳动人事争议仲裁委员会由人力资源和社会保障劳动行政部门代表、工会代表和用人单位代表组成。其组成人员应当是单数,且三方代表人数相等。劳动人事争议仲裁委员会设主任一人,主任由劳动行政部门负责人担任;副主任 1~2 人,副主任由仲裁委员会委员协商产生。委员若干人,由三方组织协商确定。其组成不符合规定的由同级人民政府予以调整,其委员的确认或者更换,需报同级人民政府批准。根据《劳动人事争议仲裁委员会组织规则》第十条规定,地方仲裁委员会具有下列职责:

(一)负责处理本委员会管辖范围内的劳动争议案件;
(二)聘任专职和兼职仲裁员,并对仲裁员进行管理;
(三)领导和监督仲裁委员会办事机构和仲裁庭开展工作;
(四)总结并组织交流办案经验。

二、劳动人事争议仲裁委员会办事机构

劳动人事争议仲裁委员会办事机构负责办理劳动争议仲裁委员会的日常工作,其有两种主要形式:一是设立在劳动行政部门内部的办事机构,二是以仲裁院为主要形式的实体化办事机构。

劳动人事争议仲裁委员会办事机构在劳动人事争议仲裁委员会的领导下,处理劳动争议案件的日常工作;根据劳动人事争议仲裁委员会的授权负责管理仲裁员组成仲裁庭,管理仲裁委员会的文书、档案、印鉴;负责劳动争议及其处理方面的法律、法规和政策咨询;向劳动人事争议仲裁委员会汇报、请示工作;办理劳动人事争议仲裁委员会授权或交办的其他事项。作为劳动行政部门的职能机构,它主要是组织劳动争议处理的理论研究、政策法规研究;制定和完善劳动争议处理的有关制度,监督检查用人单位执行劳动法规和政策的情况,制止、纠正违反劳动法的行为;做好劳动法规和政策的宣传教育工作等。

三、劳动人事争议仲裁庭和仲裁员

(一)仲裁庭

劳动争议仲裁庭是劳动人事争议仲裁委员会处理劳动争议案件的基本组织形式。劳动人事争议仲裁委员会裁决劳动争议案件实行仲裁庭制度,即依照"一案一庭"的原则组成仲裁庭,受理劳动争议案件。仲裁庭的组织形式可分为独任制和合议制两种。独任制,是由仲裁委员会指定的一名仲裁员独自审理争议仲裁,适用于事实清楚、案情简单、法律适用明确的劳动争议案件。合议制,是由劳动人事争议仲裁委员会指定三名或三名以上单数仲裁员共同审理争议仲裁。除简单劳动争议案件外,均应组成合议仲裁庭。合议仲

裁庭又可分为普通合议仲裁庭和特别合议仲裁庭。凡职工方在30人以上的劳动争议案件,应组成特别合议仲裁庭。普通合议仲裁庭由一名首席仲裁员和两名仲裁员组成,首席仲裁员由仲裁委员会负责人或授权其办事机构负责人指定,另两名仲裁员由仲裁委员会授权其办事机构负责人指定或由当事人双方各选一名。其中不符合规定的,由仲裁委员会予以撤销,重新组成仲裁庭。

仲裁庭在劳动人事争议仲裁委员会领导下依法处理劳动争议。仲裁庭对重大或疑难案件,可以提交劳动人事争议仲裁委员会讨论决定;劳动人事争议仲裁委员会的决定,仲裁庭必须执行;仲裁庭处理劳动争议结案时,应报劳动人事争议仲裁委员会主任审批;劳动人事争议仲裁委员会主任认为有必要,也可以提交劳动人事争议仲裁委员会审批。仲裁庭制作的调解书或裁决书,由仲裁员署名,加盖劳动人事争议仲裁委员会印章,以劳动人事争议仲裁委员会名义送达双方当事人。

(二)仲裁员

仲裁员是指由劳动人事争议仲裁委员会依法聘任的,可以成为仲裁庭组成人员而从事劳动争议处理工作的职员。仲裁员分为专职仲裁员和兼职仲裁员两种。专职仲裁员由仲裁委员会从劳动行政部门内从事劳动争议处理工作,并具有仲裁员资格的人员中聘任;兼职仲裁员由仲裁委员会从具有仲裁员资格的劳动行政部门或其他行政部门工作人员或工会工作人员、专家、学者、律师中聘任。劳动人事仲裁委员会成员也可以由仲裁委员会聘为专职或兼职仲裁员。兼职仲裁员与专职仲裁员在执行职务时,享有同等权利,但兼职仲裁员从事仲裁活动应当征得所在单位同意,所在单位应当给予支持。劳动人事争议仲裁委员会应当设仲裁员名册。

劳动争议仲裁员应当公道正派并符合下列条件之一:(1)曾任审判员的;(2)从事法律研究、教学工作并具有中级以上职称的;(3)具有法律知识、从事人力资源管理或者工会等专业工作满五年的;(4)律师执业满三年的。经省级以上劳动行政部门考核认定,具备上述各项条件的,才赋予仲裁员资格。

劳动争议仲裁员应当履行的法定职责有:

(1)接受仲裁委员会办事机构交办的劳动争议案件,参加仲裁庭审。

(2)进行调查取证,有权以调阅文件或档案、询问证人、现场勘验、技术鉴定等方式向当事人及有关单位、人员进行调查。

(3)根据有关法规和政策提出处理方案。

(4)对争议当事人双方进行调解工作,促成其达成调解协议。

(5)审查申诉人的撤诉申请。

(6)参加仲裁庭合议,对案件提出裁决意见。

(7)案件处理终结时,填报"结案审批表"。

(8)及时做好调解、仲裁的文书工作及案卷的整理归档工作。

(9)宣传劳动法规政策。

(10)对案件涉及的秘密和个人隐私应当保密。

仲裁员私自会见当事人、代理人,或者接受当事人、代理人的请客送礼的,或者有索贿受贿、徇私舞弊、枉法裁决的,应当依法承担法律责任,仲裁委员会应当将其解聘。

四、劳动人事争议仲裁的参加人

劳动人事争议仲裁的参加人包括当事人、代表人、代理人、第三人和其他参与人,如证人、鉴定人、翻译等。

(1)当事人。

劳动争议当事人是指其劳动的权利和义务发生争议时,以自己的名义参加仲裁,并接受其裁决约束的利害关系人。

劳动者和用人单位为劳动争议仲裁案件的双方当事人。劳务派遣单位或者用工单位与劳动者发生纠纷的,劳务派遣单位和用工单位为共同当事人。

(2)代表人。

发生劳动争议时,其代表人包括:①用人单位的法定代表人或主要负责人,用人单位的法定代表人或主要负责人可以代表其单位参加仲裁活动。②发生争议的劳动者一方在十人以上,并有共同请求的,劳动者可以推举三至五名代表人参加仲裁活动。

代表人参加仲裁的行为对其所代表的当事人发生效力,但代表人变更、放弃仲裁请求或者承认对方当事人的仲裁请求进行和解,必须经被代表的当事人同意。

(3)代理人。

劳动仲裁代理是指代理人受当事人委托,在法律规定和当事人授权范围内,代为当事人行使劳动仲裁的权利和义务的行为。

当事人可以委托代理人参加仲裁活动。委托他人参加仲裁活动,应当向仲裁委员会提交有委托人签名或者盖章的委托书,委托书应当载明委托事项和权限。丧失或者部分丧失民事行为能力的劳动者,由其法定代理人代为参加仲裁活动;无法定代理人的,由仲裁委员会为其指定代理人。劳动者死亡的,由其近亲属或者代理人参加仲裁活动。

(4)第三人。

劳动仲裁第三人是指劳动争议案件的处理结果与其有法律上的利害关系而申请参加或者由仲裁委员会通知其参加到劳动仲裁活动的人。

第三人参加劳动仲裁活动应当具备下列条件:

①其劳动争议案件的处理结果与其有法律上的利害关系;

②参加仲裁活动的时间是在他人的仲裁活动已经开始,且仲裁庭尚未作出裁决之前。

第三节 劳动人事争议仲裁管辖

一、劳动人事争议仲裁管辖含义

劳动人事争议仲裁管辖,是指各级劳动争议仲裁委员会之间、同级仲裁委员会之间,受理劳动争议案件的分工和权限。它向当事人表明,劳动争议发生后,应当向哪一级和哪一个仲裁委员会申请仲裁。它为各级和各个仲裁委员会行使仲裁权界定了管辖空间范围。

确定仲裁管辖,应当坚持既便于当事人行使申诉权、应诉权,又便于仲裁委员会行使

仲裁权,并且原则性与灵活性相结合。我国劳动争议仲裁的管辖系以地域管辖为主,级别管辖为辅,主要包括以下几个方面:

(一)地域管辖

地域管辖是指同一级别的劳动争议仲裁委员会之间依行政区划确定受理劳动争议案件的仲裁管辖。地域管辖又分为一般地域管辖、特殊地域管辖及专属管辖三种。

(1)一般地域管辖,是指劳动争议案件由其发生地的仲裁委员会管辖。《中华人民共和国劳动争议调解仲裁法》第二十一条规定,仲裁委员会负责管辖本区域内发生的劳动争议案件。

(2)特殊地域管辖,是指某种劳动争议案件依照其特定标准由某地仲裁委员会管辖。立法规定,劳动争议由劳动合同履行地和用人单位所在地的仲裁委员会管辖。双方当事人分别向劳动合同履行地或用人单位所在地的仲裁委员会申请仲裁的,由合同履行地的仲裁委员会管辖;发生争议的用人单位与劳动者不在同一个仲裁委员会管辖区域内,由劳动工资关系所在地的仲裁委员会管辖。

(3)专属管辖,是指法定的某国家机关经立法授权,依法确定某种劳动争议案件专属某地仲裁委员会管辖。原劳动部规定,我国公民与国(境)外企业签订的劳动(工作)合同履行地在我国领域内,因履行该合同发生争议的,由合同履行地仲裁委员会受理。

(二)级别管辖

级别管辖是划分由哪一家仲裁委员会审理什么样标准的劳动争议案件。它主要根据案件的性质、影响范围和复杂程度确定。从目前的实际情况看,主要有两种级别管辖方法:一是直辖市,其市辖区仲裁委员会处理本辖区的劳动争议案件,而直辖市仲裁委员会则受理一些在本市有重大影响的(如集体劳动争议)、案情复杂的(如法规适用存在问题)以及外商投资企业及大型企业的劳动争议。二是省、自治区仲裁委员会其辖区内地市级仲裁委员会的权限划分。一般省级仲裁委员会不直接受理劳动争议案件,只负责指导工作。计划单列市、直辖市乃至地区一级仲裁委员会受理本行政区域内的有重大影响、案情复杂以及外商投资企业和大型企业的劳动争议。

(三)指定管辖与移送管辖

所谓指定管辖是指劳动行政部门依法将管辖权发生争议的劳动争议案件,指定由某仲裁委员会管辖。移送管辖即仲裁委员会对于已受理的自己无管辖权或不便于管辖的劳动争议案件,依法移送有管辖权或便于审理此案件的仲裁委员会受理。

《劳动人事争议仲裁办案规则》第九条规定:"仲裁委员会发现已受理案件不属于其管辖范围的,应当移送至有管辖权的仲裁委员会,并书面通知当事人。对上述移送案件,受移送的仲裁委员会应当依法受理。受移送的仲裁委员会认为移送的案件按照规定不属于其管辖,或者仲裁委员会之间因管辖争议协商不成的,应当报请共同的上一级仲裁委员会主管部门指定管辖。"实践中,同民事诉讼案件管辖相同,受移送的仲裁委员会对接受的移送的案件不得自行再移送;如果认为自己对接受的移送案件确无管辖权,可以报告劳动行政部门决定是否由其管辖。

二、劳动人事争议仲裁时效

劳动人事争议仲裁时效是指劳动者和用人单位在法定期间内不向劳动争议仲裁机构申请仲裁，而丧失请求劳动争议仲裁机构保护其权利实现之权利的制度。

为了充分保护劳动者的合法权益，《劳动争议调解仲裁法》参照原《中华人民共和国民法通则》关于特殊民事权利的诉讼时效的规定，延长了《中华人民共和国劳动法》所规定的申请劳动争议仲裁的时效期间。

(一)仲裁时效的起点和期间

仲裁时效期间从当事人知道或者应当知道其权利被侵害之日起计算，为期一年。劳动关系存续期间因拖欠劳动报酬发生争议的，劳动者申请仲裁不受此时时效期间的限制，但是，劳动关系终止的，应当自劳动关系终止之日起一年内提出。

对于超过仲裁时效的仲裁申请，仲裁委员会可以作出不予受理的书面决定，当事人不服而依法向人民法院起诉的，法院应当受理；对确已超过仲裁时效期间的，依法驳回其仲裁请求。

(二)仲裁时效的中断和中止

仲裁时效的中断是指在仲裁时效进行期间，因发生法定事由致使已经经过的仲裁时效期间统归无效，待致使时效中断的事由消除后，仲裁时效期间重新开始计算的一种法律制度。

根据《劳动人事争议仲裁办案规则》第二十七条的规定："在申请仲裁的时效期间内，有下列情形之一的，仲裁时效中断：(一)一方当事人通过协商、申请调解等方式向对方当事人主张权利的；(二)一方当事人通过向有关部门投诉，向仲裁委员会申请仲裁，向人民法院起诉或者申请支付令等方式请求权利救济的；(三)对方当事人同意履行义务的。从中断时起，仲裁时效期间重新计算。"主张时效中断的当事人，对于导致时效中断的当事人，对于导致时效中断事由的存在负有举证责任。

仲裁时效的中止是指在仲裁时效进行过程中，因发生法定事由致使权利人不能行使请求权，暂停仲裁时效期间的计算，待阻碍该时效进行的事由消除后，继续进行仲裁时效期间的计算。根据《劳动人事争议仲裁办案规则》第二十八条的规定："因不可抗力，或者有无民事行为能力或者限制民事行为能力劳动者的法定代理人未确定等其他正当理由，当事人不能在规定的仲裁时效期间申请仲裁的，仲裁时效中止。从中止时效的原因消除之日起，仲裁时效期间继续计算。"

(三)劳动报酬争议仲裁的特别时效

在某些情况下，一年的仲裁时效期间往往不能有效保护劳动者的合法权益，例如，某些劳动者为了维持劳动关系，在劳动关系存续期间对用人单位拖欠劳动报酬的行为不敢主张权利。如果都适用一年的仲裁期间，对于保护他们的合法权益非常不利，因此《中华人民共和国劳动争议调解仲裁法》特别规定："劳动人事关系存续期间因拖欠劳动报酬发生争议的，劳动者申请仲裁不受一年的仲裁时效期间的限制；但是，劳动人事关系终止的，应当自劳动人事关系终止之日起一年内提出。"对于劳动者与用人单位的劳动关系已经终止的情况,则没有维持劳动关系这样的顾虑,因此应当自劳动关系终止之日起一年内提出。

第四节 劳动人事争议仲裁程序

一、申请和受理

(一)申请

劳动争议发生后,不愿自行协商解决或协商不成的,不愿申请调解或调解不成的,当事人均可在仲裁时效期间内,向有管辖权的劳动人事争议仲裁委员会提出解决劳动争议的书面申请。申请人申请仲裁应当提交书面仲裁申请,并按照被申请人人数提交副本。委托他人代理参加仲裁的,还需要提交授权委托书。

仲裁申请书应当载明下列事项:

(1)劳动者的姓名、性别、年龄、职业、工作单位和住所,用人单位的名称、住所和法定代表人或者主要负责人的姓名、职务。

(2)仲裁请求或所依据的事实、理由。

(3)证据和证据来源、证人姓名和住所。书写仲裁申请确有困难的,可以口头申请,由仲裁委员会记入笔录,经申请人签名或者盖章确认。

(二)受理

仲裁委员会办事机构接到仲裁申请后应依法进行审查。审查内容包括:申诉人是否与本案有直接利害关系,申请仲裁的争议是否属于劳动争议,是否属于仲裁委员会受理内容,是否属于本仲裁委员会管辖,申请书及有关材料是否齐备并符合要求,申诉时间是否符合仲裁时效规定。对于申诉材料不齐备和有关情况不明确的,应指导申诉人补齐。主要证据不齐的,要求申诉人补齐。

仲裁委员会办事机构收到仲裁申请之日起五日内,认为符合受理条件的,应当受理,并通知申请人;认为不符合受理条件的,应当书面通知申请人不予受理,并说明理由。对仲裁委员会不予受理或者逾期[1]未作出决定的,申请人可以就该劳动争议事项向人民法院提起诉讼。

仲裁委员会受理仲裁申请后,应当在五日内将仲裁申请书副本送达被申请人。被申请人收到仲裁申请书副本后,应当在十日内向仲裁委员会提交答辩书。仲裁委员会收到答辩书后,应当在五日内将答辩书副本送达申请人。被申请人未提交答辩书的,不影响仲裁程序的进行。仲裁委员会在申请人申请仲裁时,可以引导当事人通过协商、调解等方式解决劳动争议,而给予必要的法律释明及风险提示。

---

[1] 根据《劳动人事争议仲裁办案规则》第四十四条规定:仲裁庭裁决案件,应当自仲裁委员会受理仲裁申请之日起四十五日内结束。案情复杂需要延期的,经仲裁委员会主任或者其委托的仲裁院负责人书面批准,可以延期并书面通知当事人,但延长期限不得超过十五日。

二、开庭准备

仲裁委员会在开庭审理案件之前,应做好必要的准备工作,包括向被申请人送达申请书,向申请人送达答辩书,组成仲裁庭并通知当事人仲裁庭组成情况,告知当事人提出回避申请的权利以及将开庭日期、地点书面通知双方当事人。仲裁委员会对决定受理的案件,应当在受理仲裁申请之日起五日内依法组成仲裁庭,并将仲裁庭的组成情况书面通知当事人。

仲裁员有下列情形之一,应当回避,当事人也有权以口头或者书面方式提出回避申请:(1)是本案当事人或者当事人、代理人的近亲属;(2)与本案有利害关系;(3)与本案当事人、代理人有其他关系,可能影响公正仲裁的;(4)私自会见当事人、代理人,或者接受当事人、代理人请客送礼的。

仲裁委员会对回避申请应当及时作出决定,并以口头或者书面方式通知当事人。仲裁委员会主任的回避由仲裁委员会决定,其他人员的回避由仲裁委员会主任决定。

仲裁庭成员应认真审阅申诉、答辩材料,调查、收集证据,查明争议事实,拟定审理方案。仲裁庭应当在开庭五日前,将开庭日期、地点书面通知双方当事人。当事人有正当理由的,可以在开庭三日前请求延期开庭。是否延期,由仲裁委员会决定。

三、审理

仲裁庭在正式审理之前,应首先在当事人之间进行调解,达成调解协议的,制作调解书结案。当事人不同意调解的,继续审理。审理的基本程序是,开庭审理时,仲裁员应当听取申请人的陈述和被申请人的答辩,支持庭审调查、质证和辩论,征询当事人最后意见,并进行调解。申请人收到书面通知后无正当理由拒不到庭,或者未经仲裁庭同意中途退庭的,视为撤回仲裁申请,重新申请仲裁的,仲裁委员会不予受理。被申请人收到书面通知后无正当理由拒不到庭或者未经仲裁庭同意中途退庭的,仲裁庭可以缺席裁决。《劳动人事争议仲裁办案规则》中还规定了中止审理制度:因出现案件处理依据不明确而请示有关机构,或者案件处理需要等待工伤认定、伤残认定等级鉴定、司法鉴定结论、公告送达以及其他需要中止审理的客观情形,经仲裁委员会主任批准,可以中止案件审理,并书面通知当事人。中止审理的客观情形消除后,仲裁庭应当恢复审理。

审理程序的核心是当事人就争议的焦点问题进行辩论和质证。仲裁庭对专门性问题认为需要鉴定的,可以交由当事人约定的鉴定机构鉴定;当事人没有约定或者无法达成约定的,由仲裁庭指定的鉴定机构鉴定。根据当事人的请求或者仲裁庭的要求,鉴定机构应当派鉴定人参加开庭。当事人经仲裁庭许可,可以向鉴定人提问。质证和辩论总结时,首席仲裁员或者独任仲裁员应当征询当事人的最后意见。当事人提供的证据经查证属实的,仲裁庭应当将其作为认定事实的根据。

关于仲裁中的举证责任,以谁主张、谁举证为基本原则,同时考虑举证能力等因素,在特定情形下按照有利于劳动者的特别原则进行举证。

《中华人民共和国劳动争议调解仲裁法》第三十九条第二款规定:"劳动者无法提供由用人单位掌握管理的与仲裁请求有关的证据,仲裁庭可以要求用人单位在指定期限内提供。用人单位在指定期限内不提供的,应当承担不利后果。"因为在劳动关系中用人单位处于管理者的地位,劳动争议涉及的一些重要的证据往往掌握在用人单位手中,劳动者无法获取。对于这些证据,用人单位有提供的义务,否则,作对其不利的推定,从而有效维护劳动者的合法权益。需要说明的是,《劳动争议调解仲裁法》没有具体列举应由用人单位负举证责任的特殊情形,而是采取了一种抽象规定的方法,据此只要是用人单位掌握的证据而不提供的,都由其承担不利后果,这显然更加减轻了劳动者的举证负担。《劳动人事争议仲裁办案规则》重申了上述规则,并进一步规定,在法律没有具体规定,依上述推定规则无法确定举证责任承担时,仲裁庭可以根据公平原则和诚实信用原则,综合当事人举证能力等因素确定举证责任的承担。此外还规定了举证时限制度:当事人因客观原因不能自行收集的证据,仲裁委员会可以根据当事人的申请,或者仲裁委员会认为有必要的,参照《民事诉讼法》有关规定予以收集。涉及证据的问题,相关仲裁程序规范当中未规定的,参照民事诉讼证据规则的有关规定执行。

仲裁庭应当将开庭情况记入笔录。当事人和其他仲裁活动参加人认为对自己陈述的记录有遗漏或者有差错的,有权申请补正。如果不予补正,应当记录该申请。笔录由仲裁员、记录人员、当事人和其他仲裁参加人签名或者盖章。

四、裁决

双方当事人经调解达不成协议,调解书送达前当事人反悔,或者当事人拒绝接收调解书,均为调解不成,应及时裁决。裁决书应当按照多数仲裁员的意见作出,少数仲裁员的不同意见应当记入笔录。仲裁庭不能形成多数意见时,裁决应当按照首席仲裁员的意见作出,对特殊的重大、疑难案件可提交仲裁委员会决定。仲裁庭裁决案件时,裁决内容同时设计终局裁决和非终局裁决,应分别作出裁决并告知当事人相应的救济权利。裁决书应当载明仲裁请求、争议事项、裁决理由、裁决结果和裁决日期。裁决书由仲裁员签名,加盖劳动人事仲裁委员会印章,对裁决持不同意见的仲裁员,可以签名,也可以不签名。当庭裁决的应在七日内发送裁决书,定期另庭裁决的当庭发给裁决书。

仲裁庭裁决劳动争议案件时,其中一部分事实已经清楚的,可以就该部分先行裁决。仲裁庭对追索劳动报酬、工伤医疗费、经济补偿或者赔偿金的案件,根据当事人的申请,可以裁决先予执行,移送人民法院执行。

仲裁庭裁决先予执行的,应当符合下列条件:(1)当事人之间权利义务关系明确;(2)不先予执行将严重影响申请人的生活。劳动者申请先予执行的,可以不提供担保。先予裁决和先予执行制度是为保护劳动者利益而设计的制度,它使得劳动者能尽快地获得劳动报酬等金钱支付。

终局裁决的适用范围仅限于:(1)追索劳动报酬、工伤医疗费、经济补偿或者赔偿金,不超过当地月最低工资标准十二个月金额的争议;(2)因执行国家的劳动标准在工作时间、休息休假、社会保障等方面发生的争议。

仲裁庭裁决劳动争议案件,应当自劳动人事争议仲裁委员会受理仲裁申请之日起四十五日内结束。案情复杂,需要延期的,经劳动人事争议仲裁委员会主任批准,可以延期并书面通知当事人,但是延长期限不得超过十五日。逾期未作出仲裁裁决的,当事人可以就该劳动争议事项向人民法院提起诉讼。

五、强制执行

当事人对发生法律效力的劳动人事仲裁调解书、裁决书,应当依照规定的期限履行。一方当事人逾期不履行的,另一方当事人可以依照《民事诉讼法》的有关规定向人民法院申请执行。受理申请的人民法院应当依法执行。

第三编 涉外仲裁

第七章 涉外仲裁

第一节 涉外仲裁的含义

关于涉外仲裁,学术界一般表述很多。单从国际和我国仲裁制度的发展来看,大多数国家通过立法或者司法实践将国内仲裁与国际仲裁加以区分,以适应各国仲裁制度的需要和发展。既尽量在交付仲裁解决的争议方面减少限制,并在国际上争取承认及执行仲裁裁决方面给予更宽松的条件。如有些不属于商事性质的争议,在不少的国家不允许以仲裁方式解决,但在有些国家,容许当事人以仲裁方式解决,这就涉及各国关于仲裁裁决的承认及执行外国仲裁裁决问题。因此,对涉外仲裁,予以较明确的界定,具有一定的意义。

一、国际及国际仲裁的含义

国际(International),是指世界各国之间的。

对于仲裁的"国际性"和"国内性"区分界定,涉及仲裁案件的受理以及所适用的法律等,在国际上具有重要的意义。中国法律将国际上具有涉外因素解释为:凡当事人一方或者双方是外国人、无国籍人、外国企业或者组织的;当事人一方或者双方的经常居所地在中华人民共和国领域外的;标的物在中华人民共和国领域外的;产生、变更或者消灭民事关系的法律事实发生在中华人民共和国领域外的;可以认定为涉外民事案件的其他情形。[①]

《联合国国际商事仲裁示范法》第一条"适用范围"第(3)项将仲裁的国际性确定为:"(A)仲裁协议的当事各方在缔结协议时,他们的营业地点位于不同的国家;(B)或下列地点之一位于当事各方营业地点所在国以外:仲裁协议中确定的或根据仲裁协议而确定的仲裁地点;(C)履行商事关系的大部分义务的任何地点或与争议标的关系最密切的地点;(D)或当事各方明确地同意,仲裁协议的标的与一个以上的国家有关。"

在一些仲裁发展比较完备的国家,一般都允许国际仲裁的当事人享有较国内仲裁的当事人更多的权利,如法国、美国、加拿大等。1981年法国颁布的《民事诉讼法典》就将国际仲裁与国内仲裁明确分开。该法第一千四百九十二条规定:"如果包括国际商业利益,

---

① 参阅2014年12月18日《最高人民法院关于适用〈中华人民共和国民事诉讼法〉的解释》(法释〔2015〕5号)第五百二十二条。

仲裁是国际性的。"①

二、国际商事的含义

了解"商事"一词,在国际、国内仲裁中同样具有特别重要的意义。因为定性某些仲裁争议是否属于商事范畴是仲裁制度中的先决事项,它关系到能否用仲裁方式解决和各国对其仲裁解决的案件能否予以承认并执行问题。如 1923 年日内瓦《仲裁议定书》规定,各缔约国应当承认不同缔约国管辖权下的合同当事人之间签订的仲裁协议为有效,不论提交的问题是商事问题还是其他可以用仲裁方式解决的问题。各缔约国可以把议定书的履行限为"依照本国法律属于商事范围的合同"。美国联邦仲裁法第一条规定,……所谓"商事"是指各州之间的或者和外国的贸易,在合众国属地或者哥伦比亚特区的贸易和各属地之间、属地同任何一州或者外国之间、哥伦比亚特区同任何一州、属地或者外国之间的贸易。

1958 年《承认及执行外国仲裁裁决公约》也作了有关"商事"保留的规定,该公约第一条第(3)项规定,如缔约国也可以声明,本国只对根据本国法律属于商事的法律关系,不论是不是合同关系所引起的争议适用本公约。但该公约并未对"商事"一词作出解释,对此,留给了各缔约国依照各国的法律规定来加以解决。由于各国对此问题无法达成共识,于是 1985 年联合国《国际商事仲裁示范法》只对"商事"一词以注释方式加以说明,并列举了一系列被视为具有商事性质的交易事项,如"如何提供或交换商品或劳务的贸易交易;商品销售协议;商事代表或代理;保付代理;租赁;咨询;设计;许可;投资;融资;银行业;保险业;开采协议或特许权;合营企业或其他形式的工业或商业合作;客货航空、海上、铁路或道路运输"等。

我国司法一般"民商"不分,司法审判没有将民事和经济案件具体分开。20 世纪 80 年代,各级人民法院设有经济审判庭,2000 年 8 月,最高人民法院作出决定,取消经济审判庭,将原经济庭审判的案件划归民庭,按照刑事、民事、行政三大诉讼体系设置审判机构,重新设置新的民事审判庭,建立了大民事审判新格局。

三、涉外仲裁机构

对上述国际商事仲裁的含义,我们可以从不同的角度、不同的性质对涉外仲裁机构进行了解,以便在国际商事仲裁实践中选择和应用。

(一)临时仲裁机构

国际上以仲裁机构的组织形式作为标准可将国际商事仲裁划分为:临时仲裁机构与常设仲裁机构。

临时仲裁机构是指双方当事人在其争议发生后,依据其订立的仲裁协议将其争议提交给双方选择的仲裁员组成的临时仲裁庭进行的仲裁。该仲裁庭在仲裁程序结束后既行解散。

---

① 参阅法国 1981 年颁布的《民事诉讼法典》第 1492-1507 条有关规定。

"临时仲裁"是国际商事仲裁的最初形式,在国际上固定常设仲裁机构出现以前,临时仲裁机构是唯一的国际商事仲裁组织。

目前,虽然常设仲裁机构已经普遍设立在世界各地,但仍有相当数量的国际商事争议提交给临时仲裁机构仲裁。而且各国也普遍承认其仲裁的效力,因为它的显著特点在于符合双方当事人的意思自治和特定争议的实际。在仲裁程序上,当事人有很大的自主权,如仲裁员的指定、仲裁庭的组成、临时仲裁地点的选定、仲裁所适用的语言和法律、仲裁裁决的方式、仲裁费的承担以及仲裁裁决的执行等,都可以由当事人自由决定。1958年《纽约公约》等国际条约也明确规定将"临时仲裁"作为仲裁方式之一。

临时仲裁机构的主要不足之处,是其仲裁的效力取决于双方当事人的合作。如果在上述仲裁程序上的某一方面不能达成一致意见,则很可能使仲裁陷入僵局而耽误当事人的时间。

目前国际上设有临时仲裁机构或承认临时仲裁的国家和地区有:伦敦海事仲裁员协会、瑞典斯德哥尔摩商会仲裁院、伦敦海事仲裁员协会等。

伦敦海事仲裁员协会成立于1960年。其设立的目的在于将在伦敦从事海事仲裁的专业人士聚集在一起,交流经验,共同促进伦敦海事仲裁事业的发展,该协会不是常设仲裁机构,是属于临时仲裁性质。该仲裁协会的历史可以追溯到300年前波罗的海交易所,当时出现了一大批优秀的海事仲裁员,他们为租船、救捞、碰撞、保险、货损理赔等业务中发生的争议提供法律服务。随着伦敦海事仲裁员的队伍通过行业规范不断壮大,海事领域的临时仲裁进一步得到发展,大量海事合同中订有伦敦仲裁条款。英国航运事业的发达与海商法制度的完善,在国际上产生了重大影响,伦敦海事仲裁员协会也逐步成为国际海事临时仲裁中心。

联合国贸易法委员会于1976年还制定了《联合国国际贸易法委员会仲裁规则》可供临时仲裁庭采用。

(二)常设仲裁机构

常设仲裁机构是根据国际公约或有关国内立法所设立的仲裁机构。常设仲裁机构有固定的仲裁场所,有自己的组织章程、仲裁规则和仲裁员名单,并具有名称、办事机构住所和一套完整的行政管理制度。因而选择常设仲裁机构仲裁是目前当事人选择解决国际商事争议的普遍做法。

常设仲裁机构的主要任务是为当事人的仲裁提供程序事项上的有关服务,如:组织仲裁庭、提供仲裁场所、通知仲裁员和当事人、送达仲裁文书,从事仲裁机构的行政管理和组织工作,其本身并不直接进行仲裁裁决。

常设仲裁机构与临时仲裁机构相比,又有其不足的一面,比如在仲裁地点的选定、仲裁员的指定和仲裁程序中时限的限制等方面,会给当事人带来不便,但这些问题并不会影响其主导地位。

目前常设仲裁机构已经普遍设立在世界各国。

(三)单一性、专业性和综合性仲裁机构

单一性仲裁机构、专业性仲裁机构和综合性仲裁机构是根据受理案件的性质不同来划分的。

单一性仲裁机构只负责受理涉外仲裁案件,不受理国内仲裁案件,如中国的海事仲裁委员会、罗马尼亚商会商事仲裁委员会等便属于单一性仲裁机构。

专业性仲裁机构也称行业性仲裁机构,是设立于缔约国与缔约国之间或某种行业团体内的仲裁机构。有的专业仲裁机构是开放性的,不仅受理团体成员内的仲裁案件,同时也受理团体外部的仲裁案件。如英国的伦敦橡胶交易所仲裁组织、瑞士的电灯泡协会仲裁组织、荷兰的咖啡贸易仲裁组织等均属行业性仲裁机构。

综合性仲裁机构是指受理各种不同性质的仲裁案件的常设仲裁机构。

根据国际公约设立的国际性仲裁机构和一些发达国家的以国内法设立的常设仲裁机构,一般都是综合性仲裁机构。如巴黎的国际商会仲裁院、伦敦的国际仲裁院、瑞典的斯德哥尔摩商会仲裁院、美国仲裁协会和中国国际经济贸易仲裁委员会等。①

第二节 国际性商事仲裁机构及仲裁规则

一、国际商会、国际仲裁院及仲裁规则

(一)国际商会、国际仲裁院

国际商会(International Chamber of Commerce, ICC),是一个国际民间经济组织。该会于1919年10月在美国新泽西州大西洋城举行的国际贸易会议发起,1920年6月在巴黎成立,总部设在巴黎。由世界上一百八十多个国家参加的经济联合会,包括商会、工业、商业、银行、交通、运输等行业协会。它也是联合国经社理事会的一级咨询机构。

国际仲裁院(International Court of Arbitration)成立于1923年,是附属于国际商会的一个国际性常设调解与仲裁机构。

国际仲裁院是国际性民间组织,具有较大的独立性,该仲裁院总部设在巴黎。理事会由来自四十多个国家和地区的具有国际法专长和解决国际争端经验的成员组成,其成员首先由国际商会各国委员会根据一国一名的原则提名,然后由国际商会大会决定,任期三年。仲裁院成员独立于其国家和地区行事。仲裁院设主席一名,副主席八名。该仲裁院在国际商会总部设有秘书处,秘书处由来自十多个国家的人员组成,设秘书长一名,秘书处的工作由秘书长主持,秘书处分五个小组,每组由三人组成,一名顾问、一名助理,还有一名秘书。顾问一般是律师,至少应当懂英语与法语。这五个小组负责处理案件管理中的日常事务。除以上五个小组以外,秘书处还设有一名特别顾问、一名档案管理员、一名行政助理和几名秘书。

根据国际仲裁院内部章程规定,仲裁院的主席、副主席以及秘书处成员不能担任本院仲裁案件的仲裁员或代理人,仲裁院也不能指定他们担任,除非当事人自己指定并经仲裁院批准者除外。仲裁院本身并不解决争议,其主要职能是保证适用国际商会的仲裁规则

---

① 丁伟. 国际私法学[M]. 上海:上海人民出版社,2004:563.

和调解规则,制定内部规章等。

(二)国际商会仲裁规则

现行《国际商会仲裁规则》(1998年)共七章三十五条,并附有两个附件(包括国际商会仲裁院章程和国际仲裁院内部规章)。其七章为:导言、开始仲裁、仲裁庭、仲裁程序、裁决、费用和其他规定。

该仲裁规则规定,国际仲裁院(仲裁院)是附属于商会的仲裁机构。仲裁院的成员由商会理事会任命。仲裁院的职能是按照其规则以仲裁方式解决国际性的商事争议。如果仲裁协议授权,则仲裁院也按照其规则以仲裁方式解决非国际性的商事争议。

按照仲裁院的内部规章,仲裁院可以授权一个或多个仲裁院成员组成委员会作出某种决定。但该决定应在下次会议上向仲裁院报告。在仲裁院秘书长领导下的仲裁院秘书处设在商会总部。仲裁院主席缺席时或因其他原因缺席时,可以在其要求下由其中的一位副主席有权代表仲裁院作出紧急决定。但该项决定应在下次会议上向仲裁院报告。

凡欲在国际商会仲裁院申请仲裁的当事人,应按照该规则向秘书处提交仲裁申请书,由秘书处向申请人和被申请人通知收到申请书和收到的日期、申请书副本份数并按照提交申请书时所施行的费用标准缴纳预付金。如果申请人不能符合这些要求中的任何一项,秘书处可以确定一个期限,要求申请人必须在该期限内补正,逾期仍不符,申请仲裁案卷应归档,但不影响申请人以后在另一个申请书中提出同样请求的权利。

一旦秘书处收到足额份数的申请书和按要求缴纳的预付金,则应将一份申请书以及所附文件副本寄送被申请人,以便使被申请人答辩。

《国际商会仲裁规则》第二条对仲裁庭、仲裁申请人以及仲裁裁决的定义是,根据本规则:(1)依具体情况而定,仲裁庭包含一个或多个仲裁员。(2)依具体情况而定,申请人包含一个或多个申请人和被申请人包含一个或多个被申请人。(3)依具体情况而定,裁决包含特别是一项中间、部分或终局裁决。

仲裁庭必须作出裁决的期限为六个月(该期限应从仲裁庭或当事人最后签署审理事项之日或在如果当事人的任何一方拒绝参加拟订审理事项或拒绝签字,该审理事项应报仲裁院批准。在获得仲裁院批准时,仲裁庭应进行仲裁审理程序的情况下,由秘书处将仲裁院批准审理事项告知仲裁庭之日起算。)。在仲裁庭由一名以上的仲裁员组成时,裁决以多数意见作出。未获得多数意见时,裁决应由首席仲裁员一人作出。

仲裁庭应于签署裁决前将裁决草案提交仲裁院。仲裁院可以就裁决形式提出修改,并在不影响仲裁庭裁决权的情况下,也可以就裁决的实体问题引起仲裁庭的注意。仲裁院未就裁决形式批准之前,仲裁庭不得作出裁决。

仲裁裁决一旦作出,秘书处应将仲裁庭签署的裁决文本通知送达当事人。

二、解决投资争议国际中心

(一)解决投资争议国际中心(International Center for the Settlement of Investment Disputes, ICSID)

解决投资争议国际中心是国际复兴开发银行(世界银行)下属的一个独立机构。该中心是根据1965年3月18日由国际复兴开发银行提交各国政府在华盛顿签署的《关于解决国家与他国国民之间投资争议公约》(简称《华盛顿公约》)而设立一个专门处理国际投资争议的常设仲裁机构。该公约于1966年10月14日生效,截至2017年11月,该公约的签署已达到161个国家,其中143个国家批准了该公约。我国1990年2月9日签署了《华盛顿公约》,1993年1月7日递交批准文件。

解决投资争议国际中心总部设在美国华盛顿。该中心具有完全的国际法人资格,中心及其财产享有豁免于一切法律诉讼的权利。

该中心主要是用调解和仲裁的方式,解决该公约缔约国之间和其他缔约国国民之间直接因投资而产生的任何争议。

中心设有1个行政理事会、1个秘书处、1个调停人小组和1个仲裁人小组。行政理事会为该中心的主要行政机构之一,它对中心的重要事项,如对调解和仲裁的程序规则、确定秘书长和副秘书长的服务条件等有表决权。

行政理事会由缔约国各委派1人组成。世界银行行长是该理事会的当然主席,但无表决权。秘书处有秘书长1人、副秘书长1人或数人以及工作人员组成,负责中心的日常行政事务。调停人小组和仲裁人小组的成员则由各缔约国和行政理事会主席指派。

(二)解决投资争议国际中心仲裁规则

按照解决投资争议国际中心仲裁规则,秘书长在收到仲裁申请书后,如认为中心对该有关争议具有管辖权,可着手组成仲裁庭。

仲裁庭由双方任命的独任仲裁员或非偶数仲裁员组成。如果双方当事人对仲裁员的人数和任命方法不能取得一致,则仲裁庭应由3名仲裁员组成,由每一方各任命1名仲裁员,第三名首席仲裁员由双方协议任命,如在规定期限内协议任命不能达成一致,由则由行政理事会主席指定。

仲裁庭的权限由仲裁庭自行决定。在适用仲裁程序规则方面,除非双方当事人另有协议,均应依照双方提交仲裁之日有效的仲裁规则进行。

在法律适用方面,仲裁庭首先应适用双方当事人合意选择的法律规则。如果当事人无此种协议,仲裁庭可以适用争端一方的缔约国的法律(包括其关于冲突的规则),也可以适用国际法规则。

仲裁庭应在成立后的六十日内或双方同意约定的相应期间组织开庭,仲裁庭庭长应在与仲裁庭成员和秘书长磋商后,指定开庭日期。如由于双方当事人达成协议由仲裁庭成员推选产生庭长,而仲裁庭成立后还未选出庭长,秘书长应指定开庭日期。在以上两种情形下,均应尽量与双方当事人磋商。仲裁裁决(包括任何个人意见或反对意见)应在仲裁终结后的六十日内起草和签署。但如仲裁庭由于其他原因不能起草裁决书,可延长三十日。

仲裁庭基于双方当事人的授权还可依"公平和善意"的原则进行友好仲裁。

仲裁庭所作出的裁决是终审裁决,除依照公约的规定存在可以暂停执行或可以撤销的情况外,双方当事人都应遵守和履行该裁决,如果一方当事人拒不履行该裁决,另一方当事人可以请求有关国家的法院协助依法予以强制执行。

三、联合国国际贸易法委员会及仲裁规则

(一)联合国国际贸易法委员会

联合国没有设立专门处理国际商事争议的常设仲裁机构,但是,联合国国际贸易法委员会(United Nations Commission on International Trade Law,以下简称"贸易法委员会")于1966年由联合国大会设立。贸易法委员会成员由联合国大会选举产生,任期六年。

联合国大会在设立贸易法委员会时,针对各国的国际贸易法律存在的差异,给世界贸易流通造成的障碍和不便,大会把贸易法委员会视作联合国可借此对减少或消除这些障碍,发挥积极作用的桥梁和工具。为此,联合国通过了《承认及执行外国仲裁裁决公约》,并由联合国国际贸易法委员会制定了《联合国国际贸易法委员会仲裁规则》和《国际商事仲裁示范法》,给各国仲裁立法和仲裁实践提供了平台。

(二)《联合国国际贸易法委员会仲裁规则》

《联合国国际贸易法委员会仲裁规则》(UNCITRAL Arbitration Rules)于1976年4月28日由联合国第31次大会正式通过。

该规则适用于国家与私人间的投资争议仲裁、多方仲裁、第三人加入仲裁程序、仲裁员的指定、仲裁员责任的豁免、仲裁费用的控制等问题。该规则对各国并不具有普遍的约束力,仅供合同双方当事人自愿以书面方式约定。但当事人也可在书面协议中指定一个常设仲裁机构,贸易法委员会负责关于仲裁的行政管理工作。

现行的《联合国国际贸易法委员会仲裁规则》是2010年修订的。该仲裁规则吸取了世界各国仲裁立法和仲裁机构的仲裁规则的优点,故备受一些常设国际仲裁机构青睐,如瑞典斯德哥尔摩仲裁院、美国仲裁协会、伦敦仲裁院等,均表示根据该规则规定,采用其"指定仲裁员、仲裁机构"的方法,允许当事人选用该项仲裁规则在其仲裁机构仲裁。

该仲裁规则共分4章43条。各章主要内容如下:第一章"绪则";第二章是"仲裁庭的组成";第三章是"仲裁程序";第四章是"裁决"。

按该规则第三十三条规定:1.仲裁员不止一名的,仲裁庭的任何裁决或其他决定均应以仲裁员的多数作出。2.出现程序问题时,达不到多数的,或者经仲裁庭授权,首席仲裁员可单独作出决定,但仲裁庭可作出任何必要修订裁决的形式和效力。第三十四条规定:1.仲裁庭可在不同时间对不同问题分别作出裁决。2.所有仲裁裁决均应以书面形式作出,仲裁裁决是终局的,对各方当事人均具有拘束力。各方当事人应毫不延迟地履行所有仲裁裁决。3.仲裁庭应说明裁决所依据的理由,除非各方当事人约定无须说明理由。4.裁决书应由仲裁员签名,并应载明作出裁决的日期和指明仲裁地。仲裁员不止一名而其中有任何一名仲裁员未签名的,裁决书应说明未签名的理由。5.裁决可经各方当事人同意之后予以公布,为了保护或实施一项法定权利,或者涉及法院或其他主管机关法律程序的,也可在法定义务要求一方当事人披露的情况下和限度内予以公布。6.仲裁庭应将经仲裁员签名的裁决书发送各方当事人。

四、《联合国国际商事仲裁示范法》

《联合国国际商事仲裁示范法》(以下简称"示范法")是联合国国际贸易法委员会于

1985年6月21日主持制定的,1985年12月11日联合国大会通过批准该示范法的决议,其宗旨是协调和统一世界各国调整国际商事仲裁的法律。建议各国从统一仲裁程序法的愿望和国际商事仲裁实践的特点出发,对《联合国国际商事仲裁示范法》予以适当的考虑和采纳,故取名为"示范法"。

该"示范法"没有强制执行力,仅供各成员方制定国内仲裁法时参考之用。如俄罗斯、保加利亚等国都根据此示范法制定了其国内的仲裁法。

美国各州、加拿大、澳大利亚、意大利、新西兰、英国以及中国的香港等在制定和修改仲裁立法时,都以示范法为蓝本直接采用。我国1994年的《仲裁法》在起草过程中也参考了该示范法。

现行的《联合国国际商事仲裁示范法》共8章36条。第一章,总则(第1-6条);第二章,仲裁协议(第7-9条);第三章,仲裁庭的组成(第10-15条);第四章,仲裁庭的管辖权(第16-17条);第五章,仲裁程序的进行(第18-27条);第六章,裁决的作出和程序的终止(第28-33条);第七章,对裁决的追诉(第34条);第八章,裁决的承认及执行(第35-36条),其中对仲裁法的适用范围、仲裁协议、仲裁庭组成、仲裁管辖权、仲裁程序、仲裁裁决、仲裁裁决的承认及执行等作了详细的规定。

该"示范法"公布后,对各国的仲裁立法产生了巨大影响,对规范国际商事仲裁起到了积极的推动作用。随着经济全球化的发展,各国关于仲裁的国内立法以及由此所确立的仲裁制度日益趋同,许多国家或地区按照示范法的规定建立了健全的仲裁法律制度,代替了原有的仲裁立法。

五、世界知识产权组织仲裁与调解中心

(一)世界知识产权组织

世界知识产权组织(World Intellectual Property Organization, WIPO),是联合国保护知识产权的一个专门机构,根据《成立世界知识产权组织公约》而设立。该公约于1967年7月14日在瑞典首都斯德哥尔摩签订。该组织负责监管知识产权事务,总部设在日内瓦。1974年该组织成为联合国的一个专门机构,是迄今为止联合国最大的国际组织。

根据《成立世界知识产权组织公约》,该组织的职责是,通过其适当机构,并根据各联盟的权限,促进发展旨在便利全世界对知识产权的有效保护和协调各国在这方面的立法措施;执行巴黎联盟、与该联盟有联系的各专门联盟以及伯尔尼联盟的行政任务;可以同意担任或参加任何其他旨在促进保护知识产权的国际协定的行政事务;鼓励缔结旨在促进保护知识产权的国际协定;对于在知识产权方面请求法律-技术援助的国家给予合作;收集并传播有关保护知识产权的情报,从事并促进这方面的研究,并公布这些研究的成果;维持有助于知识产权国际保护的服务,在适当情况下,提供服务工作单位名册,并发表这种名册的材料;采取一切其他的适当行动。

(二)世界知识产权组织仲裁与调解中心

世界知识产权组织仲裁与调解中心(WIPO ADR Service),于1993年9月在世界知识产权组织全体会议上正式获准成立,属世界知识产权组织的国际局,1994年10月正式开

展工作。

上述几家国际性商事仲裁机构,需要指出的是,国际性商事仲裁机构与外国国际商事仲裁机构是有区别的,国际性商事仲裁机构均是由国际商会、解决投资争议国际中心、联合国国际贸易法委员会、世界知识产权组织等国际性组织(世界各个成员国共同)发起设立的,而外国国际商事仲裁机构是由各国自行发起设立的。

第三节 外国国际商事仲裁机构及其仲裁规则

一、美国仲裁协会及其仲裁规则

(一)美国仲裁协会

美国仲裁协会(American Arbitration Association,AAA)成立于1926年,总部设在纽约市,在美国各大城市设有30多家办事处。还有两家国际中心分别在纽约和都柏林。AAA是由美国仲裁社团、仲裁基金会等组成的一家非营利的多元化解决纠纷的民间团体仲裁机构。该协会管理并处理大量通过调解、仲裁以及其他法院外的一系列争议的程序问题,案件从申请到结案,包括帮助指定调解员和仲裁员审理、传递文件,安排会议信息等全过程。该协会拥有大约8 000名调解员和仲裁员的独立专家队伍。他们的行为由协会制定的《仲裁员道德规范守则》和《标准调解员行为规范》监督。

美国仲裁协会在选择仲裁规则和仲裁员方面有极大的灵活性,当事人可以选择《联合国国际贸易法委员会仲裁规则》,也可以选择当事人一致同意的其他仲裁规则和程序,美国仲裁协会制定了60多种不同类型的仲裁规则供当事人选择。

在选择仲裁员上,双方当事人可以在仲裁协会的仲裁员名单上选择,也可以选择在仲裁协会仲裁员名单以外选择其他国籍人士担任仲裁员。

在适用法律上,也由当事人选择,如果当事人在适用法律问题上未作约定,由仲裁庭决定适用其认为适当的一个或几个法律。

(二)美国仲裁协会仲裁规则

现行的美国国际仲裁规则是2000年9月1日修改并生效的《美国仲裁协会国际仲裁规则》。按照该规则,当事人书面同意按本国际仲裁规则仲裁争议,或者在未指明特定规则的情况下将国际争议提交美国仲裁协会仲裁,应根据仲裁开始之日有效的本规则进行,当事人各方可以书面形式对本规则进行任何修正。

仲裁应受本规则管辖,但其任何规定与当事人不能排除之仲裁准据法的任何条款相冲突的,则应服从该条款。本规则明确了AAA的义务与责任,可通过其AAA位于纽约市的国际中心或者与之有合作协议的仲裁机构的设置,提供服务。

按照该规则,申请仲裁的申请人应将书面仲裁通知同时送交AAA和被其主张权利的被申请人。除通常事项外,申请人可以对指定仲裁员的仲裁方式、仲裁员人数、仲裁地点和仲裁所用语言提出建议。

AAA一旦收到仲裁通知,即应就有关仲裁事宜与各方当事人联系,并确认仲裁的开始。仲裁开始后三十日内,被申请人应就仲裁通知所涉问题向申请人、其他任何当事人、AAA 提交书面答辩。

在提交答辩时,被申请人可以提出反请求或要求抵消仲裁协议所涉任何请求。对申请人提出的关于仲裁员人数、仲裁地点和仲裁所用语言的任何建议,被申请人应在三十日内答复 AAA、申请人和其他当事人,但当事人各方事先对此等事宜另有约定的除外。

如果各方当事人就上述问题无法达成一致意见,则由仲裁庭在组庭后六十日内决定。

仲裁庭应至少在首次开庭前三十日将日期、时间和地点通知各方当事人。仲裁庭应对以后的开庭给予合理的通知。

如仲裁庭由一名以上的仲裁员组成,其任何裁决、决定或裁定均应按多数仲裁员的意见作出。如某一仲裁员没有在裁决书上签字,应另附声明说明其未能签字的原因。

经各方当事人或仲裁庭授权,首席仲裁员可以对程序问题作出决定或裁定,但仲裁庭可予以更改。

仲裁庭应及时(该仲裁规则没有对具体时间作出规定)作出书面裁决,裁决是终局裁决且对各方当事人均有约束力。各方当事人应当无迟延地履行裁决。

二、英国伦敦国际仲裁院及其仲裁规则

(一)英国伦敦国际仲裁院

英国伦敦是国际航运业和保险业的中心,由于国际经济贸易、海上运输业发展的历史原因,早在 1892 年 11 月 23 日英国就成立了伦敦仲裁会,1903 年 4 月 2 日改名为伦敦仲裁院,由一个伦敦城市和伦敦商会各派十二名代表组成的联合委员会管理,1975 年伦敦仲裁院与女王特许仲裁员协会合并,并于 1978 年设立了由来自 30 多个国家的具有丰富经验的仲裁员组成的"伦敦国际仲裁员名单"。

1981 年改名为伦敦国际仲裁院(The London Court of International Arbitration,LCIA),这是国际上最早成立的常设仲裁机构,现由伦敦市、伦敦商会和女王特许仲裁员协会三家共同组成的联合管理委员会管理,仲裁院的日常工作由女王特许仲裁员协会负责,仲裁员协会的会长兼任仲裁院的主席。

该仲裁院在组成仲裁庭方面确定了一项重要的原则,既在涉及不同国籍的双方当事人的商事争议中,独任仲裁员或首席仲裁员必须由一名中立国籍的人士担任。

英国伦敦国际仲裁院是目前英国最主要的国际商事仲裁机构,提交给可以审理任何性质的国际争议,尤其擅长国际海事案件的审理。由于其较高的仲裁质量,它在国际社会上享有很高的声望。

(二)伦敦国际仲裁院规则

伦敦国际仲裁院于 1981 年制定了《伦敦国际仲裁院规则》,1985 年 1 月 1 日起生效。现行《伦敦国际仲裁院规则》于 1998 年 1 月 1 日开始实施。

该仲裁规则规定,如果任何协议约定或证书中规定仲裁按照伦敦国际仲裁院的规则进行,就可以认定当事人同意依下述规则或在仲裁开始前获得仲裁院通过生效的该修正规则进行仲裁,仲裁庭组成后,一般应当按照伦敦国际仲裁院的仲裁规则进行仲裁程序。

但同时,该仲裁院同美国仲裁协会在选择仲裁规则和仲裁员方面大致相同,同样具有极大的灵活性,当事人可以选择《联合国国际贸易法委员会仲裁规则》,也可以选择当事人一致同意的其他仲裁规则和程序进行仲裁。

三、瑞典斯德哥尔摩商会仲裁院及其仲裁规则

(一)瑞典斯德哥尔摩商会仲裁院

瑞典斯德哥尔摩商会仲裁院(Arbitration Institute of Stockholm Chamber of Commerce, SCC)成立于1917年,是瑞典全国性的常设仲裁机构。由于瑞典的仲裁历史悠久,体制完善,加上瑞典是中立国,因此,斯德哥尔摩商会仲裁院已成为国际上受理国际经济贸易运输和海事争端的重要仲裁机构之一。

虽然斯德哥尔摩商会仲裁院是商会的附属机构,但它具有独立行使职权的地位。该仲裁院设有由三名委员组成的委员会,委员由商会执行委员会任命,任期两年。在三名委员中,设主席一人,由对解决工商性质的争议案件富有经验的法官担任;另外两名委员,一人是执业律师,一人是商界享有声望的人。该委员会按照多数票决定有关事宜,如不能形成多数票,该委员会主席有投票决定权,该委员会的决定是终局的,商会不得复审。此外,仲裁院还设一个秘书处,由商会雇员组成,秘书处设秘书长一人,主持秘书处的工作,该秘书长应是律师。

1970年,美、苏贸易合同的仲裁选择了该仲裁院,从此,在国际上开始认同中立国瑞典的斯德哥尔摩商会仲裁院。目前,瑞典斯德哥尔摩商会仲裁院可以受理世界上任何国家当事人所提交的商事争议。瑞典仲裁的历史悠久,使得瑞典斯德哥尔摩商会仲裁院有一套完整的和一批精通仲裁理论与仲裁实践的专家。而且,该仲裁院讲究仲裁效率,因此,在国际商事仲裁中,具有较高的声誉。

(二)斯德哥尔摩商会仲裁院仲裁规则

该仲裁院的仲裁规则是1988年生效的仲裁规则。现行的仲裁规则是经斯德哥尔摩商会仲裁院修改,于2017年1月1日实施的仲裁规则。

按照该仲裁院仲裁规则,双方当事人之间发生争议时,如果将该争议提交仲裁院仲裁,必须向仲裁院提出书面申请,并提供所依据的合同副本和仲裁协议副本。仲裁院经过审查后,对于符合受理条件的,即协助当事人设立仲裁庭,以保证仲裁程序的顺利进行。

仲裁庭在进行仲裁时,可以适用该仲裁院的仲裁规则,也可以适用当事人选定的其他仲裁规则。仲裁庭对争议案件经过审理后作出仲裁裁决,该裁决具有终局效力。

当事人在选择仲裁规则时,该仲裁院也允许当事人约定选择《联合国国际贸易法委员会仲裁规则》规定的程序仲裁。

值得关注的是,SCC没有仲裁员名单,当事人可自由指定任何国家、任何身份的人作为仲裁员。通常当事人双方各自选择一位同胞作为仲裁员,并共同选择第三名仲裁员,组成三人仲裁庭。此举提高了仲裁的速度和效力,也便于在各个国家执行。

四、日本国际商事仲裁协会及其仲裁规则

(一) 日本国际商事仲裁协会

日本国际商事仲裁协会(The Japan Commercial Arbitration Association,JCAA),是日本唯一家以仲裁方式解决国际商事纠纷的常设仲裁机构,又称日本社团法人国际商事仲裁委员会。由日本贸易会、经济团体联合会等单位发起设立,以日本商工会议为中心,于1950年3月成立。

1953年8月,该委员会改名为社会法人国际商事仲裁协会,总部设在东京,在日本大阪、神户、名古屋等城市设有分会,可供当事人向其总部或其他任何一个分会申请仲裁。

早在1923年、1924年、1958年、1965年日本就陆续成为《日内瓦仲裁条款议定书》、《承认及执行外国仲裁裁决日内瓦公约》、《纽约公约》和《解决国家与他国国民之间投资争议公约》的缔约国,日本国际商事仲裁协会还跟其他许多国家的商会和仲裁机构签订了合作协议。该协会主要从事仲裁、调解等处理争议的工作,该协会有自己的仲裁员名单供当事人选择。当事人也可以选择仲裁员名单以外的人士担任仲裁员。

(二) 日本国际商事仲裁协会商事仲裁规则

日本国际商事仲裁协会目前使用的仲裁规则是1989年5月24日修订生效的仲裁规则,共分五章四十八条,包括:总则(1-6);申请仲裁(7-14);仲裁员的指定(15-22);仲裁程序(23-38);附则(39-48)以及补充规定仲裁费缴纳费用表。

该仲裁规则规定,当事人申请仲裁,应向仲裁协会或其分会秘书处提交(该仲裁规则要求书写的内容)仲裁申请书和副本,并按其规定缴纳仲裁费。仲裁程序自秘书处收到仲裁申请和仲裁费后决定是否受理。秘书处受理仲裁申请后,应将此情况通知当事人。在给被申请人的通知中,应附上仲裁申请书的副本。

规则9根据规则8第2段规定,自发出通知的邮寄之日起三十天内,被申请人应向秘书处提交答辩。规则16当事人可以通过书面协议指定一名或一名以上仲裁员,或确定仲裁员的人数及其指定办法(包括指定期限)。规则17如当事人在指定期限起十五天内未应仲裁员的人数达成协议,那么应是一名仲裁员。在上述情况下,如果一方当事人要求指定三名仲裁员,而协会在考虑了案件的性质后,认为其要求是适当的,那么应是三名仲裁员。如果当事人不能就仲裁庭组成仲裁员达成一致协议或在指定期限内未指定,则由仲裁协会指定。

当仲裁庭由两个或两个以上仲裁员组成时,仲裁庭的决定(包括裁决决定),应依多数仲裁员的意见决定。当持相反意见的人数相同时,如果仲裁员在期间已指定了首席仲裁员,则首席仲裁员有权作出最后的决定。

仲裁庭应在审理终结后三十五天内(在规则37第2段的情况下,四十五天内)作出裁决。

五、瑞士、印度、荷兰、意大利、新加坡等国仲裁机构

(一)瑞士苏黎世商会仲裁院

瑞士苏黎世商会仲裁院(Court of Arbitration of the Zurich Chamber of Commerce, ZCC)设在瑞士的苏黎世,是1911年由瑞士苏黎世商会设立的专门性机构,该院分调解部与仲裁庭两部分。

第二次世界大战后,由于东西方对立和第三世界国家的兴起,一些中立国家的仲裁机构逐步受到各国当事人的重视,因瑞典和瑞士在政治上都是中立国家,故国际上较多的经贸纠纷都交给他们仲裁。

该仲裁院主要适用的规范是1976年11月3日商会委员会通过的《瑞士联邦苏黎世商会调解与仲裁规则》,生效于1977年1月1日,该规则分4章43条。

在适用法律上,仲裁程序适用当时有效的《苏黎世州民事诉讼法》和《苏黎世法院组织法》。

实体法由当事人选择;未选择时,适用与争议有关的实体法。

对国际性法律关系则适用瑞士国际私法规则或与当事人有关的国际条约所确定的实体法。

(二)印度仲裁委员会

印度仲裁委员会(Indian Council of the Arbitration, ICA)成立于1965年,是印度最大的全国性仲裁委员会。印度仲裁委员会的职能是促进使用仲裁方式迅速友好地解决工商业争议。其成员有印度政府、重要商会、贸易组织、出口促进会、公共部门企业等。

印度的仲裁立法源于《联合国国际商事仲裁示范法》,印度于1996年制定了《仲裁与调解法》,2016年对《仲裁与调解法》作了许多修改,突出了仲裁程序的高效、意思自治、中立透明等,并试图弱化印度法院对仲裁实施过度的司法干预。与此相适应,1998年,印度仲裁委员会修订了新规则。依据该规则,委员会的管理机关设立仲裁理事会行使本规则规定的职权。理事会应包括委员会的主席以及委员会管理机关内部推选的三名成员。任何商事争议,包括运输、买卖、采购、银行、保险、建筑、工程、技术协助、专有技术、专利、商标、管理顾问、商业代理或劳动等,只要当事人同意由印度仲裁委员会进行仲裁或根据委员会的仲裁规则进行仲裁,则应根据本规则解决。在委任仲裁员时,当事人应取得其提名作为仲裁员的同意并相应通知委员会。在接受提名前,该候选仲裁员应披露任何对裁决结果有经济或个人利益且可能影响其作为独立或公正仲裁员的情况。任一方当事人均有权在收到仲裁员委任通知后以存在影响该仲裁员独立或公正的情事为由对其提出回避。如当事人已同意根据本规则将案件提交仲裁,则尽管一方当事人拒绝或未参与仲裁程序,仲裁庭仍可继续仲裁。当事人如知悉本规则任何规定或要求未被遵守而未就此提出书面异议仍然进行仲裁程序的,应视为放弃提出异议的权利。仲裁庭应尽快作出裁决。印度仲裁委员会仲裁规则有一份附录——《仲裁员和仲裁当事人迅速进行仲裁程序指南》,为适用印度仲裁委员会仲裁规则提出具体的指引。

(三) 荷兰仲裁协会

荷兰仲裁协会(The Netherlands Arbitration Institute, NAI),成立于 1949 年,是依荷兰法律以基金形式存在的非营利性组织。其管理委员会由荷兰商会、阿姆斯特丹和鹿特丹商会、国际商会荷兰组织与荷兰工业和贸易协会的代表以及来自商业界、法律界和大学的代表组成。荷兰仲裁协会与政府没有任何关系,也不接受资助,总部设在鹿特丹。

1986 年荷兰仲裁法生效后,荷兰仲裁协会对 1979 年仲裁规则进行了修改。现行的仲裁规则为 2001 年的仲裁规则。依该规则,当事人通过向 NAI 秘书处提出仲裁申请,则仲裁程序开始。一方当事人委任仲裁员,不妨碍其以仲裁协议无效为由提出仲裁庭无管辖权的抗辩。抗辩仲裁庭无管辖权不应排除 NAI 对仲裁的管理。仲裁员应独立公正,仲裁员不得与同庭其他仲裁员或任一方当事人有密切的私人或职业关系,也不得与案件的结果有直接的私人或职业上的利益。仲裁员在被委任前,不得就该案向一方当事人发表意见。在仲裁过程中,仲裁员不应与一方当事人就有关仲裁的事项进行接触。仲裁庭并应履行披露义务。仲裁庭依名单程序委任。仲裁庭应确保平等对待当事人。各方当事人均应获得证明请求和陈述案件的机会。与适用本规则的仲裁程序的结果有利害关系的第三人可以请求仲裁庭允许其参加仲裁程序或介入其中。在国际仲裁中,除非当事人同意授仲裁庭以友好仲裁员的身份作出决定,否则仲裁庭应根据法律规则作出裁决。

(四) 意大利仲裁协会

意大利仲裁协会(Associazione Italiana per l'Arbitrato, AIA)成立于 1958 年 10 月,总部位于罗马。1958 年 10 月 16 日,在杰出的学者以及意大利工商业界、不同经济领域的组织及外国事务部的代表的支持下,AIA 于罗马成立。其职能在于依照其仲裁规则以及 UNCITRAL 仲裁规则,管理仲裁案件。AIA 代为委任仲裁员、管理仲裁程序、提供仲裁庭审室以及其他设施服务。AIA 下设处理紧急措施的常设委员会,在仲裁庭组成之前根据其仲裁规则的规定发布指令。AIA 理事会委派三名成员组成常设委员会,并从中委派主席一名。委员会成员任职三年并可连任,其任期届满时,为完成有关委员会应处理之未决问题的任务,每位成员有必要继续留任。委员会的职权可由主席或代理主席职务者,或根据主席的决定由委员会全体会议或某位成员来行使。委员会全体会议应按多数意见作出决定。AIA 总部内设秘书处,由秘书长管理。现行的 AIA 仲裁规则于 1994 年 4 月 15 日通过,1994 年 9 月 30 日生效。

(五) 新加坡国际仲裁中心

新加坡国际仲裁中心(Singapore International Arbitration Center, SIAC)成立于 1990 年,总部设在新加坡。其宗旨是为国际和国内的商事法律争议进行仲裁和调解提供服务;促进仲裁和调解在解决法律争议中的广泛应用。SIAC 可以受理国际和国内商事法律争议案件,该仲裁中心主要解决建筑工程、航运、银行和保险等专业方面的争议。SIAC 备有仲裁员名册,仲裁员来自世界各地。

SIAC 现行有效的仲裁规则为 1997 年 10 月 22 日起生效的《新加坡国际仲裁中心仲裁规则》。该仲裁规则也是最大限度地以联合国国际贸易法委员会的仲裁规则为基础制定的,当事人有很大自治权。该规则规定,双方当事人可以约定仲裁程序,如果没有约定,或该规则也无规定,则仲裁庭在应适用的法律所允许的范围内决定仲裁程序的进行。当事人可以约定仲裁员人数,如果双方当事人没有约定,则应委任一名独任仲裁员。如仲裁中有三方或多方当事人,各方应努力就委任仲裁员的程序达成一致。未在规定的期限内就此达成一致,仲裁员应由主席在收到一方当事人的请求后尽快委任。仲裁员在依本规则进行仲裁时,整个过程均应保持独立与公正,不应作为任何一方当事人的代表。候选仲裁员不应向与可能委任他有关的人士披露可能对其公正性或独立性产生正当怀疑的任何情事。仲裁庭有权决定自己的管辖权,包括对仲裁协议的存在、终止及其效力的任何异议。新加坡国际仲裁中心及其职员、雇员或代理人,或者任何仲裁员对有关以仲裁员身份作为或不作为的过失或有关按照本规则进行仲裁的过失,以及在进行仲裁程序过程中或裁决制作过程中的法律、事实或程序性错误,不承担责任。

第四节 我国国际、区际商事仲裁机构及其仲裁规则

一、中国国际经济贸易仲裁委员会(China International Economic and Trade Arbitration Commission,CIETAC,以下简称"贸仲委")

贸仲委是世界上主要的常设商事仲裁机构之一。根据1954年5月6日中央人民政府政务院第215次会议通过的《中央人民政府关于在中国国际贸易促进委员会内设立对外贸易仲裁委员会的决定》,贸仲委于1956年4月由中国国际贸易促进委员会(简称"中国贸促会")组织设立,当时名称为对外贸易仲裁委员会。

中国实行对外开放政策以后,为了适应国际经济贸易关系不断发展的需要,根据国务院发布的《国务院关于将对外贸易仲裁委员会改称为对外经济贸易仲裁委员会的通知》,对外贸易仲裁委员会于1980年改名为对外经济贸易仲裁委员会,又于1988年根据国务院《关于将对外经济贸易仲裁委员会改名为中国国际经济贸易仲裁委员会和修订仲裁规则的批复》,改名为中国国际经济贸易仲裁委员会。

2000年,中国国际经济贸易仲裁委员会同时启用中国国际商会仲裁院的名称。贸仲委以仲裁的方式,独立、公正地解决国际国内的经济贸易争议及国际投资争端。贸仲委总部设在北京,并在深圳、上海、天津、重庆、杭州、武汉、福州、西安、南京、成都、济南分别设有华南分会、上海分会、天津国际经济金融仲裁中心(天津分会)、西南分会、浙江分会、湖北分会、福建分会、丝绸之路仲裁中心、江苏仲裁中心、四川分会和山东分会。

贸仲委在香港特别行政区设立香港仲裁中心,在加拿大温哥华设立北美仲裁中心,在奥地利维也纳设立欧洲仲裁中心。贸仲委及其分会/仲裁中心是一个统一的仲裁委员会,适用相同的《仲裁规则》和《仲裁员名册》。

贸仲委《章程》规定,分会/仲裁中心是贸仲委的派出机构,根据贸仲委的授权接受并管理仲裁案件。

根据仲裁业务发展的需要,以及就近为当事人提供仲裁咨询和程序便利的需要,贸仲委先后设立了29个地方和行业办事处。为满足当事人的行业仲裁需要,贸仲委在国内首家推出独具特色的行业争议解决服务,为不同行业的当事人提供适合其行业需要的仲裁

法律服务,如粮食行业争议、商业行业争议、工程建设争议、金融争议以及羊毛争议解决服务等。

此外,除传统的商事仲裁服务外,贸仲委还为当事人提供多元争议解决服务,包括域名争议解决、网上仲裁、调解、投资争端解决、建设工程争议评审等。

贸仲委设名誉主任一人、名誉副主任一至三人,顾问若干人,由中国国际贸易促进委员会/中国国际商会邀请有关知名人士担任。

仲裁委员会在组织机构上实行委员会制度,设主任一人,副主任若干人,委员若干人;主任履行仲裁规则赋予的职责,副主任受主任的委托可以履行主任的职责。

仲裁委员会总会和分会设立秘书局与秘书处,各有秘书长一人,副秘书长若干人。

总会秘书局和分会秘书处分别在总会秘书长和分会秘书长的领导下负责处理仲裁委员会总会和分会的日常事务。

仲裁委员会还设立三个专门仲裁委员会:专家咨询委员会、案例编辑委员会和仲裁员资格审查考核委员会。

1956年至今,贸仲委以其仲裁实践和理论活动为中国《仲裁法》的制定和中国仲裁事业的发展作出了巨大贡献。贸仲委还与世界上主要仲裁机构保持着友好合作关系,以其独立、公正和高效在国内外享有盛誉。

《中国国际经济贸易仲裁委员会仲裁规则》是2014年11月4日由中国国际贸易促进委员会、中国国际商会修订并通过,2015年1月1日起施行。

《中国国际经济贸易仲裁委员会仲裁规则》分总则、仲裁程序、裁决、简易程序、国内仲裁的特别规定、香港仲裁的特别规定、附则,共7章84条。

该规则施行前仲裁委员会及其分会、仲裁中心管理的案件,仍适用受理案件时适用的仲裁规则;双方当事人同意的,也可以适用该规则。

该仲裁规则第二、三条规定,中国国际经济贸易仲裁委员会受理当事人之间因金融交易发生的或与此有关的争议,包括但不限于下列交易:贷款;存单;担保;信用证;票据;基金交易和基金托管;债券;托收和外汇汇款;保理;银行间的偿付约定;证券和期货;国际的或涉外的争议案件;涉及香港特别行政区、澳门特别行政区或台湾地区的争议;国内争议案件。

该规则第四条规定:"(一)本规则统一适用于仲裁委员会及其分会/仲裁中心。(二)当事人约定将争议提交仲裁委员会仲裁的,视为同意按照本规则进行仲裁。(三)当事人约定将争议提交仲裁委员会仲裁但对本规则有关内容进行变更或约定适用其他仲裁规则的,从其约定,但其约定无法实施或与仲裁程序适用法强制性规定相抵触者除外。当事人约定适用其他仲裁规则的,由仲裁委员会履行相应的管理职责。(四)当事人约定按照本规则进行仲裁但未约定仲裁机构的,视为同意将争议提交仲裁委员会仲裁。(五)当事人约定适用仲裁委员会专业仲裁规则的,从其约定,但其争议不属于该专业仲裁规则适用范围的,适用本规则。"

贸仲委仲裁规则第二章对"仲裁程序";第三章对"仲裁裁决";第四章对仲裁"简易程序";第五章对"国内仲裁的特别规定"均作了详细的规定。

二、香港、深圳、澳门、台湾常设国际仲裁机构

(一)香港国际仲裁中心

香港国际仲裁中心(Hong Kong International Arbitration Center, HKIAC, 以下简称"仲裁中心"),成立于1985年9月,是一个民间非营利性中立机构。仲裁中心由理事会领导,理事会由来自不同国家的商人和其他具备不同专长和经验的专业人士组成,仲裁中心的业务活动由理事会管理委员会通过秘书长进行管理,而秘书长则是仲裁中心的行政首长和登记官。

仲裁中心既管理本地区仲裁又管理国际仲裁。1990年修正后的《香港国际仲裁中心仲裁规则》规定了本地仲裁和国际仲裁两种不同的仲裁制度。2010年,香港修订的《仲裁规则》规定不再这样区分,对于本地仲裁,仲裁中心有仲裁规则和协助当事人及仲裁员的指南;而对于国际仲裁,仲裁中心推荐采用《联合国国际贸易法委员会仲裁规则》。

(二)深圳国际仲裁院

深圳国际仲裁院(Shenzhen Court of International Arbitration, SCIA),又称华南国际经济贸易仲裁委员会,曾用名中国国际经济贸易仲裁委员会华南分会、中国国际经济贸易仲裁委员会深圳分会,以下简称"仲裁院"。

深圳国际仲裁院是依照《中华人民共和国仲裁法》规定组建,在中国深圳设立的常设民商事仲裁机构,于1995年8月在深圳挂牌成立。其主要职能是以仲裁方式依法、独立、公正、高效地解决平等主体的自然人、法人和其他组织之间发生的合同纠纷和其他财产权益纠纷。

仲裁院自成立以来,始终坚持高质量、高效率地审理各类案件,截至2016年底,共受理各类民商事争议案件26 000余宗,每年的结案率均保持在90%以上。

仲裁院以其专业、高效的仲裁服务赢得当事人和社会各界的好评,在国内外树立了仲裁公正及时的良好形象和声誉。

深圳国际仲裁院现行最新仲裁规则是2019年2月21日起施行的《深圳国际仲裁院仲裁规则》。

该仲裁规则规定,当事人在仲裁协议中约定争议由仲裁院仲裁,或约定的仲裁机构名称为仲裁院曾用名的,或可推定仲裁院的,均可向仲裁院申请仲裁。

仲裁院受理当事人之间发生的合同争议和其他财产权益争议仲裁案件,包括国际或涉外仲裁案件;涉及中国香港特别行政区、澳门特别行政区或台湾地区的仲裁案件;中国内地仲裁案件,以及一国政府与他国投资者之间的投资争议仲裁案件。

(三)澳门世界贸易中心仲裁中心

澳门世界贸易中心仲裁中心原称澳门世界贸易中心自愿仲裁中心(Arbitration Center of Macau World Trade Center)。

澳门世界贸易中心仲裁中心是由澳门政府于1998年6月5日通过第48/GM/98号批示宣告成立的。该中心主要为当事人解决民事、行政或商事方面的争议,同时在本地区推荐及发展仲裁和调解解决纷争的程序,以便让当事人在选择解决纠纷的方式时,除提起

诉讼外,能有另外可以考虑的途径。

该中心的办事处设于澳门世界贸易中心内,其日常工作由全体委员会领导。中心的仲裁员及调解员分别来自本地区或外地的不同领域,包括法律、金融、建筑、运输、国际贸易及资讯科技等方面的专家。

在适用法律上,澳门的仲裁制度适用国际公约、双边协议及本地的法律法规,按其规则规定,不管是"临时仲裁"还是"机构仲裁"(澳门现有五所不同行业的仲裁机构均有自己的仲裁规则),任何民事、行政或商事争议,只要特别法没有规定由法院专属处理,且争议不涉及不可处分的权利,则双方当事人可通过仲裁协议把争议交予澳门世界贸易中心仲裁庭解决。

(四)中华仲裁协会

中华仲裁协会(Chinese Arbitration Association, TAIPEI, CAA)。

台湾地区"中华仲裁协会"于 1955 年成立,1996 年向法院登记为社团法人,该协会是以仲裁方式处理可以和解之争议及调解有关之争议为宗旨,具有准司法功能的民间机构。

中华仲裁协会受理工程、技术合作、海事、证券、保险、国际贸易、智慧财产权、房地产等相关仲裁案件。

仲裁协会设会员大会、理事会和监事会,会员包括诸多知名民营企业、律师、技师、建筑师事务所、民间团体及相关工会等。

会员大会每年召开一次,平时授权理事会及监事会,监督本会会务整体运作。

仲裁协会下设仲裁协会台中办事处、争议调解中心、秘书处和各类专业委员会。仲裁协会负责提供有关仲裁协议、仲裁申请、仲裁程序及仲裁判断和执行等问题的咨询服务,并由资深律师提供免费法律服务。

第五节 国际商事仲裁裁决的承认及执行

一、国际商事仲裁裁决的承认及执行的含义

国际商事仲裁裁决的承认及执行,是当事人就其仲裁裁决中应当享有的权利不能实现时,申请有管辖权的法院予以确认其效力,并申请撤销或强制执行的一种司法救济行为。

仲裁本身是在双方当事人友好达成协议的基础上,提交仲裁机构以解决争议,实现其权利或利益。一般情况下,仲裁裁决中的败诉方都会自觉履行其裁决规定的义务,但由于某种原因,如果败诉方不履行该仲裁裁决,或者有一方不认可其仲裁裁决的有关实体问题或程序问题,便产生了向有管辖权的法院申请仲裁裁决的承认及执行问题。

由于国际上所有仲裁机构均不具有执行仲裁裁决的权利,对此,世界各国均立法规定,对仲裁机构作出的仲裁裁决的承认及执行,由法院来实施。

对于国际上各仲裁机构作出的仲裁裁决,各国法院的通行做法是,一般只作形式审查,确认是否符合有关法律规定,按照两国之间签订的双边和多边条约或参加的国际公约,除声明"保留"之外,以互惠为原则,相互承认及执行对方的仲裁裁决。

但是,在各国法院承认及执行涉外仲裁裁决的实践中,往往涉及不同国家的当事人,而且作出仲裁裁决的仲裁机构也分别在不同的国家,就一国而言,如果申请承认及执行仲裁裁决的是外国当事人,败诉方是国内的,或者申请承认及执行仲裁裁决的是国内当事人,败诉方是外国的,这就涉及执行国法院如何对待涉外仲裁裁决的承认及执行问题。

一国法院在承认及执行涉外仲裁裁决时,不但涉及当事人的切身利益,有时还涉及双方当事人所在国家的利益。因此,许多国家在制定承认及执行外国仲裁裁决的制度时,都附加了若干的限制,如涉外仲裁不得违反本国的公共秩序,要求双方互惠等。

在执行程序上各国也有不同,如涉外仲裁裁决不符合本国的法律规定或限制条件,本国法院可以拒绝其执行。

由于各国在承认及执行涉外仲裁裁决的法律规定和程序方面存在差异和分歧,为此,从20世纪初,国际组织各成员方便开始谋划制定一部统一的、供大家认可的、共同承认及执行的外国仲裁裁决的国际制度。

于是从1923年,在国际联盟的主持下,一些欧洲国家在日内瓦签订了《日内瓦仲裁条款议定书》;1927年9月26日又签订了《关于执行外国仲裁裁决的日内瓦公约》,两个公约对仲裁条款的效力和承认及执行外国仲裁裁决的条件分别作了规定,但由于这些规定不能充分体现应有的国际普遍性,仅仅限于他们几个欧洲国家,适用范围有限。①

为此,1954年联合国经济和社会理事会决定拟定一份具有国际普遍认可的关于承认及执行外国仲裁裁决的公约草案。

1958年联合国国际商事仲裁会议审议并通过了《承认及执行外国仲裁裁决公约》。

二、1958年《纽约公约》确立的承认及执行仲裁裁决的国际制度

第二次世界大战以后,国际经济贸易、海上运输业得到了空前发展,随着多边贸易摩擦和商事纠纷的增多,客观上需要国际仲裁适应新的形势,于是联合国经济和社会理事会于1954年4月6日通过决议,决定由英国和苏联等八个国家代表组成特别委员会,由其拟定一份关于承认及执行外国仲裁裁决的公约草案,供各国讨论。

1958年5月20日至6月10日,来自54个国家代表和常设仲裁机构代表等,在纽约联合国总部举行了为期三周的联合国国际商事仲裁会议。会议审议并通过了《承认及执行外国仲裁裁决公约》(the New York convention on the Recognition and Enforcement of Foreign Arbitral Awards,简称《纽约公约》)。

1958年《纽约公约》于1959年6月7日起正式生效。从此,该公约被国际公认是国际私法领域承认及执行外国仲裁裁决最有普遍约束力的国际公约。从而取代了1923年《日内瓦仲裁条款议定书》和1927年《日内瓦执行外国仲裁裁决公约》,它的产生标志着承认及执行外国仲裁裁决国际制度的形成。

1958年《纽约公约》的实施,促进了仲裁裁决在世界范围内的承认及执行。20世纪中叶,国际经贸几乎完全由发达国家掌控。之后的半个多世纪,世界经济格局发生了巨大

---

① 曹建明.国际经济法概论[M].北京:法律出版社,1994:578-579.

变化。随着经济的发展和国际交往的日渐频繁,仲裁作为争议解决方式开始呈普及趋势,仲裁裁决的承认及执行,特别是在域外的承认及执行问题得到普遍关注。而1958年《纽约公约》的立法宗旨就是发展国际经贸、促进商事纠纷解决、便于仲裁裁决在世界范围内的承认及执行。因此许多国家为发展对外经贸,纷纷加入该公约。

截至2017年10月31日,已有157个国家和地区加入或扩展使用该公约(该项数字还在递增)。

1986年,中华人民共和国第六届全国人民代表大会常务委员会第十八次会议决定加入1958年《纽约公约》。1987年1月22日,中国正式向联合国提交了加入书,同时作出了互惠保留和商事保留两项声明。1987年4月22日,1958年《纽约公约》对我国生效。

1958年《纽约公约》短短十六条的规定却能得到国际社会的广泛认可,反映了当前国际社会普遍把仲裁作为解决国际商事争议的一种有效方式,同时也反映出1958年《纽约公约》是当前有关承认及执行外国仲裁裁决最有影响力的国际公约。有专家评论:目前1958年《纽约公约》是"国际仲裁大厦赖以存在的最重要的擎天玉柱",是"整个国际商法史上最为有效的国际立法",是一座"历史丰碑"。

1958年《纽约公约》所确立的缔约国承认及执行外国仲裁裁决的义务和条件主要包括两方面的内容:一是各缔约国必须承认外国仲裁裁决的约束力,并依照其裁决需承认或执行的地方的程序规则和公约规定的条件执行;二是拒绝承认及执行外国仲裁裁决的条件。

三、1958年《纽约公约》关于承认及执行仲裁裁决的范围

1958年《纽约公约》第一条第二款规定:"'仲裁裁决'一词不仅指专案选派之仲裁员所作裁决,亦指当事人提请仲裁的常设仲裁机构所作裁决。"按照1958年《纽约公约》第一条第一款规定:"仲裁裁决,因自然人或法人间之争议而产生且在申请承认及执行地所在国以外之国家领土内作成者,其承认及执行适用本公约。本公约对于仲裁裁决经申请承认及执行地所在国认为非内国裁决者,亦适用之。"

该规定就仲裁裁决执行地国和仲裁裁决作成地国而言,涉及两种外国仲裁裁决。一种是仲裁裁决不是在执行地国领土作成,对承认及执行地国而言是外国仲裁裁决(有专家将其称为"领域标准");另一种是仲裁裁决在承认及执行地国领土内作成,但执行地国不认是非内国仲裁裁决而是外国仲裁裁决,也就是说执行地国与裁决作成地国的仲裁机构是同一国家,或者执行地国与仲裁机构虽是同一国家,但仲裁机构的裁决又是在外国领土作出了裁决(即仲裁机构所在地国与该裁决作出所在地国不是同一个国家,有学者称其为"非内国标准")。对此,1958年《纽约公约》(如上述)规定:"本公约对于仲裁裁决经申请承认及执行地所在国认为非内国裁决者。"只要执行地国认为是外国仲裁裁决,亦适用1958年《纽约公约》。①

但是,各国执行的标准也不尽相同,绝大多数国家以仲裁地即仲裁机构所在地为标准

---

① 韩健.商事仲裁律师基础实务[M].北京:中国人民大学出版社,2014:351.

(有学者称其为"地理标准")。而德国、法国等大陆法系国家则以仲裁所依据的法律为标准。我国实行标准是领域标准兼顾仲裁机构所在地标准,但与上述1958年《纽约公约》第一条比较,也有不同之处。

为了使1958年《纽约公约》在最大适用范围内得以适用,该公约兼顾了"内""外"(如"非内国标准")不同的标准,使该公约在最大范围内得到了广泛的适用。

如1958年《纽约公约》第一条第三款又规定:"任何国家得于签署、批准或加入本公约时,或于本公约第十条通知推广适用时,本交互原则声明该国适用本公约,以承认及执行在另一缔约国领土内作成之裁决为限。任何国家亦得声明,该国唯于争议起于法律关系,不论其为契约性质与否,而依提出声明国家之国内法认为系属商事关系者,始适用本公约。"根据这一规定,澳大利亚、丹麦、法国、英国、荷兰、美国等国家都曾声明,将公约的适用范围扩大到各自管辖下的海外领地或托管地等。

从仲裁裁决的作出国方面,1958年《纽约公约》第一条第一款规定,承认在一个国家领土内作成,而在另一个国家请求承认及执行的裁决,或者在一国请求承认及执行,该国不认为是本国裁决的仲裁裁决时,适用该公约。

在缔约国"互惠保留"方面,该条第三款规定:"任何国家得于签署、批准或加入本公约时,或于本公约第十条通知推广适用时,本交互原则声明该国适用本公约,以承认及执行在另一缔约国领土内作成的裁决为限。"即在承认及执行外国仲裁裁决时,可以声明以互惠为条件。

在"非商事保留"方面,缔约国也可以声明,"国家之国内法认为系属商事关系者","不论其为契约性质与否",所引起的争议只要是商事关系,适用本公约,非商事争议可以不在此限,即所谓"商事保留"。①

在承认及执行外国仲裁裁决的应提交的文件方面见《承认及执行外国仲裁裁决公约》第四条内容:

(一)为了获得对仲裁裁决的承认及执行,申请承认及执行裁决的当事人应该在申请时提供下列文件:

(甲)经正式认证的裁决正本或经正式证明的副本;

(乙)属公约范围的仲裁协议正本或正式证明的副本;

(二)如果仲裁裁决或仲裁协议不是用裁决需予承认及执行的国家的官方文字写成,申请承认及执行裁决的当事人应当提供这些文件的此种文字译本,译本应该由一个官方或宣过誓的翻译员或外交或领事人员认证。

---

① 曹建明.国际经济法概论[M].北京:法律出版社,1994:580-581.

第六节 我国承认及执行涉外仲裁裁决的法律制度

一、我国承认及执行外国仲裁裁决的国际制度

(一) 1958 年《纽约公约》

1987 年我国加入了 1958 年《纽约公约》。该公约第一条第三款规定,我国作出了两项保留:一是互惠保留。《承认及执行外国仲裁裁决公约》仅限于在缔约国领土内作出的裁决。二是商事保留。该公约只适用于因契约性或非契约性的商事法律关系引起的争议。

(二)《关于解决国家和他国国民之间投资争端公约》(《华盛顿公约》)

1990 年我国签署并加入了《华盛顿公约》,该公约 1993 年 2 月 6 日对我国生效。该公约第二十五条第四款规定,我国政府声明仅认为,因征用和国有化而产生的争议接受解决投资争端国际中心的管辖权。

除上述以外,我国还与一百多个国家签订了投资保护协定,与三十多个国家签订了民事商事司法协助条约,以及多边国际公约等,以保障相互承认及执行涉外仲裁裁决。

(三)我国承认及执行涉外仲裁裁决的法律规定及司法解释

为了保证国际商事仲裁裁决在我国得以承认及执行,我国 2010 年通过的《中华人民共和国涉外民事关系法律适用法》,对涉外民事关系的法律适用作了规定。

1991 年 4 月 9 日,由全国人大第七届代表大会第四次会议通过,并经 2007 年、2012 年和 2017 年(第十二届全国人民代表大会常务委员会第二十八次会议《关于修改〈中华人民共和国民事诉讼法〉的决定》)三次修正的《中华人民共和国民事诉讼法》和 1995 年 9 月 1 日生效,2017 年修订的《中华人民共和国仲裁法》,均从实体和程序上对承认及执行涉外仲裁裁决作出了详细的规定。

1992 年 7 月 14 日《最高人民法院关于适用〈民事诉讼法〉若干问题的意见》以及 2006 年 9 月 8 日起施行的《最高人民法院关于适用〈中华人民共和国仲裁法〉若干问题的解释》;2017 年最高人民法院公布的《关于仲裁司法审查案件报核问题的有关规定》《关于审理仲裁司法审查案件若干问题的规定》以及《关于仲裁司法审查案件归口管理有关问题的通知》和《关于人民法院办理仲裁裁决执行案件若干问题的规定》等司法解释,均对国际商事仲裁裁决作了较为详细的规定,这些规定均为执行国际仲裁裁决提供了法律依据,有效提升了承认及执行外国仲裁裁决的效率。

二、我国承认及执行涉外仲裁裁决的程序

申请承认及执行涉外商事仲裁裁决,我国与国际通行做法一样,除国家声明保留的事项和公共秩序外,我国只是对其仲裁裁决进行程序上的形式审查,不涉及实体问题。其法律依据包括我国缔结的国际公约或签订的双边或多边条约、协议和我国的立法和司法解释。

当事人向我国申请承认及执行国际商事仲裁裁决,应当依照《民事诉讼法》第四编"涉外民事诉讼程序的特别规定"和有关司法解释,向我国有管辖权的中级人民法院申请。

根据《民事诉讼法》第二百七十三条规定:"经中华人民共和国涉外仲裁机构裁决的,当事人不得向人民法院起诉。一方当事人不履行仲裁裁决的,对方当事人可以向被申请人住所地或者财产所在地的中级人民法院申请执行。"

对于外国的仲裁裁决,《民事诉讼法》第二百八十三条规定:"国外仲裁机构的裁决,需要中华人民共和国人民法院承认及执行的,应当由当事人直接向被执行人住所地或者其财产所在地的中级人民法院申请,人民法院应当依照中华人民共和国缔结或者参加的国际条约,或者按照互惠原则办理。"

《民事诉讼法》解释第五百四十五条还规定:"对临时仲裁庭在中华人民共和国领域外作出的仲裁裁决,一方当事人向人民法院申请承认及执行的,人民法院应当依照民事诉讼法第二百八十三条规定处理。"

如果被执行人或者其财产不在我国领域内的,根据《民事诉讼法》第二百八十条第二款规定:"中华人民共和国涉外仲裁机构作出的发生法律效力的仲裁裁决,当事人请求执行的,如果被执行人或者其财产不在中华人民共和国领域内,应当由当事人直接向有管辖权的外国法院申请承认及执行。"

我国加入1958年《纽约公约》后,最高人民法院在《关于执行我国加入〈纽约公约〉通知》中规定:"根据1958年《纽约公约》第四条的规定,申请我国法院承认及执行在另一缔约国领土内作出的仲裁裁决,是由仲裁裁决的一方当事人提出的。对于当事人的申请应由我国下列地点的中级人民法院受理:1.被执行人为自然人的,为其户籍所在地或者居所地;2.被执行人为法人的,为其主要办事机构所在地;3.被执行人在我国无住所、居所或者主要办事机构,但有财产在我国境内的,为其财产所在地。"为了明确哪些中级人民法院有管辖权,2002年最高人民法院进一步在《关于涉外民商事案件诉讼管辖若干问题的规定》第三条中规定,对于申请撤销、承认及执行国际商事仲裁裁决的一审案件,由国务院批准设立的经济技术开发区人民法院;省会、自治区首府、直辖市所在地的中级人民法院;经济特区、计划单列市中级人民法院;最高人民法院指定的其他中级人民法院;高级人民法院管辖。上述中级人民法院的区域管辖范围由所在地的高级人民法院确定。

三、申请承认及执行的仲裁裁决的期限

《民事诉讼法》第二百三十九条规定:"申请执行的期间为二年。申请执行时效的中止、中断,适用法律有关诉讼时效中止、中断的规定。前款规定的期间,从法律文书规定履行期间的最后一日起计算;法律文书规定分期履行的,从规定的每次履行期间的最后一日起计算;法律文书未规定履行期间的,从法律文书生效之日起计算。"

四、申请承认及执行国际商事仲裁裁决应提交的文件

根据1958年《纽约公约》第四条规定,一、申请承认及执行之当事人,为取得前条所称之承认及执行,应于申请时提具:(甲)原裁决之正本或其正式副本,(乙)第二条所称协

定之原本或其正式副本。二、倘前述裁决或协定所用文字非为援引裁决地所在国之正式文字,声请承认及执行裁决之一造应具备各该文件之此项文字译本。译本应由公设或宣誓之翻译员或外交或领事人员认证之。

我国有管辖权的人民法院接到一方当事人的申请后,应对申请承认及执行的仲裁裁决进行审查,审查限于1958年《纽约公约》第五条规定的事项:包括被执行人的主张和提供的证据;仲裁裁决是否具有《纽约公约》第五条第一款规定的情形。如果被执行人未举证证明裁决具有公约第五条第一款所列情形的,认为不具有1958年《纽约公约》第五条第一、二两款所列的情形,应当裁定承认其效力,并且依照我国法律规定的程序执行。

第七节 我国拒绝承认及执行外国仲裁裁决的法律制度

一、拒绝承认及执行外国仲裁裁决的国际制度

我国拒绝承认及执行外国仲裁裁决的主要依据也是1958年《纽约公约》。

1958年《纽约公约》未直接列明承认及执行外国仲裁裁决的具体条件,但1958年《纽约公约》(第五条如下述)以"排除法"明确列举了不予承认及执行外国仲裁裁决的条件。

一、裁决唯有于受裁决援用之当事人向声请承认及执行地之主管机关提具证据证明有下列情形之一时,始得依该当事人之请求,拒予承认及执行:

(甲)第二条所称协定之当事人依对其适用之法律有某种无行为能力情形者,或该项协定依当事人作为协定准据之法律系属无效,或未指明以何法律为准时,依裁决地所在国法律系属无效者;

(乙)受裁决援用之当事人未接获关于指派仲裁员或仲裁程序之适当通知,或因他故,致未能申辩者;

(丙)裁决所处理之争议非为交付仲裁之标的或不在其条款之列,或裁决载有关于交付仲裁范围以外事项之决定者,但交付仲裁事项之决定可与未交付仲裁之事项划分时,裁决中关于交付仲裁事项之决定部分得予承认及执行;

(丁)仲裁机关之组成或仲裁程序与各当事人间之协议不符,或无协议而与仲裁地所在国法律不符者;

(戊)裁决对各当事人尚无拘束力,或业经裁决地所在国或裁决所依据法律之国家之主管机关撤销或停止执行者。

二、倘声请承认及执行地所在国之主管机关认定有下列情形之一,亦得拒不承认及执行仲裁裁决:

(甲)依该国法律,争议事项系不能以仲裁解决者;

(乙)承认或执行裁决有违该国公共政策者。①

---

① 上述"二"中甲、乙两项条款须执行国法院认定。所谓"公共政策"是英、美、法国家的称谓,在大陆法系国家称"公共秩序"。

1958年《纽约公约》第六条还规定:"倘裁决业经向第五条第一项(戊)款所称之主管机关声请撤销或停止执行,受理援引裁决案件之机关得于其认为适当时延缓关于执行裁决之决定,并得依请求执行当事人之声请,命令对方当事人提供妥适之担保。

在承认及执行外国仲裁裁决时,公共秩序是指当承认及执行仲裁裁决将与承认及执行地国的重大利益、基本政策、基本道德观念或法律的基本原则相抵触而拒绝承认及执行该裁决的一种制度。

由于世界各国在政治、经济制度和法制传统等方面的不同,所以在对公共秩序内涵的理解及认定标准上产生了较大的差异。尽管如此,随着国际社会对法律适用合理性要求的加强,在公共秩序的界定上出现从严掌握的趋势,已有学者将公共秩序区分为国际公共秩序和国内公共秩序。①

鉴于上述原因,各缔约国法院在对待公共秩序问题上均持谨慎态度。一般都给予狭义的解释和限制性运用,以保障1958年《纽约公约》各缔约国最大限度地对外国仲裁裁决予以承认及执行。上述1958年《纽约公约》第五条第二款制度,各执行地法院在审查拒绝承认及执行时也有区别,第五条中的五项执行的法院实行的被动审查,即依被执行人声请并举证后而为之;后者因涉及公共秩序而主动为之。

二、我国拒绝承认及执行外国仲裁裁决的国内制度

我国《民事诉讼法》采用了1958年《纽约公约》上述相同的否定方式,用排除法列举了拒绝承认及执行外国仲裁裁决的条件。

现行2017年(2017年6月27日第三次修改的)《民事诉讼法》第二百七十四条规定:"对中华人民共和国涉外仲裁机构作出的裁决,被申请人提出证据证明仲裁裁决有下列情形之一的,经人民法院组成合议庭审查核实,裁定不予执行:

(一)当事人在合同中没有订有仲裁条款或者事后没有达成书面仲裁协议的;

(二)被申请人没有得到指定仲裁员或者进行仲裁程序的通知,或者由于其他不属于被申请人负责的原因未能陈述意见的;

(三)仲裁庭的组成或者仲裁的程序与仲裁规则不符的;

(四)裁决的事项不属于仲裁协议的范围或者仲裁机构无权仲裁的。人民法院认定执行该裁决违背社会公共利益的,裁定不予执行。"

该法第二百七十五条还规定:"仲裁裁决被人民法院裁定不予执行的,当事人可以根据双方达成的书面仲裁协议重新申请仲裁,也可以向人民法院起诉。"

我国2017年修订后的《仲裁法》同样采用了《民事诉讼法》关于拒绝承认及执行外国仲裁裁决的规定。

这里需要指出的是,我国在执行国际商事仲裁裁决时,认定仲裁协议无效,不予执行或者撤销我国内地仲裁机构的仲裁裁决,不予认可和执行香港特别行政区、澳门特别行政区、台湾地区仲裁裁决,不予承认及执行外国仲裁裁决时,最高人民法院规定了报核制度。

---

① 韩德培.国际私法新论[M].武汉:武汉大学出版社,1997:210.

根据2017年11月20日由最高人民法院审判委员会第1727次会议通过,2018年1月1日起施行的《最高人民法院关于仲裁司法审查案件报核问题的有关规定》第二条:"各中级人民法院或者专门人民法院办理涉外涉港澳台仲裁司法审查案件,经审查拟认定仲裁协议无效,不予执行或者撤销我国内地仲裁机构的仲裁裁决,不予认可和执行香港特别行政区、澳门特别行政区、台湾地区仲裁裁决,不予承认及执行外国仲裁裁决,应当向本辖区所属高级人民法院报核;高级人民法院经审查拟同意的,应当向最高人民法院报核。待最高人民法院审核后,方可依最高人民法院的审核意见作出裁定。各中级人民法院或者专门法院办理非涉外涉港澳台仲裁司法审查案件,经审查拟认定仲裁协议无效,不予执行或者撤销我国内地仲裁机构的仲裁裁决,应当向本辖区所属高级人民法院报核;待高级人民法院审核后,方可依高级人民法院的审核意见作出裁定。"第三条:"本规定第二条第二款规定的非涉外涉港澳台仲裁司法审查案件,高级人民法院经审查拟同意中级人民法院或者专门人民法院认定仲裁协议无效,不予执行或者撤销我国内地仲裁机构的仲裁裁决,在下列情形下,应当向最高人民法院报核,待最高人民法院审核后,方可依最高人民法院的审核意见作出裁定:(一)仲裁司法审查案件当事人住所地跨省级行政区域;(二)以违背社会公共利益为由不予执行或者撤销我国内地仲裁机构的仲裁裁决。"

三、拒绝承认及执行外国仲裁裁决所涉及的法律冲突

(一)当事人的民事行为能力的法律适用

尽管《民事诉讼法》第二百七十四条一、二、三、四款与1958年《纽约公约》第五条第一项的甲、乙、丙、丁、戊规定基本一致,但《民事诉讼法》第二百七十四条与1958年《纽约公约》第五条比较,又有不同之处,如《纽约公约》第五条第一款第一项规定:"被执行人证明仲裁协议的当事人无民事行为能力,或根据该协议选择准据法,或依据裁决地所在国的法律,或未指明以何法律为准时,该仲裁协议无效。"仲裁协议无效或当事人签订协议时无民事行为能力,均涉及是否承认及执行仲裁裁决。

上述1958年《纽约公约》列出的这(1)项规定,涉及的当事人的民事行为能力如何认定?仲裁协议效力的如何确认?《纽约公约》没有作出规定。其他国际公约,如1961在日内瓦通过的《欧洲公约》,1985年《联合国国际商事仲裁示范法》均未对当事人的行为能力的法律适用,作出明确规定。

对当事人的行为能力的法律适用问题,由于国际仲裁的当事人涉及各个国籍,有关国内和国际立法又尚未作出明确的专门规定,判定一个当事人的行为能力,适用什么法律?适用哪国法律?对此有学者批评,1958年《纽约公约》的这项规定是"走到半路的冲突规范"。[①]

随着国际经济贸易的发展,国际移民和商事交易日益增多,合同仲裁的当事人或有关第三人并非都了解对方国家的法律规范,也并非懂得属人法、准据法等冲突规则,因此往往发生纠纷后,如果依据属人法,当事人不具有行为能力,而依据行为地法则有行为能力,

---

① 丁伟.国际私法学[M].上海:上海人民出版社,2004:467.

在这种情况下,当事人往往产生分歧并损害一方当事人利益,从而无益于国际民商事和经济贸易的健康发展。

为此,许多国家在立法上规定,对当事人行为能力的法律适用,一般适用属人法和行为地法。具体适用属人法还是行为地或其他法律规则,由受理案件的法院或仲裁庭确定。

2011年4月1日施行的《中华人民共和国涉外民事关系法律适用法》第十二条规定:"自然人的民事行为能力,适用经常居所地法律。自然人从事民事活动,依照经常居所地法律为无民事行为能力,依照行为地法律为有民事行为能力的,适用行为地法律,但涉及婚姻家庭、继承的除外。"第十四条规定:"法人及其分支机构的民事权利能力、民事行为能力、组织机构、股东权利义务等事项,适用登记地法律。法人的主营业地与登记地不一致的,可以适用主营业地法律。法人的经常居所地,为其主营业地。"

我国现行《民事诉讼法》的有关规定,关于自然人和法人的行为能力的适用法律的基本原则:

第一,定居国外的我国公民的民事行为能力,如其行为是在我国境内所为,适用我国法律;在定居国所为,可以适用其定居国法律。

第二,外国人在我国领域内进行民事活动,如依其本国法律为无民事行为能力,而依我国法律为有民事行为能力,应当认定为有民事行为能力。

第三,无国籍人的民事行为能力,一般适用其定居国法律;如未定居的,适用其住所地国法律;有双重或多重国籍的外国人,以其有住所或者与其有最密切联系的国家的法律为其本国法。

第四,当事人的住所不明或者不能确定的,以其经常居住地为住所。当事人有几个住所的,以与产生纠纷的民事关系有最密切联系的住所为住所。

第五,外国法人以其注册登记地国家的法律为其本国法,法人的民事行为能力依其本国法确定。外国法人在我国领域内进行的民事活动,必须符合我国的法律规定。

第六,当事人有二个以上营业所的,应以与产生纠纷的民事关系有最密切联系的营业所为准;当事人没有营业所的,以其住所或者经常居住地为准。

第七,土地、附着于土地的建筑物及其他定着物、建筑物的固定附属设备为不动产。不动产的所有权、买卖、租赁、抵押、使用等民事关系,均应适用不动产所在地法律。

第八,侵权行为地的法律包括侵权行为实施地法律和侵权结果发生地法律。如果两者不一致时,人民法院可以选择适用。

从以上规定可以看出,我国在认定自然人的行为能力时,适用本国法、住所地法或行为地法;在认定法人的行为能力时,适用属人法和行为地法。

(二)涉外仲裁确认仲裁协议效力的法律适用问题

关于仲裁协议,本书已经在第四章第一节中述及。

在确认仲裁协议效力时的法律适用上,其效力的独立性理论已经得到世界各国仲裁立法、仲裁规则和仲裁实践的普遍认可。其独立性在于国际上大多数国家的仲裁法及仲裁机构均规定,仲裁协议必须以书面方式载明,在这个书面形式中,表现在双方当事人在签订具有仲裁条款的合同时,他们所完成的不是一个合同,而是两个不同的合同,即仲裁协议和商事合同,仲裁协议是当事人就争议解决达成的另一个法律文书契约。它不因商事主合同的无效而失去效力。由此可见,订立仲裁协议,与签订合同本身是两项相互独立的并由不同法律规范调整的法律行为。因此,国际上一些学者将其称为仲裁协议的"独立性学说"。

在当事人申请承认及执行外国仲裁裁决时,被申请人往往会以仲裁协议无效、仲裁事项不在仲裁协议范围或仲裁协议履行不能,或者需要确认仲裁协议的无效等理由,拒绝承认及执行仲裁裁决,面对这些理由,负责执行的法院或仲裁庭就需要根据仲裁协议所适用的准据法来作出决定。

在确定仲裁协议的法律适用问题上,世界各国及国际上的一般做法如下:

第一,如果当事人对仲裁协议有约定的,依当事人的约定。这充分体现了当事人的意思自治,赋予了当事人选择法律适用自主权,如瑞士、瑞典、俄罗斯和德国等立法,均采用了"当事人意思自治"原则。1958年《纽约公约》和《国际商事仲裁示范法》中也规定该规则。我国最高人民法院《关于适用〈仲裁法〉若干问题的解释》中规定:"对涉外仲裁协议的效力审查,适用当事人约定的法律。"

第二,如果当事人没有约定仲裁协议所适用的法律或者约定不明确,国际通行做法是依仲裁地法。如上述1958年《纽约公约》中"或根据仲裁协议选择准据法,或依据裁决地所在国的法律",《国际商事仲裁示范法》也明确规定适用仲裁地法。

第三,如果当事人无约定和仲裁地未确定时,如何确定仲裁协议所适用的法律?这一问题,目前国际上尚未有统一规则,1958年《纽约公约》和《国际商事仲裁示范法》也没有作出规定,只能依照一般冲突规则来确定。1961年《关于国际商事仲裁欧洲公约》第六条第二款第三项规定:"如果双方当事人对适用于仲裁协议的法律没有规定,并且在将争议诉诸法院时,作出裁决地国家无法确认,则以受理争议的法院的冲突规则所规定的有效法律。"①

根据上述确定仲裁协议准据法所适用规则,我们可以归纳为:当事人约定仲裁协议准据法的,尊重当事人的约定;当事人未约定准据法的,则适用仲裁地法或裁决作出地法;在无明示选择且仲裁地未确定,则依据法院地国的冲突规则决定其准据法,这也是目前涉外或国际仲裁的普遍做法。

(三)我国法律关于仲裁协议适用法律的规定

根据现行《仲裁法》和《民事诉讼法》的有关规定,最高人民法院于2017年12月4日由最高人民法院审判委员会第1728次会议通过并公布了《最高人民法院关于审理仲裁司法审查案件若干问题的规定》,该规定第十三和十四条对仲裁协议适用法律的问题作了明确的规定,如第十三条:"当事人协议选择确认涉外仲裁协议效力适用的法律,应当作出明确的意思表示,仅约定合同适用的法律,不能作为确认合同中仲裁条款效力适用的法律。"第十四条:"人民法院根据《中华人民共和国涉外民事关系法律适用法》第十八条的规定,确定确认涉外仲裁协议效力适用的法律时,当事人没有选择适用的法律,适用仲裁机构所在地的法律与适用仲裁地的法律将对仲裁协议的效力作出不同认定的,人民法院

---

① 韩健.商事仲裁律师基础实务[M].北京:中国人民大学出版社,2014:261.

应当适用确认仲裁协议有效的法律。""人民法院应当适用确认仲裁协议有效的法律"中"适用确认……有效的法律"似乎并不明确,对此,我们参考 2013 年 1 月 7 日起施行的《最高人民法院关于适用〈中华人民共和国涉外民事关系法律适用法〉若干问题的解释(一)》第十二条的规定:"当事人没有选择涉外仲裁协议适用的法律,也没有约定仲裁机构或者仲裁地,或者约定不明的,人民法院可以适用中华人民共和国法律认定该仲裁协议的效力。"2006 年 9 月 8 日起施行由最高人民法院审判委员会第 1375 次会议通过公布的《最高人民法院关于适用〈中华人民共和国仲裁法〉若干问题的解释》第十六条规定:"对涉外仲裁协议的效力审查,适用当事人约定的法律;当事人没有约定适用的法律但约定了仲裁地的,适用仲裁地法律;没有约定适用的法律也没有约定仲裁地或者仲裁地约定不明的,适用法院地法律。"

综上,我国立法和最高人民法院一系列司法解释和文件,确定了仲裁协议准据法所适用的具体规则。特别是《最高人民法院关于适用〈中华人民共和国仲裁法〉若干问题的解释》的有关规定,既明确又详细,自发布以来,得到了国内外当事人、仲裁机构、法院法官和世界各国的普遍认可。

第八章　海事仲裁

第一节　海事及海事纠纷

"海事"一词有广义和狭义之分,广义的"海事"(Maritime Affair)泛指一切有关涉海事务,如航海、造船、验船、海上法规、海损事故调查处理、港口建设及运营、航道疏浚测量与航标设置、海洋开发利用与防污染、海洋教育与培训、海洋气象观测及预报等。狭义的"海事",目前用法律明确其含义的是《美国联邦仲裁法》第一条之规定,本法案所谓"海事"是指如果发生争执,属于海事法庭管辖权之内的租船契约、海洋运输工具的提单、关于码头设备、供给船只用品或者船只修理的协议、碰撞和其他对外贸易方面的事务。

海事纠纷(也称海事争议),是指一切海上发生的事务,包括航海贸易所涉及的船舶与船舶活动在当事人之间产生的争议。由于船舶活动于整个地球的可航海领域,航行场所地域广阔,因此涉及的海事纠纷也就遍及全球。

一、海事纠纷请求

按照1952年《关于扣留海运船舶的国际公约》的规定,"海事请求"是指下列一个或一个以上的原因引起的纠纷请求。

(1)发生碰撞或处于其他状态下的船舶所造成的损害;
(2)由于任何船舶或因任何船舶的操作而造成的人身伤亡;
(3)海难救助;
(4)与使用或租赁任何船舶的协议,不论是以租船合同或其他形式出现;
(5)关于在任何船上运输货物的协议,不论是以租船合同或其他形式出现;
(6)任何船舶所载货物包括行李的灭失或损失;
(7)共同海损;
(8)船舶抵押借款;
(9)拖带;
(10)引水;
(11)在任何地方供应船舶营运或日常维护所需的物品或材料;
(12)任何船舶的建造、修理或装备,或船坞费用或规费;
(13)船长、高级船员或一般船员的工资;
(14)船长所支付的费用,包括托运人、承租人或代理人代表船舶或其他船舶所有人支付的费用;
(15)对任何船舶的权利和所有权方面的争执;

(16)任何船舶的共有人之间对该船的所有权、占有权、营运或获利方面的争执;

(17)任何船舶的抵押权或质权。

从国际私法学的角度看,海事纠纷可归纳为物权、债权和人身损害赔偿之争议。因大量的海事纠纷是由海商之间的经济贸易海事合同、海上侵权行为造成的,也有因不当得利或无因管理而产生。当财产权、人身权或环境保护等权益受到损害,主张权利的一方向对方或者向有管辖权的海事仲裁机构或法院主张权利时,遭到义务主体方反对、抗辩或拒绝时,便产生分歧或争执,这就是海事纠纷的含义所在。

二、海事纠纷的处理

出现海事纠纷,国际上一般采用下列几种方式处理:

1. 各方自行协商和平解决

这种解决方式是在各方当事人友好协商的情况下,本着互谅互让、友好合作的精神,以求得问题的解决。这一方式无须他人参与,自行化解矛盾自行和解,是解决海事纠纷最为理想简便又不伤和气的方式。

2. 调解解决

调解是由第三方在征得当事人同意或各方当事人共同委托第三方出面调解。第三方一般是指与当事人各方没有利害关系,且比较有权威的德高望重的人物或组织。其调解具有许多优点,其程序灵活简易,能最大限度保证实质公平正义,调解成功后又便于执行,是海事纠纷的行政处理、海事仲裁或诉讼的先行和辅助性手段,但海事调解不是海事仲裁或诉讼必经程序。

3. 港监处理

各国的港监,不是司法机关,也不是仲裁组织,是国家设立的主管港务监督的行政机关,如中华人民共和国港务监督,它的任务是依法对中华人民共和国领海发生的海难及对中国人民造成的生命、财产和环境污染事故进行调查、处理。所依据的主要法律法规是《中华人民共和国海洋环境保护法》《中华人民共和国海上交通安全法》《中华人民共和国海上交通事故调查处理条例》等。

我国的港监,早在1953年就已经设立。至今在维护我国国家主权,保障沿海水域、港口的安全、海洋环境、当事人的正当权益等方面,发挥了巨大的作用。

4. 诉讼解决

诉讼是当事人将其纠纷提交海事法院进行审判。

以我国为例,早在1984年我国就在沿海城市设立了海事法院,如广州、上海、青岛、天津、大连的海事法院,后来最高人民法院又在武汉、厦门、海口、宁波成立了海事法院。我国的海事法院是处理海事案件的专属管辖法院,不受理刑事和民事案件,与各地的中级人民法院同级,其审判业务由各省、直辖市的高级人民法院和最高人民法院的指导和监督。海事法院与我国的铁路运输法院、军事法院、森林法院等性质一样,是我国司法系统中的专属管辖法院。其主要受案范围包括海事侵权纠纷、海商合同纠纷、海事案件执行、海事保全案件以及其他海商海事案件等。

5. 海事仲裁解决

作为一种特殊的纠纷解决方式,仲裁以其公正性、友好性、迅捷性、保密性等特点,具有诉讼无法替代的优势,成为解决商事纠纷的优先选择。加之海事纠纷的国际性、专业性,海事仲裁的快捷、便利、高效和当事人的"意思自治"等特点,人们选择以仲裁来解决其海事纠纷的方式就显得越来越普遍。

第二节 海事仲裁概述

一、海事仲裁的性质和特点

海事仲裁的定义,国内外法学界似乎还没有形成一个精确的认识。结合主流观点,我们认为,海事仲裁指当事人在海事发生纠纷之前或纠纷之后将其达成的仲裁协议提交给他们选择的海事仲裁机构审理并作出"终局"裁决处理的一种解决方式。

海事仲裁是国际商事仲裁的一个重要组成部分,因此继承了国际商事仲裁固有的特点,与其他仲裁相比,海事仲裁还有其特殊之处。

第一,海事纠纷当事人根据他们签订的仲裁协议,选择他们认为合适的国际海事仲裁机构、仲裁地点、仲裁员和依据的该仲裁机构的仲裁程序等。与海事法院相比,当事人有许多的选择权,具有较多的便利和灵活性,其裁决同样具有"一裁终局"的效力。

第二,海事仲裁一般都属于国际商事仲裁的范围,专门受理涉外因素的海事纠纷案件,与国内仲裁相比,在受案范围、仲裁程序和仲裁裁决的执行方面等都存在一定的差异。

第三,担任国际海事仲裁机构的仲裁员,大多数是精通海事领域方面的海商法专家、学者和海船方面的技术人员,他们在处理海事争议方面具有各方面特长,内行处理、得心应手,有利于海事纠纷的妥善处理。

二、国际海事仲裁制度

根据上述海事仲裁的特点,需要法律调整国际海事关系的问题,涉及面大,范围广,情况复杂,如海上救助、船舶碰撞、船舶租赁、船舶代理、海上运输、海上保险等方面的债权、侵权等,均需要法律调整。因此,在立法上越来越受到世界各国的重视。

在国际海事仲裁立法方面,大多数国家专门制定了"仲裁法"及仲裁规则,如瑞典1929年就制定了仲裁法;英国于1950年和1979年分别制定和修订了英国仲裁法和联合国仲裁法;美国1955年公布了美国统一仲裁法;等等。

没有制定专门的"仲裁法"的国家如德国、日本、奥地利等,但他们在诉讼立法中作出了海事仲裁的规定。日本的《民事程序法》中规定了"仲裁程序"。

在调整国际海事关系方面,为减少或消除有关国际海事关系的法律冲突,在有关国际组织的主持下,还制定了一系列的国际公约、国际规则和条约等。

在国际海事仲裁制度方面,国际上制定了有关的"国际条约"和双边或多边条约。如1958年联合国制定的《承认及执行外国仲裁裁决公约》(即《纽约公约》),我国已于1986年12月2日正式加入该公约;1961年制定了《欧洲国际商事仲裁公约》;1975年制定了

《美洲国家国际商事仲裁公约》等。

1958年《纽约公约》的特点之一是兼顾了区分内国、外国裁决的两种标准,各缔约国在适用哪个国家法律上,在最大范围内得以适用。

1994年制定的《中华人民共和国仲裁法》和《民事诉讼法》专门规定了"海事仲裁"的相关条款。

三、中国海事仲裁制度

随着经济全球化的深入发展和国家对外开放的不断扩大,我国海事事业也应时顺势蓬勃发展。海事仲裁在我国产生时间虽然比较晚,但是经过几十年的实践却有了长足的进步和发展,逐渐形成了具有中国特色的海事仲裁制度。如仲裁委员会权力较大、仲裁与调解相结合的做法等,国际仲裁界也有了一定认可度。除了中国海事仲裁委员会仲裁规则直接规范海事仲裁的进行之外,《仲裁法》《民事诉讼法》及《海事诉讼特别程序法》等法律法规中关于仲裁的规定和最高人民法院所发布的有关的司法解释中关于仲裁和涉外仲裁的特别规定对海事仲裁进行了国家立法上的规范和约束。

但我国现行的《仲裁法》对海事仲裁的发展有所限制,主要体现在两个方面:

首先,不承认临时仲裁协议的有效性。

为最大限度与国际接轨,我们认为修法时,应考虑临时仲裁的效力,因其主要处理多发性、争议金额较小的案件。而海事机构仲裁,由于整体较为规范、费用高,适合处理大额争议案件。

其次,应当放松对仲裁程序的限制。

现行《仲裁法》有不少条款是比照法院的诉讼程序进行设计的,限定了仲裁灵活性的特点,可结合具体情况,对国际和国内仲裁案件实行双轨制。但中国特有的优势以及成熟的做法应予以坚持和完善,比如海事法院委托调解机制、《中国海事仲裁委员会网上仲裁规则》以及仲裁机构的多点布局等。海事法院委托调解机制是中国特有的做法,海事司法系统及仲裁机构是双赢的机制,且在实践中运行效果良好。

第三节　国际海事仲裁机构及仲裁规则

一、国际海事仲裁机构

世界各国的仲裁机构和中国海事仲裁委员会均是解决国际海事纠纷的部门。在海事仲裁制度立法统一化的大趋势下,各国海事仲裁都本着在最大限度内支持和保护仲裁,充分尊重当事人意思自治,减少法院干预的原则,对海事仲裁的各个环节予以完善,使海事仲裁逐渐恢复快捷化、灵活化、经济化。

根据仲裁机构的组成形式不同,可分为临时仲裁机构和常设仲裁机构。

临时仲裁机构是根据双方当事人的仲裁协议而临时设立的审理某一特定案件的机构,案件审理终结后该机构即行解散。临时仲裁机构具有程序灵活、费用经济的优点,但是其仲裁效力的承认及执行受限,更多地依赖于当事人的配合和法律体系的支持。

常设机构费用高,程序烦琐、时限较短,但因为可以自由选定机构比较便利,且程序固定可以保证办案质量,裁决也可得到更好的承认及执行。

国际上比较有影响的仲裁机构主要有:伦敦海事仲裁员协会、纽约海事仲裁员协会、巴黎海事仲裁员协会、东京海事仲裁员协会、国际商会海事仲裁委员会、中国香港国际仲裁中心、瑞典斯德哥尔摩海事仲裁委员会等。

(一)伦敦海事仲裁员协会(LMAA)

1960年,英国航运界在伦敦成立了一个专门的海事仲裁机构——伦敦海事仲裁员协会(The London Maritime Arbitrators' Association, LMAA)。该仲裁员协会尤其擅长国际海事仲裁案件的审理。由于该仲裁员协会审理的案件具有较高的仲裁质量,因此它在国际上享有很高的声望,但仲裁收费也很昂贵。有调查显示,全球范围内超过90%的海事仲裁案件在伦敦处理。

LMAA是一个处理航运及商品贸易案件的仲裁员自发形成的协会组织。其成立的目的在于把伦敦从事海事仲裁的人士聚集在一起,交流经验,共同促进伦敦海事仲裁事业的发展。

该协会类似"俱乐部",至今该协会仍保留着松散型的传统。LMAA不是常设仲裁机构,而是属于临时仲裁性质。其历史可以追溯到300年前波罗的海交易所。当时就出现了一大批优秀的海事仲裁员,为租船、救捞、碰撞、保险、货损理赔等业务中发生的争议提供法律服务。随着航运经纪人团体的成立,伦敦海事仲裁员的队伍通过行业规范不断壮大,海事领域的临时仲裁进一步得到发展,大量海事合同中订明伦敦仲裁条款。英国航运事业的发达与海商法制度的完善促进了海事仲裁的日益成熟,在国际上产生重大影响,伦敦成为国际海事仲裁的中心。

伦敦海事仲裁员协会一开始仅有一些全职仲裁员,到1972年才引入赞助仲裁员制度。2006年伦敦海事仲裁员协会公布的全职仲裁员有38名,其中一半具有法律背景,其余的都是航运技术或商业专家,全部是英国本土人士,要求仲裁员的基本条件之一是必须能随时在伦敦开庭。2006年赞助仲裁员本土人士为157名,国外人士为44名。赞助仲裁员热心于协会的工作并支持协会的目标得以实现,一般不能接受指定办案。退休会员为18名。此外,还有大批的集体会员,如国内外律师事务所、互保协会、抗辩诉讼协会等400多个单位。

现在的伦敦海事仲裁员协会会员包括全职会员、赞助会员以及退休会员。该协会受理的海事仲裁案件一直居于世界第一。据伦敦仲裁员协会2020年公布的统计资料,在这一年当中,LMAA指派了3 010名仲裁员处理案件,并下达了523份仲裁裁决,成为自2015年以来受理案件数量最高的年份。

该协会设立委员会,由9名核心人员组成,主席一名,委员8人,每两年换选四分之一委员,主席任职两年。协会委员会主要负责制定和修改仲裁规则,应当事人请求指定仲裁员,举办国内外海事仲裁研讨会等活动。协会不进行仲裁员培训,该项工作由英国特许仲裁员协会负责,因此,申请伦敦海事仲裁协会全职会员的申请条件之一必须是英国特许仲裁员协会会员。伦敦海事仲裁员协会已经成功举办过两届国际海事仲裁员大会。协会的秘书处是义务性质的,聘请一名荣誉秘书长和一名助理,负责会员费收取、文件收发、联络等事务。协会费用主要来源：会员交纳的会费、小额索赔程序管理费以及法律刊物的赞助费等，财务收支情况每年经会计事务所审查后，向全体会员报告。协会在仲裁过程中对裁决没有实际控制权。临时仲裁的仲裁费由仲裁庭直接负责处理，与协会费用无关。机构的设置完全适应临时仲裁的需要。

LMAA 最重要的贡献之一就在于制定了 LMAA 条款，并能通过不断地及时修订，使之紧跟时代步伐。LMAA 条款最初颁布于 1987 年，后经过 1991 年、1994 年以及 1997 年三次修改。1997 年的修改是为了适应 1996 年英国仲裁法的出台所作的，并于 1997 年 1 月 31 日与英国新仲裁法同时生效。一直以来，LMAA 条款的最大特点就在于，为了实现海事争议在 LMAA 的协助下，通过快捷、经济的程序获得解决，致力于增强仲裁程序的弹性，并为此赋予仲裁庭较大的权力。1997 年 LMAA 条款更是顺应英国新仲裁法的改革，在原有基础上进一步扩大了仲裁庭的权力。此外，LMAA 还颁布了 LMAA 小额索赔程序规则、LMAA 快速与低费规则以及 LMAA 调解规则，为更加灵活、经济地解决争议提供了制度上的保障。

(二)法国巴黎海事仲裁院

法国是世界上仲裁制度和仲裁实践最有影响力的国家之一，一直以"友好"仲裁而著称于世。

在法国，全国的仲裁机构有 100 多家，其中规模和影响力较大的是设在巴黎的国际商会仲裁院、巴黎国际仲裁院和巴黎海事仲裁院。

巴黎海事仲裁院成立 60 多年来，专门受理国际海事仲裁案件，该仲裁院有 60 多名仲裁员，这些仲裁员都是比较有影响力和世界知名度较高的海事方面的专家。

该海事仲裁院的仲裁程序，与众不同的是一直实行二级仲裁制度。仲裁标的超过 3 万欧元，当事人如果对一审结果不满意可以二审。法国实行二级仲裁制度主要出于安全、公平、公正考虑，给予当事人救济的机会。而且，二审组织仲裁庭的三名仲裁员也不是由当事人选择，全部由巴黎海事仲裁院任命，审理程序原则上进行书面审理。

在仲裁案件的执行方面，法国的仲裁立法也非常宽泛，在法国国际仲裁裁决不受法律约束，对于一个仲裁裁决，即使被裁决作出国的法院撤销，但仍然可以到法国申请强制执行。因此，国际仲裁界有一种说法，如果仲裁在世界上还有最后一个地方可以申请执行的话，那就是法国。

因此，法国海事仲裁受到广泛关注和认可。

二、中国海事仲裁委员会及仲裁规则

(一)中国海事仲裁委员会

中国海事仲裁委员会(以下简称"中国海仲")，是根据中华人民共和国国务院 1958 年 11 月 21 日的决定，于 1959 年 1 月 22 日设立于中国国际贸易促进委员会内，是解决国内外海商事、交通物流以及其他契约性或非契约性争议的常设海事仲裁机构。

中国海仲总会设在北京，在上海、天津、重庆、广东、香港、福建、浙江设有分会；在国内主要港口城市，大连、天津、青岛、宁波、广州、舟山设有办事处。为满足行业仲裁和多元化服务的需要,中国海仲下设航空争议仲裁中心、航空争议调解中心、计量争议仲裁中心、物流争议解决中心、渔业争议解决中心、海事调解中心等业务中心。分会可以受理和管理仲裁案件,并与"中国海仲"北京总会适用统一的仲裁规则和仲裁员名册。

中国海事仲裁委员会坚持以事实为依据、以法律为准绳、参考国际惯例、尊重合同约定、独立公正的原则,培养、造就了一批秉承职业道德、业务精湛、实践经验丰富的仲裁员队伍和勤勉尽责、专业高效的办案秘书队伍。中国海仲多次修订其仲裁规则,以满足不断变化的仲裁实践的需要,并与国际仲裁界的最新发展保持同步。中国海仲以其丰富的仲裁实践和理论活动为中国《仲裁法》的制定和中国(海事)仲裁事业的发展作出了重要贡献。中国海仲已作出几千件仲裁裁决,其裁决的独立性、公正性、专业性和权威性越来越受到国际的认可。

(二)中国海仲仲裁规则及程序

中国海仲仲裁规则的选用更多地尊重了当事人的意思自治。意思自治是仲裁的灵魂,当事人是自己权利最佳的维护者和判断者。当事人在取得仲裁委的同意后,可以协议约定延长或缩短相关仲裁期限或者调整仲裁规则。允许当事人合意约定仲裁规则是一个非常大的进步,是仲裁追求效益的本质属性,也是尊重商事仲裁契约精神的体现。

2021年10月1日施行的新的仲裁规则中,当事人在组庭程序上可以从《中国海事仲裁员委员会仲裁员名册》中选定或指定仲裁员,也可以在海仲委仲裁员名册外选定仲裁员,但首席仲裁员和独任仲裁员应从海仲委仲裁员名册中产生。当事人无法共同指定首席仲裁员的,由双方当事人选定的两位仲裁员共同指定,在期限内无法共同指定的,由仲裁委员会主任指定。无论选择哪种方式,都尽可能地尊重当事人的意思自治,增强仲裁程序透明度保持公平公正。如果当事人对仲裁审理案件的公正性和独立性产生怀疑时,可以要求仲裁员回避,仲裁员也有自行回避的义务,但最终是否需要回避由仲裁委员会主任决定。为了仲裁的效率,避免个别当事人恶意拖延时间,仲裁委决定回避之前不停止案件的审理。

新规则有关于举证期限和逾期举证的相关规定,并规定了举证不能的后果,可以帮助仲裁程序更加顺利地进行。

新规则增加了向当事船舶船长送达,作为仲裁文书送达的方式之一,增加了送达手段,以适应海事仲裁实践的实际需要;新规则还明确仲裁庭可以采取必要措施,避免因当事人、代理人变化而产生利益冲突,包括全部或部分排除当事人新委任的代理人参与仲裁程序,以确保程序公平。

新规则还进一步明确了专家咨询意见的性质及其与仲裁庭的关系。明确规定专家咨询委员会的咨询意见为仲裁庭提供参考,以增加程序透明度,回应业界质疑。

新规则首次引进"责任限制条款",该规则第八十四条参考了美国仲裁协会ICDR的规定以及ICC等国家仲裁机构的先进做法,规定"除非仲裁地法律另有规定,仲裁委员会及其工作人员、仲裁员、仲裁庭秘书,以及仲裁庭指定的专家,不就与仲裁相关的行为向当事人承担责任",以使仲裁机构和仲裁庭没有顾忌地参与仲裁程序。

为顺应当前新冠肺炎疫情给国际仲裁带来的深刻变化,就信息技术在常规仲裁中的广泛应用,新规则就电子技术与仲裁的结合和创新进行系统的规定,明确规定电子送达、视频开庭、电子签名、网络安全、隐私和数据保护,征得当事人同意,当事人名称及可识别信息进行脱案处理,公开发布裁决书等内容,为仲裁程序安全合规进一步提供了保障。

海事仲裁一般开庭审理,但如果当事人申请不开庭、仲裁委同意,或仲裁委认为不必开庭、当事人无异议的,可以书面审理。但无论采取哪种方式,都应当保证双方当事人有充分的陈述权和辩论权。新规则赋予了仲裁庭更加灵活的权限,吸收了国际主要海事仲裁机构的有益实践,对提高仲裁效率有很大影响。

我国的海事仲裁采用仲裁和调解相结合的方法,在国际上独树一帜,即在仲裁程序开始后,仲裁委查明了事实和证据后,征询当事人的意见,如果可以调解或和解,仲裁委可依据其调解协议或和解协议制作裁决书结案。这种方式更加尊重当事人的意思自治,裁决更加便捷高效,也便于执行。

第四编 附录

附录一 《中华人民共和国仲裁法》及司法解释

1.《中华人民共和国仲裁法》

(1994年8月31日第八届全国人民代表大会常务委员会第九次会议通过 根据2009年8月27日第十一届全国人民代表大会常务委员会第十次会议《关于修改部分法律的决定》第一次修正 根据2017年9月1日第十二届全国人民代表大会常务委员会第二十九次会议《关于修改〈中华人民共和国法官法〉等八部法律的决定》第二次修正)

目 录

第一章 总则
第二章 仲裁委员会和仲裁协会
第三章 仲裁协议
第四章 仲裁程序
第五章 申请撤销裁决
第六章 执行
第七章 涉外仲裁的特别规定
第八章 附则

第一章 总 则

第一条 为保证公正、及时地仲裁经济纠纷,保护当事人的合法权益,保障社会主义市场经济健康发展,制定本法。

第二条 平等主体的公民、法人和其他组织之间发生的合同纠纷和其他财产权益纠纷,可以仲裁。

第三条 下列纠纷不能仲裁:

(一)婚姻、收养、监护、扶养、继承纠纷;

(二)依法应当由行政机关处理的行政争议。

第四条 当事人采用仲裁方式解决纠纷,应当双方自愿,达成仲裁协议。没有仲裁协议,一方申请仲裁的,仲裁委员会不予受理。

第五条 当事人达成仲裁协议,一方向人民法院起诉的,人民法院不予受理,但仲裁协议无效的除外。

第六条 仲裁委员会应当由当事人协议选定。

仲裁不实行级别管辖和地域管辖。

第七条 仲裁应当根据事实,符合法律规定,公平合理地解决纠纷。

第八条 仲裁依法独立进行,不受行政机关、社会团体和个人的干涉。

第九条　仲裁实行一裁终局的制度。裁决作出后,当事人就同一纠纷再申请仲裁或者向人民法院起诉的,仲裁委员会或者人民法院不予受理。

裁决被人民法院依法裁定撤销或者不予执行的,当事人就该纠纷可以根据双方重新达成的仲裁协议申请仲裁,也可以向人民法院起诉。

第二章　仲裁委员会和仲裁协会

第十条　仲裁委员会可以在直辖市和省、自治区人民政府所在地的市设立,也可以根据需要在其他设区的市设立,不按行政区划层层设立。

仲裁委员会由前款规定的市的人民政府组织有关部门和商会统一组建。

设立仲裁委员会,应当经省、自治区、直辖市的司法行政部门登记。

第十一条　仲裁委员会应当具备下列条件:

(一)有自己的名称、住所和章程;

(二)有必要的财产;

(三)有该委员会的组成人员;

(四)有聘任的仲裁员。

仲裁委员会的章程应当依照本法制定。

第十二条　仲裁委员会由主任一人、副主任二至四人和委员七至十一人组成。

仲裁委员会的主任、副主任和委员由法律、经济贸易专家和有实际工作经验的人员担任。仲裁委员会的组成人员中,法律、经济贸易专家不得少于三分之二。

第十三条　仲裁委员会应当从公道正派的人员中聘任仲裁员。

仲裁员应当符合下列条件之一:

(一)通过国家统一法律职业资格考试取得法律职业资格,从事仲裁工作满八年的;

(二)从事律师工作满八年的;

(三)曾任法官满八年的;

(四)从事法律研究、教学工作并具有高级职称的;

(五)具有法律知识、从事经济贸易等专业工作并具有高级职称或者具有同等专业水平的。

仲裁委员会按照不同专业设仲裁员名册。

第十四条　仲裁委员会独立于行政机关,与行政机关没有隶属关系。仲裁委员会之间也没有隶属关系。

第十五条　中国仲裁协会是社会团体法人。仲裁委员会是中国仲裁协会的会员。中国仲裁协会的章程由全国会员大会制定。

中国仲裁协会是仲裁委员会的自律性组织,根据章程对仲裁委员会及其组成人员、仲裁员的违纪行为进行监督。

中国仲裁协会依照本法和民事诉讼法的有关规定制定仲裁规则。

第三章　仲裁协议

第十六条　仲裁协议包括合同中订立的仲裁条款和以其他书面方式在纠纷发生前或

者纠纷发生后达成的请求仲裁的协议。

仲裁协议应当具有下列内容：

(一)请求仲裁的意思表示；

(二)仲裁事项；

(三)选定的仲裁委员会。

第十七条 有下列情形之一的,仲裁协议无效：

(一)约定的仲裁事项超出法律规定的仲裁范围的；

(二)无民事行为能力人或者限制民事行为能力人订立的仲裁协议；

(三)一方采取胁迫手段,迫使对方订立仲裁协议的。

第十八条 仲裁协议对仲裁事项或者仲裁委员会没有约定或者约定不明确的,当事人可以补充协议；达不成补充协议的,仲裁协议无效。

第十九条 仲裁协议独立存在,合同的变更、解除、终止或者无效,不影响仲裁协议的效力。

仲裁庭有权确认合同的效力。

第二十条 当事人对仲裁协议的效力有异议的,可以请求仲裁委员会作出决定或者请求人民法院作出裁定。一方请求仲裁委员会作出决定,另一方请求人民法院作出裁定的,由人民法院裁定。

当事人对仲裁协议的效力有异议,应当在仲裁庭首次开庭前提出。

第四章 仲裁程序

第一节 申请和受理

第二十一条 当事人申请仲裁应当符合下列条件：

(一)有仲裁协议；

(二)有具体的仲裁请求和事实、理由；

(三)属于仲裁委员会的受理范围。

第二十二条 当事人申请仲裁,应当向仲裁委员会递交仲裁协议、仲裁申请书及副本。

第二十三条 仲裁申请书应当载明下列事项：

(一)当事人的姓名、性别、年龄、职业、工作单位和住所,法人或者其他组织的名称、住所和法定代表人或者主要负责人的姓名、职务；

(二)仲裁请求和所根据的事实、理由；

(三)证据和证据来源、证人姓名和住所。

第二十四条 仲裁委员会收到仲裁申请书之日起五日内,认为符合受理条件的,应当受理,并通知当事人；认为不符合受理条件的,应当书面通知当事人不予受理,并说明理由。

第二十五条 仲裁委员会受理仲裁申请后,应当在仲裁规则规定的期限内将仲裁规则和仲裁员名册送达申请人,并将仲裁申请书副本和仲裁规则、仲裁员名册送达被申请人。

被申请人收到仲裁申请书副本后,应当在仲裁规则规定的期限内向仲裁委员会提交答辩书。仲裁委员会收到答辩书后,应当在仲裁规则规定的期限内将答辩书副本送达申请人。被申请人未提交答辩书的,不影响仲裁程序的进行。

第二十六条　当事人达成仲裁协议,一方向人民法院起诉未声明有仲裁协议,人民法院受理后,另一方在首次开庭前提交仲裁协议的,人民法院应当驳回起诉,但仲裁协议无效的除外;另一方在首次开庭前未对人民法院受理该案提出异议的,视为放弃仲裁协议,人民法院应当继续审理。

第二十七条　申请人可以放弃或者变更仲裁请求。被申请人可以承认或者反驳仲裁请求,有权提出反请求。

第二十八条　一方当事人因另一方当事人的行为或者其他原因,可能使裁决不能执行或者难以执行的,可以申请财产保全。

当事人申请财产保全的,仲裁委员会应当将当事人的申请依照民事诉讼法的有关规定提交人民法院。

申请有错误的,申请人应当赔偿被申请人因财产保全所遭受的损失。

第二十九条　当事人、法定代理人可以委托律师和其他代理人进行仲裁活动。委托律师和其他代理人进行仲裁活动的,应当向仲裁委员会提交授权委托书。

第二节　仲裁庭的组成

第三十条　仲裁庭可以由三名仲裁员或者一名仲裁员组成。由三名仲裁员组成的,设首席仲裁员。

第三十一条　当事人约定由三名仲裁员组成仲裁庭的,应当各自选定或者各自委托仲裁委员会主任指定一名仲裁员,第三名仲裁员由当事人共同选定或者共同委托仲裁委员会主任指定。第三名仲裁员是首席仲裁员。

当事人约定由一名仲裁员成立仲裁庭的,应当由当事人共同选定或者共同委托仲裁委员会主任指定仲裁员。

第三十二条　当事人没有在仲裁规则规定的期限内约定仲裁庭的组成方式或者选定仲裁员的,由仲裁委员会主任指定。

第三十三条　仲裁庭组成后,仲裁委员会应当将仲裁庭的组成情况书面通知当事人。

第三十四条　仲裁员有下列情形之一的,必须回避,当事人也有权提出回避申请:

(一)是本案当事人或者当事人、代理人的近亲属;

(二)与本案有利害关系;

(三)与本案当事人、代理人有其他关系,可能影响公正仲裁的;

(四)私自会见当事人、代理人,或者接受当事人、代理人的请客送礼的。

第三十五条　当事人提出回避申请,应当说明理由,在首次开庭前提出。回避事由在首次开庭后知道的,可以在最后一次开庭终结前提出。

第三十六条　仲裁员是否回避,由仲裁委员会主任决定;仲裁委员会主任担任仲裁员时,由仲裁委员会集体决定。

第三十七条　仲裁员因回避或者其他原因不能履行职责的,应当依照本法规定重新选定或者指定仲裁员。

因回避而重新选定或者指定仲裁员后,当事人可以请求已进行的仲裁程序重新进行,是否准许,由仲裁庭决定;仲裁庭也可以自行决定已进行的仲裁程序是否重新进行。

第三十八条 仲裁员有本法第三十四条第四项规定的情形,情节严重的,或者有本法第五十八条第六项规定的情形的,应当依法承担法律责任,仲裁委员会应当将其除名。

第三节 开庭和裁决

第三十九条 仲裁应当开庭进行。当事人协议不开庭的,仲裁庭可以根据仲裁申请书、答辩书以及其他材料作出裁决。

第四十条 仲裁不公开进行。当事人协议公开的,可以公开进行,但涉及国家秘密的除外。

第四十一条 仲裁委员会应当在仲裁规则规定的期限内将开庭日期通知双方当事人。当事人有正当理由的,可以在仲裁规则规定的期限内请求延期开庭。是否延期,由仲裁庭决定。

第四十二条 申请人经书面通知,无正当理由不到庭或者未经仲裁庭许可中途退庭的,可以视为撤回仲裁申请。

被申请人经书面通知,无正当理由不到庭或者未经仲裁庭许可中途退庭的,可以缺席裁决。

第四十三条 当事人应当对自己的主张提供证据。

仲裁庭认为有必要收集的证据,可以自行收集。

第四十四条 仲裁庭对专门性问题认为需要鉴定的,可以交由当事人约定的鉴定部门鉴定,也可以由仲裁庭指定的鉴定部门鉴定。

根据当事人的请求或者仲裁庭的要求,鉴定部门应当派鉴定人参加开庭。当事人经仲裁庭许可,可以向鉴定人提问。

第四十五条 证据应当在开庭时出示,当事人可以质证。

第四十六条 在证据可能灭失或者以后难以取得的情况下,当事人可以申请证据保全。当事人申请证据保全的,仲裁委员会应当将当事人的申请提交证据所在地的基层人民法院。

第四十七条 当事人在仲裁过程中有权进行辩论。辩论终结时,首席仲裁员或者独任仲裁员应当征询当事人的最后意见。

第四十八条 仲裁庭应当将开庭情况记入笔录。当事人和其他仲裁参与人认为对自己陈述的记录有遗漏或者差错的,有权申请补正。如果不予补正,应当记录该申请。

笔录由仲裁员、记录人员、当事人和其他仲裁参与人签名或者盖章。

第四十九条 当事人申请仲裁后,可以自行和解。达成和解协议的,可以请求仲裁庭根据和解协议作出裁决书,也可以撤回仲裁申请。

第五十条 当事人达成和解协议,撤回仲裁申请后反悔的,可以根据仲裁协议申请仲裁。

第五十一条 仲裁庭在作出裁决前,可以先行调解。当事人自愿调解的,仲裁庭应当调解。调解不成的,应当及时作出裁决。

调解达成协议的,仲裁庭应当制作调解书或者根据协议的结果制作裁决书。调解书与裁决书具有同等法律效力。

第五十二条　调解书应当写明仲裁请求和当事人协议的结果。调解书由仲裁员签名,加盖仲裁委员会印章,送达双方当事人。

调解书经双方当事人签收后,即发生法律效力。

在调解书签收前当事人反悔的,仲裁庭应当及时作出裁决。

第五十三条　裁决应当按照多数仲裁员的意见作出,少数仲裁员的不同意见可以记入笔录。仲裁庭不能形成多数意见时,裁决应当按照首席仲裁员的意见作出。

第五十四条　裁决书应当写明仲裁请求、争议事实、裁决理由、裁决结果、仲裁费用的负担和裁决日期。当事人协议不愿写明争议事实和裁决理由的,可以不写。裁决书由仲裁员签名,加盖仲裁委员会印章。对裁决持不同意见的仲裁员,可以签名,也可以不签名。

第五十五条　仲裁庭仲裁纠纷时,其中一部分事实已经清楚,可以就该部分先行裁决。

第五十六条　对裁决书中的文字、计算错误或者仲裁庭已经裁决但在裁决书中遗漏的事项,仲裁庭应当补正;当事人自收到裁决书之日起三十日内,可以请求仲裁庭补正。

第五十七条　裁决书自作出之日起发生法律效力。

第五章　申请撤销裁决

第五十八条　当事人提出证据证明裁决有下列情形之一的,可以向仲裁委员会所在地的中级人民法院申请撤销裁决:

(一)没有仲裁协议的;

(二)裁决的事项不属于仲裁协议的范围或者仲裁委员会无权仲裁的;

(三)仲裁庭的组成或者仲裁的程序违反法定程序的;

(四)裁决所根据的证据是伪造的;

(五)对方当事人隐瞒了足以影响公正裁决的证据的;

(六)仲裁员在仲裁该案时有索贿受贿,徇私舞弊,枉法裁决行为的。

人民法院经组成合议庭审查核实裁决有前款规定情形之一的,应当裁定撤销。

人民法院认定该裁决违背社会公共利益的,应当裁定撤销。

第五十九条　当事人申请撤销裁决的,应当自收到裁决书之日起六个月内提出。

第六十条　人民法院应当在受理撤销裁决申请之日起两个月内作出撤销裁决或者驳回申请的裁定。

第六十一条　人民法院受理撤销裁决的申请后,认为可以由仲裁庭重新仲裁的,通知仲裁庭在一定期限内重新仲裁,并裁定中止撤销程序。仲裁庭拒绝重新仲裁的,人民法院应当裁定恢复撤销程序。

第六章　执　行

第六十二条　当事人应当履行裁决。一方当事人不履行的,另一方当事人可以依照民事诉讼法的有关规定向人民法院申请执行。受申请的人民法院应当执行。

第六十三条　被申请人提出证据证明裁决有民事诉讼法第二百一十七条第二款规定

的情形之一的,经人民法院组成合议庭审查核实,裁定不予执行。

第六十四条　一方当事人申请执行裁决,另一方当事人申请撤销裁决的,人民法院应当裁定中止执行。

人民法院裁定撤销裁决的,应当裁定终结执行。撤销裁决的申请被裁定驳回的,人民法院应当裁定恢复执行。

第七章　涉外仲裁的特别规定

第六十五条　涉外经济贸易、运输和海事中发生的纠纷的仲裁,适用本章规定。本章没有规定的,适用本法其他有关规定。

第六十六条　涉外仲裁委员会可以由中国国际商会组织设立。

涉外仲裁委员会由主任一人、副主任若干人和委员若干人组成。

涉外仲裁委员会的主任、副主任和委员可以由中国国际商会聘任。

第六十七条　涉外仲裁委员会可以从具有法律、经济贸易、科学技术等专门知识的外籍人士中聘任仲裁员。

第六十八条　涉外仲裁的当事人申请证据保全的,涉外仲裁委员会应当将当事人的申请提交证据所在地的中级人民法院。

第六十九条　涉外仲裁的仲裁庭可以将开庭情况记入笔录,或者作出笔录要点,笔录要点可以由当事人和其他仲裁参与人签字或者盖章。

第七十条　当事人提出证据证明涉外仲裁裁决有民事诉讼法第二百六十条第一款规定的情形之一的,经人民法院组成合议庭审查核实,裁定撤销。

第七十一条　被申请人提出证据证明涉外仲裁裁决有民事诉讼法第二百六十条第一款规定的情形之一的,经人民法院组成合议庭审查核实,裁定不予执行。

第七十二条　涉外仲裁委员会作出的发生法律效力的仲裁裁决,当事人请求执行的,如果被执行人或者其财产不在中华人民共和国领域内,应当由当事人直接向有管辖权的外国法院申请承认及执行。

第七十三条　涉外仲裁规则可以由中国国际商会依照本法和民事诉讼法的有关规定制定。

第八章　附　则

第七十四条　法律对仲裁时效有规定的,适用该规定。法律对仲裁时效没有规定的,适用诉讼时效的规定。

第七十五条　中国仲裁协会制定仲裁规则前,仲裁委员会依照本法和民事诉讼法的有关规定可以制定仲裁暂行规则。

第七十六条　当事人应当按照规定交纳仲裁费用。

收取仲裁费用的办法,应当报物价管理部门核准。

第七十七条　劳动争议和农业集体经济组织内部的农业承包合同纠纷的仲裁,另行规定。

第七十八条　本法施行前制定的有关仲裁的规定与本法的规定相抵触的,以本法为准。

第七十九条　本法施行前在直辖市、省、自治区人民政府所在地的市和其他设区的市设立的仲裁机构,应当依照本法的有关规定重新组建;未重新组建的,自本法施行之日起届满一年时终止。

本法施行前设立的不符合本法规定的其他仲裁机构,自本法施行之日起终止。

第八十条　本法自1995年9月1日起施行。

2.最高人民法院关于适用《中华人民共和国仲裁法》司法解释

《最高人民法院关于适用〈中华人民共和国仲裁法〉若干问题的解释》已于2005年12月26日由最高人民法院审判委员会第1375次会议通过,现予公布,自2006年9月8日起施行。

现根据《中华人民共和国仲裁法》和《中华人民共和国民事诉讼法》等法律规定,对人民法院审理涉及仲裁案件适用法律的若干问题作如下解释:

第一条　仲裁法第十六条规定的"其他书面形式"的仲裁协议,包括以合同书、信件和数据电文(包括电报、电传、传真、电子数据交换和电子邮件)等形式达成的请求仲裁的协议。

第二条　当事人概括约定仲裁事项为合同争议的,基于合同成立、效力、变更、转让、履行、违约责任、解释、解除等产生的纠纷都可以认定为仲裁事项。

第三条　仲裁协议约定的仲裁机构名称不准确,但能够确定具体的仲裁机构的,应当认定选定了仲裁机构。

第四条　仲裁协议仅约定纠纷适用的仲裁规则的,视为未约定仲裁机构,但当事人达成补充协议或者按照约定的仲裁规则能够确定仲裁机构的除外。

第五条　仲裁协议约定两个以上仲裁机构的,当事人可以协议选择其中的一个仲裁机构申请仲裁;当事人不能就仲裁机构选择达成一致的,仲裁协议无效。

第六条　仲裁协议约定由某地的仲裁机构仲裁且该地仅有一个仲裁机构的,该仲裁机构视为约定的仲裁机构。该地有两个以上仲裁机构的,当事人可以协议选择其中的一个仲裁机构申请仲裁;当事人不能就仲裁机构选择达成一致的,仲裁协议无效。

第七条　当事人约定争议可以向仲裁机构申请仲裁也可以向人民法院起诉的,仲裁协议无效。但一方向仲裁机构申请仲裁,另一方未在仲裁法第二十条第二款规定期间内提出异议的除外。

第八条　当事人订立仲裁协议后合并、分立的,仲裁协议对其权利义务的继受人有效。

当事人订立仲裁协议后死亡的,仲裁协议对承继其仲裁事项中的权利义务的继承人有效。

前两款规定情形,当事人订立仲裁协议时另有约定的除外。

第九条　债权债务全部或者部分转让的,仲裁协议对受让人有效,但当事人另有约定、在受让债权债务时受让人明确反对或者不知有单独仲裁协议的除外。

第十条　合同成立后未生效或者被撤销的,仲裁协议效力的认定适用仲裁法第十九条第一款的规定。

当事人在订立合同时就争议达成仲裁协议的,合同未成立不影响仲裁协议的效力。

第十一条　合同约定解决争议适用其他合同、文件中的有效仲裁条款的,发生合同争议时,当事人应当按照该仲裁条款提请仲裁。

涉外合同应当适用的有关国际条约中有仲裁规定的,发生合同争议时,当事人应当按照国际条约中的仲裁规定提请仲裁。

第十二条　当事人向人民法院申请确认仲裁协议效力的案件,由仲裁协议约定的仲裁机构所在地的中级人民法院管辖;仲裁协议约定的仲裁机构不明确的,由仲裁协议签订地或者被申请人住所地的中级人民法院管辖。

申请确认涉外仲裁协议效力的案件,由仲裁协议约定的仲裁机构所在地、仲裁协议签订地、申请人或者被申请人住所地的中级人民法院管辖。

涉及海事海商纠纷仲裁协议效力的案件,由仲裁协议约定的仲裁机构所在地、仲裁协议签订地、申请人或者被申请人住所地的海事法院管辖;上述地点没有海事法院的,由就近的海事法院管辖。

第十三条　依照仲裁法第二十条第二款的规定,当事人在仲裁庭首次开庭前没有对仲裁协议的效力提出异议,而后向人民法院申请确认仲裁协议无效的,人民法院不予受理。

仲裁机构对仲裁协议的效力作出决定后,当事人向人民法院申请确认仲裁协议效力或者申请撤销仲裁机构的决定的,人民法院不予受理。

第十四条　仲裁法第二十六条规定的"首次开庭"是指答辩期满后人民法院组织的第一次开庭审理,不包括审前程序中的各项活动。

第十五条　人民法院审理仲裁协议效力确认案件,应当组成合议庭进行审查,并询问当事人。

第十六条　对涉外仲裁协议的效力审查,适用当事人约定的法律;当事人没有约定适用的法律但约定了仲裁地的,适用仲裁地法律;没有约定适用的法律也没有约定仲裁地或者仲裁地约定不明的,适用法院地法律。

第十七条　当事人以不属于仲裁法第五十八条或者民事诉讼法第二百六十条规定的事由申请撤销仲裁裁决的,人民法院不予支持。

第十八条　仲裁法第五十八条第一款第一项规定的"没有仲裁协议"是指当事人没有达成仲裁协议。仲裁协议被认定无效或者被撤销的,视为没有仲裁协议。

第十九条　当事人以仲裁裁决事项超出仲裁协议范围为由申请撤销仲裁裁决,经审查属实的,人民法院应当撤销仲裁裁决中的超裁部分。但超裁部分与其他裁决事项不可分的,人民法院应当撤销仲裁裁决。

第二十条　仲裁法第五十八条规定的"违反法定程序",是指违反仲裁法规定的仲裁程序和当事人选择的仲裁规则可能影响案件正确裁决的情形。

第二十一条　当事人申请撤销国内仲裁裁决的案件属于下列情形之一的,人民法院可以依照仲裁法第六十一条的规定通知仲裁庭在一定期限内重新仲裁:

(一)仲裁裁决所根据的证据是伪造的;

(二)对方当事人隐瞒了足以影响公正裁决的证据的。

人民法院应当在通知中说明要求重新仲裁的具体理由。

第二十二条　仲裁庭在人民法院指定的期限内开始重新仲裁的,人民法院应当裁定终结撤销程序;未开始重新仲裁的,人民法院应当裁定恢复撤销程序。

第二十三条　当事人对重新仲裁裁决不服的,可以在重新仲裁裁决书送达之日起六个月内依据仲裁法第五十八条规定向人民法院申请撤销。

第二十四条　当事人申请撤销仲裁裁决的案件,人民法院应当组成合议庭审理,并询问当事人。

第二十五条　人民法院受理当事人撤销仲裁裁决的申请后,另一方当事人申请执行同一仲裁裁决的,受理执行申请的人民法院应当在受理后裁定中止执行。

第二十六条　当事人向人民法院申请撤销仲裁裁决被驳回后,又在执行程序中以相同理由提出不予执行抗辩的,人民法院不予支持。

第二十七条　当事人在仲裁程序中未对仲裁协议的效力提出异议,在仲裁裁决作出后以仲裁协议无效为由主张撤销仲裁裁决或者提出不予执行抗辩的,人民法院不予支持。

当事人在仲裁程序中对仲裁协议的效力提出异议,在仲裁裁决作出后又以此为由主张撤销仲裁裁决或者提出不予执行抗辩,经审查符合仲裁法第五十八条或者民事诉讼法第二百一十七条、第二百六十条规定的,人民法院应予支持。

第二十八条　当事人请求不予执行仲裁调解书或者根据当事人之间的和解协议作出的仲裁裁决书的,人民法院不予支持。

第二十九条　当事人申请执行仲裁裁决案件,由被执行人住所地或者被执行的财产所在地的中级人民法院管辖。

第三十条　根据审理撤销、执行仲裁裁决案件的实际需要,人民法院可以要求仲裁机构作出说明或者向相关仲裁机构调阅仲裁案卷。

人民法院在办理涉及仲裁的案件过程中作出的裁定,可以送相关的仲裁机构。

第三十一条　本解释自公布之日起实施。

本院以前发布的司法解释与本解释不一致的,以本解释为准。

3.《最高人民法院关于审理仲裁司法审查案件若干问题的规定》

《最高人民法院关于审理仲裁司法审查案件若干问题的规定》已于2017年12月4日由最高人民法院审判委员会第1728次会议通过,现予公布,自2018年1月1日起施行。

最高人民法院

2017年12月26日

最高人民法院关于审理仲裁司法审查案件若干问题的规定

(法释〔2017〕22号)

为正确审理仲裁司法审查案件,依法保护各方当事人合法权益,根据《中华人民共和国民事诉讼法》《中华人民共和国仲裁法》等法律规定,结合审判实践,制定本规定。

第一条　本规定所称仲裁司法审查案件,包括下列案件:

(一)申请确认仲裁协议效力案件;

(二)申请执行我国内地仲裁机构的仲裁裁决案件;

(三)申请撤销我国内地仲裁机构的仲裁裁决案件;

(四)申请认可和执行香港特别行政区、澳门特别行政区、台湾地区仲裁裁决案件;

(五)申请承认及执行外国仲裁裁决案件;

(六)其他仲裁司法审查案件。

第二条 申请确认仲裁协议效力的案件,由仲裁协议约定的仲裁机构所在地、仲裁协议签订地、申请人住所地、被申请人住所地的中级人民法院或者专门人民法院管辖。

涉及海事海商纠纷仲裁协议效力的案件,由仲裁协议约定的仲裁机构所在地、仲裁协议签订地、申请人住所地、被申请人住所地的海事法院管辖;上述地点没有海事法院的,由就近的海事法院管辖。

第三条 外国仲裁裁决与人民法院审理的案件存在关联,被申请人住所地、被申请人财产所在地均不在我国内地,申请人申请承认外国仲裁裁决的,由受理关联案件的人民法院管辖。受理关联案件的人民法院为基层人民法院的,申请承认外国仲裁裁决的案件应当由该基层人民法院的上一级人民法院管辖。受理关联案件的人民法院是高级人民法院或者最高人民法院的,由上述法院决定自行审查或者指定中级人民法院审查。

外国仲裁裁决与我国内地仲裁机构审理的案件存在关联,被申请人住所地、被申请人财产所在地均不在我国内地,申请人申请承认外国仲裁裁决的,由受理关联案件的仲裁机构所在地的中级人民法院管辖。

第四条 申请人向两个以上有管辖权的人民法院提出申请的,由最先立案的人民法院管辖。

第五条 申请人向人民法院申请确认仲裁协议效力的,应当提交申请书及仲裁协议正本或者经证明无误的副本。

申请书应当载明下列事项:

(一)申请人或者被申请人为自然人的,应当载明其姓名、性别、出生日期、国籍及住所;为法人或者其他组织的,应当载明其名称、住所以及法定代表人或者代表人的姓名和职务;

(二)仲裁协议的内容;

(三)具体的请求和理由。

当事人提交的外文申请书、仲裁协议及其他文件,应当附有中文译本。

第六条 申请人向人民法院申请执行或者撤销我国内地仲裁机构的仲裁裁决、申请承认及执行外国仲裁裁决的,应当提交申请书及裁决书正本或者经证明无误的副本。

申请书应当载明下列事项:

(一)申请人或者被申请人为自然人的,应当载明其姓名、性别、出生日期、国籍及住所;为法人或者其他组织的,应当载明其名称、住所以及法定代表人或者代表人的姓名和职务;

(二)裁决书的主要内容及生效日期;

(三)具体的请求和理由。

当事人提交的外文申请书、裁决书及其他文件,应当附有中文译本。

第七条 申请人提交的文件不符合第五条、第六条的规定,经人民法院释明后提交的文件仍然不符合规定的,裁定不予受理。

申请人向对案件不具有管辖权的人民法院提出申请,人民法院应当告知其向有管辖权的人民法院提出申请,申请人仍不变更申请的,裁定不予受理。

申请人对不予受理的裁定不服的,可以提起上诉。

第八条　人民法院立案后发现不符合受理条件的,裁定驳回申请。

前款规定的裁定驳回申请的案件,申请人再次申请并符合受理条件的,人民法院应予受理。

当事人对驳回申请的裁定不服的,可以提起上诉。

第九条　对于申请人的申请,人民法院应当在七日内审查决定是否受理。

人民法院受理仲裁司法审查案件后,应当在五日内向申请人和被申请人发出通知书,告知其受理情况及相关的权利义务。

第十条　人民法院受理仲裁司法审查案件后,被申请人对管辖权有异议的,应当自收到人民法院通知之日起十五日内提出。人民法院对被申请人提出的异议,应当审查并作出裁定。当事人对裁定不服的,可以提起上诉。

在中华人民共和国领域内没有住所的被申请人对人民法院的管辖权有异议的,应当自收到人民法院通知之日起三十日内提出。

第十一条　人民法院审查仲裁司法审查案件,应当组成合议庭并询问当事人。

第十二条　仲裁协议或者仲裁裁决具有《最高人民法院关于适用〈中华人民共和国涉外民事关系法律适用法〉若干问题的解释(一)》第一条规定情形的,为涉外仲裁协议或者涉外仲裁裁决。

第十三条　当事人协议选择确认涉外仲裁协议效力适用的法律,应当作出明确的意思表示,仅约定合同适用的法律,不能作为确认合同中仲裁条款效力适用的法律。

第十四条　人民法院根据《中华人民共和国涉外民事关系法律适用法》第十八条的规定,确定确认涉外仲裁协议效力适用的法律时,当事人没有选择适用的法律,适用仲裁机构所在地的法律与适用仲裁地的法律将对仲裁协议的效力作出不同认定的,人民法院应当适用确认仲裁协议有效的法律。

第十五条　仲裁协议未约定仲裁机构和仲裁地,但根据仲裁协议约定适用的仲裁规则可以确定仲裁机构或者仲裁地的,应当认定其为《中华人民共和国涉外民事关系法律适用法》第十八条中规定的仲裁机构或者仲裁地。

第十六条　人民法院适用《承认及执行外国仲裁裁决公约》审查当事人申请承认及执行外国仲裁裁决案件时,被申请人以仲裁协议无效为由提出抗辩的,人民法院应当依照该公约第五条第一款(甲)项的规定,确定确认仲裁协议效力应当适用的法律。

第十七条　人民法院对申请执行我国内地仲裁机构作出的非涉外仲裁裁决案件的审查,适用《中华人民共和国民事诉讼法》第二百三十七条的规定。

人民法院对申请执行我国内地仲裁机构作出的涉外仲裁裁决案件的审查,适用《中华人民共和国民事诉讼法》第二百七十四条的规定。

第十八条　《中华人民共和国仲裁法》第五十八条第一款第六项和《中华人民共和国民事诉讼法》第二百三十七条第二款第六项规定的仲裁员在仲裁该案时有索贿受贿,徇私舞弊,枉法裁决行为,是指已经由生效刑事法律文书或者纪律处分决定所确认的行为。

第十九条 人民法院受理仲裁司法审查案件后,作出裁定前,申请人请求撤回申请的,裁定准许。

第二十条 人民法院在仲裁司法审查案件中作出的裁定,除不予受理、驳回申请、管辖权异议的裁定外,一经送达即发生法律效力。当事人申请复议、提出上诉或者申请再审的,人民法院不予受理,但法律和司法解释另有规定的除外。

第二十一条 人民法院受理的申请确认涉及香港特别行政区、澳门特别行政区、台湾地区仲裁协议效力的案件,申请执行或者撤销我国内地仲裁机构作出的涉及香港特别行政区、澳门特别行政区、台湾地区仲裁裁决的案件,参照适用涉外仲裁司法审查案件的规定审查。

第二十二条 本规定自2018年1月1日起施行,本院以前发布的司法解释与本规定不一致的,以本规定为准。

3. 正确审理仲裁司法审查案件 促进仲裁健康发展——最高人民法院民四庭负责人就《最高人民法院关于仲裁司法审查案件报核问题的有关规定》《最高人民法院关于审理仲裁司法审查案件若干问题的规定》答记者问

2017年12月26日,最高人民法院公布了《最高人民法院关于仲裁司法审查案件报核问题的有关规定》(以下简称报核问题司法解释)和《最高人民法院关于审理仲裁司法审查案件若干问题的规定》(以下简称仲裁司法审查司法解释),最高人民法院民四庭负责人接受了记者采访,就有关问题回答了记者提问。

记者:报核问题司法解释和仲裁司法审查司法解释均定于2018年1月1日起正式施行,请问这两项司法解释的起草背景和积极意义是什么?

负责人:党的十八届四中全会决定明确指出,要健全和完善多元化纠纷解决机制,完善仲裁制度,提高仲裁公信力。仲裁自身的特点决定了其健康有序发展必须依赖于司法的监督与支持。2016年6月最高人民法院发布了《关于人民法院进一步深化多元化纠纷解决机制改革的意见》,要求加强与仲裁机构的对接,积极支持仲裁制度改革。为适应仲裁制度发展的需要,有效解决出现的新情况和新问题,我们在充分调研的基础上,通过制定司法解释,对相关问题加以规范,以正确审理仲裁司法审查案件,促进仲裁事业的健康有序发展。

制定此两项司法解释的积极意义在于,根据《中华人民共和国民事诉讼法》(以下简称民事诉讼法)《中华人民共和国仲裁法》等相关法律规定,结合当前人民法院审理仲裁司法审查案件的实际需要,进一步明确仲裁司法审查案件中的法律适用问题,切实有效地规范案件审查的程序,为人民法院充分发挥司法职能作用,健全和完善我国的多元化纠纷解决机制,提供法律支撑。

记者:与原内请制度相比,报核问题司法解释有哪些突出特点?

负责人:首先,用司法解释的形式确立仲裁司法审查案件的报核制度,比原内部通知文件方式赋予了这项制度更高的法律效力。

其次,明确了最高人民法院或者高级人民法院的审核权,有利于从根本上保证案件裁判尺度的统一和法律适用的正确性。

第三,平等对待国内案件和涉外案件,统一适用相关规定,符合对国际、国内仲裁司法审查案件统一归口管理的趋势。

最后,在原内请制度的基础上,明确细化了操作程序、上下级法院的职能等内容,使得该制度更透明、规范。

记者:报核问题司法解释第一条对仲裁司法审查案件类型进行了明确,所有仲裁司法审查案件均适用该规定,请问主要的考虑是什么?

负责人:原内请制度只适用于涉外涉港澳台仲裁司法审查案件,在非涉外涉港澳台仲裁司法审查案件方面一直未能建立起行之有效的管理和指导监督制度。将所有仲裁司法审查案件纳入核准制度的范畴,主要基于以下考虑:

第一,该项制度的建立,可以有效避免申请撤销或者不予执行非涉外涉港澳台仲裁裁决案件错案的发生。

第二,仲裁司法审查案件的其中一个特点就是一审终审,根据现行法律规定,当事人不享有上诉、复议以及申请再审的权利,检察机关对此也不予抗诉。一旦出现错案,当事人缺乏有效的救济手段,因此对于仲裁司法审查案件的审理必须慎重。我们在调研中也发现,一些人民法院审理的非涉外涉港澳台仲裁司法审查案件,在法律适用上存在错误。错案的出现,既不利于依法保护当事人的合法权益,对人民法院的司法公信力也会带来负面影响,更不利于仲裁事业的健康有序发展。从另一个角度讲,认定仲裁协议无效或者撤销、不予执行仲裁裁决后,通常当事人只能再向人民法院提起诉讼解决纠纷,这样客观上又造成人民法院收案量的增加,同时加重了当事人的诉累。

第三,将所有仲裁司法审查案件不再区分是否为涉外案件或者非涉外案件,统一加以规范,有利于平等保护各方当事人的合法权益。

记者:报核问题司法解释对仲裁司法审查案件的审核权作了哪些具体规定?

负责人:对于仲裁司法审查案件的审核权,我们在考虑实践中具体案件的数量和各级人民法院审判力量的基础上,对涉外涉港澳台案件进行了不同规定。其中,对于涉外涉港澳台仲裁司法审查案件仍然秉承原内请制度确定的原则,规定报最高人民法院审核。而对于非涉外涉港澳台案件,则规定报高级人民法院审核,但是如果此类案件存在当事人住所地跨省级行政区域的,或者以违背社会公共利益由不予执行或者撤销仲裁裁决的情形的,则应报最高人民法院审核,以平等保护当事人、慎重适用公共利益原则。

记者:仲裁司法审查司法解释对涉及关联案件的申请承认外国仲裁裁决案件管辖进行了规定,请问该如何理解?

负责人:实践中有的外国仲裁裁决,被申请人住所地、财产所在地均不在我国境内,但基于审理关联案件的需要,申请人可能需要我国法院承认外国仲裁裁决而并非具体执行仲裁裁决。针对此种情形,仲裁司法审查司法解释规定申请人申请承认外国仲裁裁决的,由受理关联案件的人民法院管辖或者仲裁机构所在地的中级人民法院管辖。除此之外,由于此类案件应当由中级人民法院受理,所以该司法解释进一步规定了如果受理关联案件的人民法院为基层人民法院,则申请承认外国仲裁裁决的案件应当由该基层人民法院的上一级人民法院管辖。受理关联案件的人民法院如果是高级人民法院或者最高人民法院,由上述法院决定自行审查或者指定中级人民法院审查。

记者:仲裁司法审查司法解释赋予了当事人对不予受理的裁定可以上诉的权利,此项规定的意义是什么？

负责人：赋予当事人对不予受理的裁定可以上诉的权利主要是出于统一规范标准，平等保护当事人合法权益方面的考虑。首先，民事诉讼法第一百五十四条规定不予受理的裁定可以上诉，虽然仲裁司法审查案件的审查程序不同于普通程序，但就是否受理的裁定而言，应与普通程序给予同等对待。其次，2015年7月1日起施行的《最高人民法院关于认可和执行台湾地区仲裁裁决的规定》第八条明确规定，对于不予受理的裁定，当事人可以提起上诉。为避免出现相同案件不同处理的问题，我们在仲裁司法审查司法解释也作出了如此规定。

记者：仲裁司法审查司法解释规定立案后发现不符合受理条件，法院应裁定驳回申请，请问该如何理解？

负责人：该条规定参照《最高人民法院关于适用〈中华人民共和国民事诉讼法〉的解释》（以下简称民事诉讼法司法解释）第二百零八条、第二百一十二条关于普通程序的相关内容，规定对于仲裁司法审查案件，人民法院立案后发现不符合受理条件的，裁定驳回申请，裁定驳回申请的案件，申请人再次申请并符合受理条件的，人民法院应予受理。同时明确对于驳回申请的裁定，当事人可以提起上诉。

记者：仲裁司法审查司法解释对管辖权异议进行了规定，请问该如何理解？

负责人：规定当事人可以提出管辖权异议，主要是考虑既然对于仲裁司法审查案件的管辖法院，法律、司法解释均作出了明确规定，因此也应当允许当事人对此类案件提出管辖权异议。对于管辖权异议裁定不服的，当事人也可以提起上诉。

记者：仲裁司法审查司法解释中关于适用仲裁机构所在地的法律与适用仲裁地的法律将对仲裁协议的效力作出不同认定的，人民法院应当适用确认仲裁协议有效的法律的规定，应如何理解？

负责人：该规定是对准确适用《中华人民共和国涉外民事关系法律适用法》第十八条作出的规定。该条规定将确认涉外仲裁协议效力的准据法区分为两个层次，在第二个层次中又规定了仲裁机构所在地法律或者仲裁地法律两个并列选项。从支持仲裁的原则出发，在适用仲裁机构所在地法律与适用仲裁地法律对仲裁协议效力产生不同认定的情况下，我们在《中华人民共和国涉外民事关系法律适用法》第十八条规定的基础上，进一步明确应当适用确认仲裁协议有效的法律作为准据法。

记者：仲裁司法审查司法解释第十七条明确了申请执行国内仲裁裁决和涉外仲裁裁决的法律适用问题，应如何准确理解？

负责人：该规定是对准确适用民事诉讼法第二百三十七条、第二百七十四条作出的规定。民事诉讼法第二百三十七条主要是规范国内仲裁裁决的执行问题，而第二百七十四条则主要是规范涉外仲裁裁决的执行问题。其中，民事诉讼法第二百七十四条的内容在1991年公布施行的《民事诉讼法》中即存在，除序号调整外，其内容未作修改。1991年民事诉讼法公布施行时《仲裁法》尚未出台，当时的涉外仲裁机构主要是中国国际经济贸易仲裁委员会和中国海事仲裁委员会，该两家仲裁机构仅受理涉外仲裁案件，故民事诉讼法第二百七十四条表述为"对中华人民共和国涉外仲裁机构作出的裁决，被申请人提出证据证明仲裁裁决有下列情形之一的，经人民法院组成合议庭审查核实，裁定不予执行"，该条实质是对涉外仲裁裁决不应执行的情形作出的规定,而对于非涉外仲裁裁决执行的问题规定在民事诉讼法第二百三十七条。1995年《中华人民共和国仲裁法》颁布施行后,国务院办公厅于1996年6月8日发布了《关于贯彻实施〈中华人民共和国仲裁法〉需要明确的几个问题的通知》(国办发〔1996〕22号)。根据该通知,我国内地的仲裁机构均可以受理涉外和国内仲裁案件,即不再存在国内仲裁机构和涉外仲裁机构的区分。由于涉外仲裁裁决和国内仲裁裁决执行问题的审查需要适用不同的法律规定,为避免对民事诉讼法相关条款的表述引起歧义,需要通过司法解释的形式对该问题加以明确,即人民法院对申请执行我国内地仲裁机构作出的非涉外仲裁裁决案件的审查,适用民事诉讼法第二百三十七条的规定;人民法院对申请执行我国内地仲裁机构作出的涉外仲裁裁决案件的审查,适用民事诉讼法第二百七十四条的规定。

4. 最高人民法院关于仲裁司法审查案件报核问题的有关规定

最高人民法院关于仲裁司法审查案件报核问题的有关规定
(法释〔2017〕21号)

为正确审理仲裁司法审查案件,统一裁判尺度,依法保护当事人合法权益,保障仲裁发展,根据《中华人民共和国民事诉讼法》《中华人民共和国仲裁法》等法律规定,结合审判实践,制定本规定。

第一条 本规定所称仲裁司法审查案件,包括下列案件:

(一)申请确认仲裁协议效力案件;

(二)申请撤销我国内地仲裁机构的仲裁裁决案件;

(三)申请执行我国内地仲裁机构的仲裁裁决案件;

(四)申请认可和执行香港特别行政区、澳门特别行政区、台湾地区仲裁裁决案件;

(五)申请承认及执行外国仲裁裁决案件;

(六)其他仲裁司法审查案件。

第二条 各中级人民法院或者专门人民法院办理涉外涉港澳台仲裁司法审查案件,经审查拟认定仲裁协议无效,不予执行或者撤销我国内地仲裁机构的仲裁裁决,不予认可和执行香港特别行政区、澳门特别行政区、台湾地区仲裁裁决,不予承认及执行外国仲裁裁决,应当向本辖区所属高级人民法院报核;高级人民法院经审查拟同意的,应当向最高人民法院报核。待最高人民法院审核后,方可依最高人民法院的审核意见作出裁定。

各中级人民法院或者专门人民法院办理非涉外涉港澳台仲裁司法审查案件,经审查拟认定仲裁协议无效,不予执行或者撤销我国内地仲裁机构的仲裁裁决,应当向本辖区所属高级人民法院报核;待高级人民法院审核后,方可依高级人民法院的审核意见作出裁定。

第三条 本规定第二条第二款规定的非涉外涉港澳台仲裁司法审查案件,高级人民法院经审查拟同意中级人民法院或者专门人民法院认定仲裁协议无效,不予执行或者撤销我国内地仲裁机构的仲裁裁决,在下列情形下,应当向最高人民法院报核,待最高人民法院审核后,方可依最高人民法院的审核意见作出裁定:

(一)仲裁司法审查案件当事人住所地跨省级行政区域;

(二)以违背社会公共利益为由不予执行或者撤销我国内地仲裁机构的仲裁裁决。

第四条　下级人民法院报请上级人民法院审核的案件,应当将书面报告和案件卷宗材料一并上报。书面报告应当写明审查意见及具体理由。

第五条　上级人民法院收到下级人民法院的报核申请后,认为案件相关事实不清的,可以询问当事人或者退回下级人民法院补充查明事实后再报。

第六条　上级人民法院应当以复函的形式将审核意见答复下级人民法院。

第七条　在民事诉讼案件中,对于人民法院因涉及仲裁协议效力而作出的不予受理、驳回起诉、管辖权异议的裁定,当事人不服提起上诉,第二审人民法院经审查拟认定仲裁协议不成立、无效、失效、内容不明确无法执行的,须按照本规定第二条的规定逐级报核,待上级人民法院审核后,方可依上级人民法院的审核意见作出裁定。

第八条　本规定自2018年1月1日起施行,本院以前发布的司法解释与本规定不一致的,以本规定为准。

5.《最高人民法院关于人民法院办理仲裁裁决执行案件若干问题的规定》

《最高人民法院关于人民法院办理仲裁裁决执行案件若干问题的规定》已于2018年1月5日由最高人民法院审判委员会第1730次会议通过,现予公布,自2018年3月1日起施行。

最高人民法院关于人民法院办理仲裁裁决执行案件若干问题的规定
法释〔2018〕5号

最高人民法院
2018年2月22日

为了规范人民法院办理仲裁裁决执行案件,依法保护当事人、案外人的合法权益,根据《中华人民共和国民事诉讼法》《中华人民共和国仲裁法》等法律规定,结合人民法院执行工作实际,制定本规定。

第一条　本规定所称的仲裁裁决执行案件,是指当事人申请人民法院执行仲裁机构依据仲裁法作出的仲裁裁决或者仲裁调解书的案件。

第二条　当事人对仲裁机构作出的仲裁裁决或者仲裁调解书申请执行的,由被执行人住所地或者被执行的财产所在地的中级人民法院管辖。

符合下列条件的,经上级人民法院批准,中级人民法院可以参照民事诉讼法第三十八条的规定指定基层人民法院管辖:

(一)执行标的额符合基层人民法院一审民商事案件级别管辖受理范围;

(二)被执行人住所地或者被执行的财产所在地在被指定的基层人民法院辖区内;

被执行人、案外人对仲裁裁决执行案件申请不予执行的,负责执行的中级人民法院应当另行立案审查处理;执行案件已指定基层人民法院管辖的,应当于收到不予执行申请后三日内移送原执行法院另行立案审查处理。

第三条　仲裁裁决或者仲裁调解书执行内容具有下列情形之一导致无法执行的,人民法院可以裁定驳回执行申请;导致部分无法执行的,可以裁定驳回该部分的执行申请;导致部分无法执行且该部分与其他部分不可分的,可以裁定驳回执行申请。

(一)权利义务主体不明确;

(二)金钱给付具体数额不明确或者计算方法不明确导致无法计算出具体数额;

(三)交付的特定物不明确或者无法确定;

(四)行为履行的标准、对象、范围不明确;

仲裁裁决或者仲裁调解书仅确定继续履行合同,但对继续履行的权利义务,以及履行的方式、期限等具体内容不明确,导致无法执行的,依照前款规定处理。

第四条 对仲裁裁决主文或者仲裁调解书中的文字、计算错误以及仲裁庭已经认定但在裁决主文中遗漏的事项,可以补正或说明的,人民法院应当书面告知仲裁庭补正或说明,或者向仲裁机构调阅仲裁案卷查明。仲裁庭不补正也不说明,且人民法院调阅仲裁案卷后执行内容仍然不明确具体无法执行的,可以裁定驳回执行申请。

第五条 申请执行人对人民法院依照本规定第三条、第四条作出的驳回执行申请裁定不服的,可以自裁定送达之日起十日内向上一级人民法院申请复议。

第六条 仲裁裁决或者仲裁调解书确定交付的特定物确已毁损或者灭失的,依照《最高人民法院关于适用〈中华人民共和国民事诉讼法〉的解释》第四百九十四条的规定处理。

第七条 被执行人申请撤销仲裁裁决并已由人民法院受理的,或者被执行人、案外人对仲裁裁决执行案件提出不予执行申请并提供适当担保的,执行法院应当裁定中止执行。中止执行期间,人民法院应当停止处分性措施,但申请执行人提供充分、有效的担保请求继续执行的除外;执行标的查封、扣押、冻结期限届满前,人民法院可以根据当事人申请或者依职权办理续行查封、扣押、冻结手续。

申请撤销仲裁裁决、不予执行仲裁裁决案件司法审查期间,当事人、案外人申请对已查封、扣押、冻结之外的财产采取保全措施的,负责审查的人民法院参照民事诉讼法第一百条的规定处理。司法审查后仍需继续执行的,保全措施自动转为执行中的查封、扣押、冻结措施;采取保全措施的人民法院与执行法院不一致的,应当将保全手续移送执行法院,保全裁定视为执行法院作出的裁定。

第八条 被执行人向人民法院申请不予执行仲裁裁决的,应当在执行通知书送达之日起十五日内提出书面申请;有民事诉讼法第二百三十七条第二款第四、六项规定情形且执行程序尚未终结的,应当自知道或者应当知道有关事实或案件之日起十五日内提出书面申请。

本条前款规定期限届满前,被执行人已向有管辖权的人民法院申请撤销仲裁裁决且已被受理的,自人民法院驳回撤销仲裁裁决申请的裁判文书生效之日起重新计算期限。

第九条 案外人向人民法院申请不予执行仲裁裁决或者仲裁调解书的,应当提交申请书以及证明其请求成立的证据材料,并符合下列条件:

(一)有证据证明仲裁案件当事人恶意申请仲裁或者虚假仲裁,损害其合法权益;

(二)案外人主张的合法权益所涉及的执行标的尚未执行终结;

(三)自知道或者应当知道人民法院对该标的采取执行措施之日起三十日内提出。

第十条 被执行人申请不予执行仲裁裁决,对同一仲裁裁决的多个不予执行事由应当一并提出。不予执行仲裁裁决申请被裁定驳回后,再次提出申请的,人民法院不予审查,但有新证据证明存在民事诉讼法第二百三十七条第二款第四、六项规定情形的除外。

第十一条 人民法院对不予执行仲裁裁决案件应当组成合议庭围绕被执行人申请的

事由、案外人的申请进行审查;对被执行人没有申请的事由不予审查,但仲裁裁决可能违背社会公共利益的除外。

被执行人、案外人对仲裁裁决执行案件申请不予执行的,人民法院应当进行询问;被执行人在询问终结前提出其他不予执行事由的,应当一并审查。人民法院审查时,认为必要的,可以要求仲裁庭作出说明,或者向仲裁机构调阅仲裁案卷。

第十二条　人民法院对不予执行仲裁裁决案件的审查,应当在立案之日起两个月内审查完毕并作出裁定;有特殊情况需要延长的,经本院院长批准,可以延长一个月。

第十三条　下列情形经人民法院审查属实的,应当认定为民事诉讼法第二百三十七条第二款第二项规定的"裁决的事项不属于仲裁协议的范围或者仲裁机构无权仲裁的"情形:

(一)裁决的事项超出仲裁协议约定的范围;

(二)裁决的事项属于依照法律规定或者当事人选择的仲裁规则规定的不可仲裁事项;

(三)裁决内容超出当事人仲裁请求的范围;

(四)作出裁决的仲裁机构非仲裁协议所约定。

第十四条　违反仲裁法规定的仲裁程序、当事人选择的仲裁规则或者当事人对仲裁程序的特别约定,可能影响案件公正裁决,经人民法院审查属实的,应当认定为民事诉讼法第二百三十七条第二款第三项规定的"仲裁庭的组成或者仲裁的程序违反法定程序的"情形。

当事人主张未按照仲裁法或仲裁规则规定的方式送达法律文书导致其未能参与仲裁,或者仲裁员根据仲裁法或仲裁规则的规定应当回避而未回避,可能影响公正裁决,经审查属实,人民法院应当支持;仲裁庭按照仲裁法或仲裁规则以及当事人约定的方式送达仲裁法律文书,当事人主张不符合民事诉讼法有关送达规定的,人民法院不予支持。

适用的仲裁程序或仲裁规则经特别提示,当事人知道或者应当知道法定仲裁程序或选择的仲裁规则未被遵守,但仍然参加或者继续参加仲裁程序且未提出异议,在仲裁裁决作出之后以违反法定程序为由申请不予执行仲裁裁决的,人民法院不予支持。

第十五条　符合下列条件的,人民法院应当认定为民事诉讼法第二百三十七条第二款第四项规定的"裁决所根据的证据是伪造的"情形:

(一)该证据已被仲裁裁决采信;

(二)该证据属于认定案件基本事实的主要证据;

(三)该证据经查明确属通过捏造、变造、提供虚假证明等非法方式形成或者获取,违反证据的客观性、关联性、合法性要求。

第十六条　符合下列条件的,人民法院应当认定为民事诉讼法第二百三十七条第二款第五项规定的"对方当事人向仲裁机构隐瞒了足以影响公正裁决的证据的"情形:

(一)该证据属于认定案件基本事实的主要证据;

(二)该证据仅为对方当事人掌握,但未向仲裁庭提交;

(三)仲裁过程中知悉存在该证据,且要求对方当事人出示或者请求仲裁庭责令其提交,但对方当事人无正当理由未予出示或者提交。

当事人一方在仲裁过程中隐瞒己方掌握的证据，仲裁裁决作出后以己方所隐瞒的证据足以影响公正裁决为由申请不予执行仲裁裁决的，人民法院不予支持。

第十七条　被执行人申请不予执行仲裁调解书或者根据当事人之间的和解协议、调解协议作出的仲裁裁决，人民法院不予支持，但该仲裁调解书或者仲裁裁决违背社会公共利益的除外。

第十八条　案外人根据本规定第九条申请不予执行仲裁裁决或者仲裁调解书，符合下列条件的，人民法院应当支持：

（一）案外人系权利或者利益的主体；

（二）案外人主张的权利或者利益合法、真实；

（三）仲裁案件当事人之间存在虚构法律关系，捏造案件事实的情形；

（四）仲裁裁决主文或者仲裁调解书处理当事人民事权利义务的结果部分或者全部错误，损害案外人合法权益。

第十九条　被执行人、案外人对仲裁裁决执行案件逾期申请不予执行的，人民法院应当裁定不予受理；已经受理的，应当裁定驳回不予执行申请。

被执行人、案外人对仲裁裁决执行案件申请不予执行，经审查理由成立的，人民法院应当裁定不予执行；理由不成立的，应当裁定驳回不予执行申请。

第二十条　当事人向人民法院申请撤销仲裁裁决被驳回后，又在执行程序中以相同事由提出不予执行申请的，人民法院不予支持；当事人向人民法院申请不予执行被驳回后，又以相同事由申请撤销仲裁裁决的，人民法院不予支持。

在不予执行仲裁裁决案件审查期间，当事人向有管辖权的人民法院提出撤销仲裁裁决申请并被受理的，人民法院应当裁定中止对不予执行申请的审查；仲裁裁决被撤销或者决定重新仲裁的，人民法院应当裁定终结执行，并终结对不予执行申请的审查；撤销仲裁裁决申请被驳回或者申请执行人撤回撤销仲裁裁决申请的，人民法院应当恢复对不予执行申请的审查；被执行人撤回撤销仲裁裁决申请的，人民法院应当裁定终结对不予执行申请的审查，但案外人申请不予执行仲裁裁决的除外。

第二十一条　人民法院裁定驳回撤销仲裁裁决申请或者驳回不予执行仲裁裁决、仲裁调解书申请的，执行法院应当恢复执行。

人民法院裁定撤销仲裁裁决或者基于被执行人申请裁定不予执行仲裁裁决，原被执行人申请执行回转或者解除强制执行措施的，人民法院应当支持。原申请执行人对已履行或者被人民法院强制执行的款物申请保全的，人民法院应当依法准许；原申请执行人在人民法院采取保全措施之日起三十日内，未根据双方达成的书面仲裁协议重新申请仲裁或者向人民法院起诉的，人民法院应当裁定解除保全。

人民法院基于案外人申请裁定不予执行仲裁裁决或者仲裁调解书，案外人申请执行回转或者解除强制执行措施的，人民法院应当支持。

第二十二条　人民法院裁定不予执行仲裁裁决、驳回或者不予受理不予执行仲裁裁决申请后，当事人对该裁定提出执行异议或者申请复议的，人民法院不予受理。

人民法院裁定不予执行仲裁裁决的，当事人可以根据双方达成的书面仲裁协议重新申请仲裁，也可以向人民法院起诉。

人民法院基于案外人申请裁定不予执行仲裁裁决或者仲裁调解书,当事人不服的,可以自裁定送达之日起十日内向上一级人民法院申请复议;人民法院裁定驳回或者不予受理案外人提出的不予执行仲裁裁决、仲裁调解书申请,案外人不服的,可以自裁定送达之日起十日内向上一级人民法院申请复议。

第二十三条　本规定第八条、第九条关于对仲裁裁决执行案件申请不予执行的期限自本规定施行之日起重新计算。

第二十四条　本规定自2018年3月1日起施行,最高人民法院以前发布的司法解释与本规定不一致的,以本规定为准。

本规定施行前已经执行终结的执行案件,不适用本规定;本规定施行后尚未执行终结的执行案件,适用本规定。

附录二 《中华人民共和国涉外民事关系法律适用法》及司法解释

(一)《中华人民共和国涉外民事关系法律适用法》

中华人民共和国主席令

第三十六号

《中华人民共和国涉外民事关系法律适用法》已由中华人民共和国第十一届全国人民代表大会常务委员会第十七次会议于 2010 年 10 月 28 日通过,现予公布,自 2011 年 4 月 1 日起施行。

中华人民共和国主席 胡锦涛
2010 年 10 月 28 日

《中华人民共和国涉外民事关系法律适用法》

第一章 一般规定
第二章 民事主体
第三章 婚姻家庭
第四章 继　承
第五章 物　权
第六章 债　权
第七章 知识产权
第八章 附　则

第一章 一般规定

第一条 为了明确涉外民事关系的法律适用,合理解决涉外民事争议,维护当事人的合法权益,制定本法。

第二条 涉外民事关系适用的法律,依照本法确定。其他法律对涉外民事关系法律适用另有特别规定的,依照其规定。

本法和其他法律对涉外民事关系法律适用没有规定的,适用与该涉外民事关系有最密切联系的法律。

第三条 当事人依照法律规定可以明示选择涉外民事关系适用的法律。

第四条 中华人民共和国法律对涉外民事关系有强制性规定的,直接适用该强制性规定。

第五条 外国法律的适用将损害中华人民共和国社会公共利益的,适用中华人民共和国法律。

第六条　涉外民事关系适用外国法律,该国不同区域实施不同法律的,适用与该涉外民事关系有最密切联系区域的法律。

第七条　诉讼时效,适用相关涉外民事关系应当适用的法律。

第八条　涉外民事关系的定性,适用法院地法律。

第九条　涉外民事关系适用的外国法律,不包括该国的法律适用法。

第十条　涉外民事关系适用的外国法律,由人民法院、仲裁机构或者行政机关查明。当事人选择适用外国法律的,应当提供该国法律。

不能查明外国法律或者该国法律没有规定的,适用中华人民共和国法律。

第二章　民事主体

第十一条　自然人的民事权利能力,适用经常居所地法律。

第十二条　自然人的民事行为能力,适用经常居所地法律。

自然人从事民事活动,依照经常居所地法律为无民事行为能力,依照行为地法律为有民事行为能力的,适用行为地法律,但涉及婚姻家庭、继承的除外。

第十三条　宣告失踪或者宣告死亡,适用自然人经常居所地法律。

第十四条　法人及其分支机构的民事权利能力、民事行为能力、组织机构、股东权利义务等事项,适用登记地法律。

法人的主营业地与登记地不一致的,可以适用主营业地法律。法人的经常居所地,为其主营业地。

第十五条　人格权的内容,适用权利人经常居所地法律。

第十六条　代理适用代理行为地法律,但被代理人与代理人的民事关系,适用代理关系发生地法律。

当事人可以协议选择委托代理适用的法律。

第十七条　当事人可以协议选择信托适用的法律。当事人没有选择的,适用信托财产所在地法律或者信托关系发生地法律。

第十八条　当事人可以协议选择仲裁协议适用的法律。当事人没有选择的,适用仲裁机构所在地法律或者仲裁地法律。

第十九条　依照本法适用国籍国法律,自然人具有两个以上国籍的,适用有经常居所的国籍国法律;在所有国籍国均无经常居所的,适用与其有最密切联系的国籍国法律。自然人无国籍或者国籍不明的,适用其经常居所地法律。

第二十条　依照本法适用经常居所地法律,自然人经常居所地不明的,适用其现在居所地法律。

第三章　婚姻家庭

第二十一条　结婚条件,适用当事人共同经常居所地法律;没有共同经常居所地的,适用共同国籍国法律;没有共同国籍,在一方当事人经常居所地或者国籍国缔结婚姻的,适用婚姻缔结地法律。

第二十二条　结婚手续,符合婚姻缔结地法律、一方当事人经常居所地法律或者国籍国法律的,均为有效。

第二十三条　夫妻人身关系,适用共同经常居所地法律;没有共同经常居所地的,适用共同国籍国法律。

第二十四条　夫妻财产关系,当事人可以协议选择适用一方当事人经常居所地法律、国籍国法律或者主要财产所在地法律。当事人没有选择的,适用共同经常居所地法律;没有共同经常居所地的,适用共同国籍国法律。

第二十五条　父母子女人身、财产关系,适用共同经常居所地法律;没有共同经常居所地的,适用一方当事人经常居所地法律或者国籍国法律中有利于保护弱者权益的法律。

第二十六条　协议离婚,当事人可以协议选择适用一方当事人经常居所地法律或者国籍国法律。当事人没有选择的,适用共同经常居所地法律;没有共同经常居所地的,适用共同国籍国法律;没有共同国籍的,适用办理离婚手续机构所在地法律。

第二十七条　诉讼离婚,适用法院地法律。

第二十八条　收养的条件和手续,适用收养人和被收养人经常居所地法律。收养的效力,适用收养时收养人经常居所地法律。收养关系的解除,适用收养时被收养人经常居所地法律或者法院地法律。

第二十九条　扶养,适用一方当事人经常居所地法律、国籍国法律或者主要财产所在地法律中有利于保护被扶养人权益的法律。

第三十条　监护,适用一方当事人经常居所地法律或者国籍国法律中有利于保护被监护人权益的法律。

第四章　继　承

第三十一条　法定继承,适用被继承人死亡时经常居所地法律,但不动产法定继承,适用不动产所在地法律。

第三十二条　遗嘱方式,符合遗嘱人立遗嘱时或者死亡时经常居所地法律、国籍国法律或者遗嘱行为地法律的,遗嘱均为成立。

第三十三条　遗嘱效力,适用遗嘱人立遗嘱时或者死亡时经常居所地法律或者国籍国法律。

第三十四条　遗产管理等事项,适用遗产所在地法律。

第三十五条　无人继承遗产的归属,适用被继承人死亡时遗产所在地法律。

第五章　物　权

第三十六条　不动产物权,适用不动产所在地法律。

第三十七条　当事人可以协议选择动产物权适用的法律。当事人没有选择的,适用法律事实发生时动产所在地法律。

第三十八条　当事人可以协议选择运输中动产物权发生变更适用的法律。当事人没有选择的,适用运输目的地法律。

第三十九条　有价证券,适用有价证券权利实现地法律或者其他与该有价证券有最密切联系的法律。

第四十条 权利质权,适用质权设立地法律。

第六章 债 权

第四十一条 当事人可以协议选择合同适用的法律。当事人没有选择的,适用履行义务最能体现该合同特征的一方当事人经常居所地法律或者其他与该合同有最密切联系的法律。

第四十二条 消费者合同,适用消费者经常居所地法律;消费者选择适用商品、服务提供地法律或者经营者在消费者经常居所地没有从事相关经营活动的,适用商品、服务提供地法律。

第四十三条 劳动合同,适用劳动者工作地法律;难以确定劳动者工作地的,适用用人单位主营业地法律。劳务派遣,可以适用劳务派出地法律。

第四十四条 侵权责任,适用侵权行为地法律,但当事人有共同经常居所地的,适用共同经常居所地法律。侵权行为发生后,当事人协议选择适用法律的,按照其协议。

第四十五条 产品责任,适用被侵权人经常居所地法律;被侵权人选择适用侵权人主营业地法律、损害发生地法律的,或者侵权人在被侵权人经常居所地没有从事相关经营活动的,适用侵权人主营业地法律或者损害发生地法律。

第四十六条 通过网络或者采用其他方式侵害姓名权、肖像权、名誉权、隐私权等人格权的,适用被侵权人经常居所地法律。

第四十七条 不当得利、无因管理,适用当事人协议选择适用的法律。当事人没有选择的,适用当事人共同经常居所地法律;没有共同经常居所地的,适用不当得利、无因管理发生地法律。

第七章 知识产权

第四十八条 知识产权的归属和内容,适用被请求保护地法律。

第四十九条 当事人可以协议选择知识产权转让和许可使用适用的法律。当事人没有选择的,适用本法对合同的有关规定。

第五十条 知识产权的侵权责任,适用被请求保护地法律,当事人也可以在侵权行为发生后协议选择适用法院地法律。

第八章 附 则

第五十一条 《中华人民共和国民法通则》第一百四十六条、第一百四十七条,《中华人民共和国继承法》第三十六条,与本法的规定不一致的,适用本法。

第五十二条 本法自 2011 年 4 月 1 日起施行。

(二)最高人民法院关于适用《中华人民共和国涉外民事关系法律适用法》若干问题的解释(一)

法释〔2012〕24 号

(2012 年 12 月 10 日最高人民法院审判委员会第 1563 次会议通过)

为正确审理涉外民事案件,根据《中华人民共和国涉外民事关系法律适用法》的规

定,对人民法院适用该法的有关问题解释如下:

第一条 民事关系具有下列情形之一的,人民法院可以认定为涉外民事关系:

(一)当事人一方或双方是外国公民、外国法人或者其他组织、无国籍人;

(二)当事人一方或双方的经常居所地在中华人民共和国领域外;

(三)标的物在中华人民共和国领域外;

(四)产生、变更或者消灭民事关系的法律事实发生在中华人民共和国领域外;

(五)可以认定为涉外民事关系的其他情形。

第二条 涉外民事关系法律适用法实施以前发生的涉外民事关系,人民法院应当根据该涉外民事关系发生时的有关法律规定确定应当适用的法律;当时法律没有规定的,可以参照涉外民事关系法律适用法的规定确定。

第三条 涉外民事关系法律适用法与其他法律对同一涉外民事关系法律适用规定不一致的,适用涉外民事关系法律适用法的规定,但《中华人民共和国票据法》、《中华人民共和国海商法》、《中华人民共和国民用航空法》等商事领域法律的特别规定以及知识产权领域法律的特别规定除外。

涉外民事关系法律适用法对涉外民事关系的法律适用没有规定而其他法律有规定的,适用其他法律的规定。

第四条 涉外民事关系的法律适用涉及适用国际条约的,人民法院应当根据《中华人民共和国民法通则》第一百四十二条第二款以及《中华人民共和国票据法》第九十五条第一款、《中华人民共和国海商法》第二百六十八条第一款、《中华人民共和国民用航空法》第一百八十四条第一款等法律规定予以适用,但知识产权领域的国际条约已经转化或者需要转化为国内法律的除外。

第五条 涉外民事关系的法律适用涉及适用国际惯例的,人民法院应当根据《中华人民共和国民法通则》第一百四十二条第三款以及《中华人民共和国票据法》第九十五条第二款、《中华人民共和国海商法》第二百六十八条第二款、《中华人民共和国民用航空法》第一百八十四条第二款等法律规定予以适用。

第六条 中华人民共和国法律没有明确规定当事人可以选择涉外民事关系适用的法律,当事人选择适用法律的,人民法院应认定该选择无效。

第七条 一方当事人以双方协议选择的法律与系争的涉外民事关系没有实际联系为由主张选择无效的,人民法院不予支持。

第八条 当事人在一审法庭辩论终结前协议选择或者变更选择适用的法律的,人民法院应予准许。

各方当事人援引相同国家的法律且未提出法律适用异议的,人民法院可以认定当事人已经就涉外民事关系适用的法律作出了选择。

第九条 当事人在合同中援引尚未对中华人民共和国生效的国际条约的,人民法院可以根据该国际条约的内容确定当事人之间的权利义务,但违反中华人民共和国社会公共利益或中华人民共和国法律、行政法规强制性规定的除外。

第十条 有下列情形之一,涉及中华人民共和国社会公共利益、当事人不能通过约定排除适用、无需通过冲突规范指引而直接适用于涉外民事关系的法律、行政法规的规定,人民法院应当认定为涉外民事关系法律适用法第四条规定的强制性规定：

（一）涉及劳动者权益保护的；

（二）涉及食品或公共卫生安全的；

（三）涉及环境安全的；

（四）涉及外汇管制等金融安全的；

（五）涉及反垄断、反倾销的；

（六）应当认定为强制性规定的其他情形。

第十一条 一方当事人故意制造涉外民事关系的连结点，规避中华人民共和国法律、行政法规的强制性规定的，人民法院应认定为不发生适用外国法律的效力。

第十二条 涉外民事争议的解决须以另一涉外民事关系的确认为前提时，人民法院应当根据该先决问题自身的性质确定其应当适用的法律。

第十三条 案件涉及两个或者两个以上的涉外民事关系时，人民法院应当分别确定应当适用的法律。

第十四条 当事人没有选择涉外仲裁协议适用的法律，也没有约定仲裁机构或者仲裁地，或者约定不明的，人民法院可以适用中华人民共和国法律认定该仲裁协议的效力。

第十五条 自然人在涉外民事关系产生或者变更、终止时已经连续居住一年以上且作为其生活中心的地方，人民法院可以认定为涉外民事关系法律适用法规定的自然人的经常居所地，但就医、劳务派遣、公务等情形除外。

第十六条 人民法院应当将法人的设立登记地认定为涉外民事关系法律适用法规定的法人的登记地。

第十七条 人民法院通过由当事人提供、已对中华人民共和国生效的国际条约规定的途径、中外法律专家提供等合理途径仍不能获得外国法律的，可以认定为不能查明外国法律。

根据涉外民事关系法律适用法第十条第一款的规定，当事人应当提供外国法律，其在人民法院指定的合理期限内无正当理由未提供该外国法律的，可以认定为不能查明外国法律。

第十八条 人民法院应当听取各方当事人对应当适用的外国法律的内容及其理解与适用的意见，当事人对该外国法律的内容及其理解与适用均无异议的，人民法院可以予以确认；当事人有异议的，由人民法院审查认定。

第十九条 涉及香港特别行政区、澳门特别行政区的民事关系的法律适用问题，参照适用本规定。

第二十条 涉外民事关系法律适用法施行后发生的涉外民事纠纷案件，本解释施行后尚未终审的，适用本解释；本解释施行前已经终审，当事人申请再审或者按照审判监督程序决定再审的，不适用本解释。

第二十一条 本院以前发布的司法解释与本解释不一致的，以本解释为准。

附录三 《中华人民共和国劳动争议调解仲裁法》

中华人民共和国主席令

第八十号

《中华人民共和国劳动争议调解仲裁法》已由中华人民共和国第十届全国人民代表大会常务委员会第三十一次会议于2007年12月29日通过,现予公布,自2008年5月1日起施行。

中华人民共和国主席　胡锦涛
2007年12月29日

中华人民共和国劳动争议调解仲裁法

(2007年12月29日第十届全国人民代表大会常务委员会第三十一次会议通过)

目　录

第一章　总则

第二章　调解

第三章　仲裁

　　第一节　一般规定

　　第二节　申请和受理

　　第三节　开庭和裁决

第四章　附则

第一章　总　则

第一条　为了公正及时解决劳动争议,保护当事人合法权益,促进劳动关系和谐稳定,制定本法。

第二条　中华人民共和国境内的用人单位与劳动者发生的下列劳动争议,适用本法:

(一)因确认劳动关系发生的争议;

(二)因订立、履行、变更、解除和终止劳动合同发生的争议;

(三)因除名、辞退和辞职、离职发生的争议;

(四)因工作时间、休息休假、社会保险、福利、培训以及劳动保护发生的争议;

(五)因劳动报酬、工伤医疗费、经济补偿或者赔偿金等发生的争议;

(六)法律、法规规定的其他劳动争议。

第三条　解决劳动争议,应当根据事实,遵循合法、公正、及时、着重调解的原则,依法保护当事人的合法权益。

第四条　发生劳动争议,劳动者可以与用人单位协商,也可以请工会或者第三方共同与用人单位协商,达成和解协议。

第五条　发生劳动争议,当事人不愿协商、协商不成或者达成和解协议后不履行的,可以向调解组织申请调解;不愿调解、调解不成或者达成调解协议后不履行的,可以向劳动争议仲裁委员会申请仲裁;对仲裁裁决不服的,除本法另有规定的外,可以向人民法院提起诉讼。

第六条　发生劳动争议,当事人对自己提出的主张,有责任提供证据。与争议事项有关的证据属于用人单位掌握管理的,用人单位应当提供;用人单位不提供的,应当承担不利后果。

第七条　发生劳动争议的劳动者一方在十人以上,并有共同请求的,可以推举代表参加调解、仲裁或者诉讼活动。

第八条　县级以上人民政府劳动行政部门会同工会和企业方面代表建立协调劳动关系三方机制,共同研究解决劳动争议的重大问题。

第九条　用人单位违反国家规定,拖欠或者未足额支付劳动报酬,或者拖欠工伤医疗费、经济补偿或者赔偿金的,劳动者可以向劳动行政部门投诉,劳动行政部门应当依法处理。

第二章　调　解

第十条　发生劳动争议,当事人可以到下列调解组织申请调解:
(一)企业劳动争议调解委员会;
(二)依法设立的基层人民调解组织;
(三)在乡镇、街道设立的具有劳动争议调解职能的组织。

企业劳动争议调解委员会由职工代表和企业代表组成。职工代表由工会成员担任或者由全体职工推举产生,企业代表由企业负责人指定。企业劳动争议调解委员会主任由工会成员或者双方推举的人员担任。

第十一条　劳动争议调解组织的调解员应当由公道正派、联系群众、热心调解工作,并具有一定法律知识、政策水平和文化水平的成年公民担任。

第十二条　当事人申请劳动争议调解可以书面申请,也可以口头申请。口头申请的,调解组织应当当场记录申请人基本情况、申请调解的争议事项、理由和时间。

第十三条　调解劳动争议,应当充分听取双方当事人对事实和理由的陈述,耐心疏导,帮助其达成协议。

第十四条　经调解达成协议的,应当制作调解协议书。

调解协议书由双方当事人签名或者盖章,经调解员签名并加盖调解组织印章后生效,对双方当事人具有约束力,当事人应当履行。

自劳动争议调解组织收到调解申请之日起十五日内未达成调解协议的,当事人可以依法申请仲裁。

第十五条　达成调解协议后,一方当事人在协议约定期限内不履行调解协议的,另一方当事人可以依法申请仲裁。

第十六条　因支付拖欠劳动报酬、工伤医疗费、经济补偿或者赔偿金事项达成调解协议,用人单位在协议约定期限内不履行的,劳动者可以持调解协议书依法向人民法院申请支付令。人民法院应当依法发出支付令。

第三章　仲　　裁

第一节　一般规定

第十七条　劳动争议仲裁委员会按照统筹规划、合理布局和适应实际需要的原则设立。省、自治区人民政府可以决定在市、县设立;直辖市人民政府可以决定在区、县设立。直辖市、设区的市也可以设立一个或者若干个劳动争议仲裁委员会。劳动争议仲裁委员会不按行政区划层层设立。

第十八条　国务院劳动行政部门依照本法有关规定制定仲裁规则。省、自治区、直辖市人民政府劳动行政部门对本行政区域的劳动争议仲裁工作进行指导。

第十九条　劳动争议仲裁委员会由劳动行政部门代表、工会代表和企业方面代表组成。劳动争议仲裁委员会组成人员应当是单数。

劳动争议仲裁委员会依法履行下列职责:

(一)聘任、解聘专职或者兼职仲裁员;

(二)受理劳动争议案件;

(三)讨论重大或者疑难的劳动争议案件;

(四)对仲裁活动进行监督。

劳动争议仲裁委员会下设办事机构,负责办理劳动争议仲裁委员会的日常工作。

第二十条　劳动争议仲裁委员会应当设仲裁员名册。

仲裁员应当公道正派并符合下列条件之一:

(一)曾任审判员的;

(二)从事法律研究、教学工作并具有中级以上职称的;

(三)具有法律知识、从事人力资源管理或者工会等专业工作满五年的;

(四)律师执业满三年的。

第二十一条　劳动争议仲裁委员会负责管辖本区域内发生的劳动争议。

劳动争议由劳动合同履行地或者用人单位所在地的劳动争议仲裁委员会管辖。双方当事人分别向劳动合同履行地和用人单位所在地的劳动争议仲裁委员会申请仲裁的,由劳动合同履行地的劳动争议仲裁委员会管辖。

第二十二条　发生劳动争议的劳动者和用人单位为劳动争议仲裁案件的双方当事人。

劳务派遣单位或者用工单位与劳动者发生劳动争议的,劳务派遣单位和用工单位为共同当事人。

第二十三条　与劳动争议案件的处理结果有利害关系的第三人,可以申请参加仲裁活动或者由劳动争议仲裁委员会通知其参加仲裁活动。

第二十四条　当事人可以委托代理人参加仲裁活动。委托他人参加仲裁活动,应当向劳动争议仲裁委员会提交有委托人签名或者盖章的委托书,委托书应当载明委托事项和权限。

第二十五条　丧失或者部分丧失民事行为能力的劳动者,由其法定代理人代为参加仲裁活动;无法定代理人的,由劳动争议仲裁委员会为其指定代理人。劳动者死亡的,由其近亲属或者代理人参加仲裁活动。

第二十六条　劳动争议仲裁公开进行,但当事人协议不公开进行或者涉及国家秘密、商业秘密和个人隐私的除外。

第二节　申请和受理

第二十七条　劳动争议申请仲裁的时效期间为一年。仲裁时效期间从当事人知道或者应当知道其权利被侵害之日起计算。

前款规定的仲裁时效,因当事人一方向对方当事人主张权利,或者向有关部门请求权利救济,或者对方当事人同意履行义务而中断。从中断时起,仲裁时效期间重新计算。

因不可抗力或者有其他正当理由,当事人不能在本条第一款规定的仲裁时效期间申请仲裁的,仲裁时效中止。从中止时效的原因消除之日起,仲裁时效期间继续计算。

劳动关系存续期间因拖欠劳动报酬发生争议的,劳动者申请仲裁不受本条第一款规定的仲裁时效期间的限制;但是,劳动关系终止的,应当自劳动关系终止之日起一年内提出。

第二十八条　申请人申请仲裁应当提交书面仲裁申请,并按照被申请人人数提交副本。

仲裁申请书应当载明下列事项:

(一)劳动者的姓名、性别、年龄、职业、工作单位和住所,用人单位的名称、住所和法定代表人或者主要负责人的姓名、职务;

(二)仲裁请求和所根据的事实、理由;

(三)证据和证据来源、证人姓名和住所。

书写仲裁申请确有困难的,可以口头申请,由劳动争议仲裁委员会记入笔录,并告知对方当事人。

第二十九条　劳动争议仲裁委员会收到仲裁申请之日起五日内,认为符合受理条件的,应当受理,并通知申请人;认为不符合受理条件的,应当书面通知申请人不予受理,并说明理由。对劳动争议仲裁委员会不予受理或者逾期未作出决定的,申请人可以就该劳动争议事项向人民法院提起诉讼。

第三十条　劳动争议仲裁委员会受理仲裁申请后,应当在五日内将仲裁申请书副本送达被申请人。

被申请人收到仲裁申请书副本后,应当在十日内向劳动争议仲裁委员会提交答辩书。劳动争议仲裁委员会收到答辩书后,应当在五日内将答辩书副本送达申请人。被申请人未提交答辩书的,不影响仲裁程序的进行。

第三节　开庭和裁决

第三十一条　劳动争议仲裁委员会裁决劳动争议案件实行仲裁庭制。仲裁庭由三名仲裁员组成,设首席仲裁员。简单劳动争议案件可以由一名仲裁员独任仲裁。

第三十二条 劳动争议仲裁委员会应当在受理仲裁申请之日起五日内将仲裁庭的组成情况书面通知当事人。

第三十三条 仲裁员有下列情形之一,应当回避,当事人也有权以口头或者书面方式提出回避申请:

（一）是本案当事人或者当事人、代理人的近亲属的;

（二）与本案有利害关系的;

（三）与本案当事人、代理人有其他关系,可能影响公正裁决的;

（四）私自会见当事人、代理人,或者接受当事人、代理人的请客送礼的。

劳动争议仲裁委员会对回避申请应当及时作出决定,并以口头或者书面方式通知当事人。

第三十四条 仲裁员有本法第三十三条第四项规定情形,或者有索贿受贿、徇私舞弊、枉法裁决行为的,应当依法承担法律责任。劳动争议仲裁委员会应当将其解聘。

第三十五条 仲裁庭应当在开庭五日前,将开庭日期、地点书面通知双方当事人。当事人有正当理由的,可以在开庭三日前请求延期开庭。是否延期,由劳动争议仲裁委员会决定。

第三十六条 申请人收到书面通知,无正当理由拒不到庭或者未经仲裁庭同意中途退庭的,可以视为撤回仲裁申请。

被申请人收到书面通知,无正当理由拒不到庭或者未经仲裁庭同意中途退庭的,可以缺席裁决。

第三十七条 仲裁庭对专门性问题认为需要鉴定的,可以交由当事人约定的鉴定机构鉴定;当事人没有约定或者无法达成约定的,由仲裁庭指定的鉴定机构鉴定。

根据当事人的请求或者仲裁庭的要求,鉴定机构应当派鉴定人参加开庭。当事人经仲裁庭许可,可以向鉴定人提问。

第三十八条 当事人在仲裁过程中有权进行质证和辩论。质证和辩论终结时,首席仲裁员或者独任仲裁员应当征询当事人的最后意见。

第三十九条 当事人提供的证据经查证属实的,仲裁庭应当将其作为认定事实的根据。

劳动者无法提供由用人单位掌握管理的与仲裁请求有关的证据,仲裁庭可以要求用人单位在指定期限内提供。用人单位在指定期限内不提供的,应当承担不利后果。

第四十条 仲裁庭应当将开庭情况记入笔录。当事人和其他仲裁参加人认为对自己陈述的记录有遗漏或者差错的,有权申请补正。如果不予补正,应当记录该申请。

笔录由仲裁员、记录人员、当事人和其他仲裁参加人签名或者盖章。

第四十一条 当事人申请劳动争议仲裁后,可以自行和解。达成和解协议的,可以撤回仲裁申请。

第四十二条 仲裁庭在作出裁决前,应当先行调解。

调解达成协议的,仲裁庭应当制作调解书。

调解书应当写明仲裁请求和当事人协议的结果。调解书由仲裁员签名,加盖劳动争议仲裁委员会印章,送达双方当事人。调解书经双方当事人签收后,发生法律效力。

调解不成或者调解书送达前,一方当事人反悔的,仲裁庭应当及时作出裁决。

第四十三条　仲裁庭裁决劳动争议案件,应当自劳动争议仲裁委员会受理仲裁申请之日起四十五日内结束。案情复杂需要延期的,经劳动争议仲裁委员会主任批准,可以延期并书面通知当事人,但是延长期限不得超过十五日。逾期未作出仲裁裁决的,当事人可以就该劳动争议事项向人民法院提起诉讼。

仲裁庭裁决劳动争议案件时,其中一部分事实已经清楚,可以就该部分先行裁决。

第四十四条　仲裁庭对追索劳动报酬、工伤医疗费、经济补偿或者赔偿金的案件,根据当事人的申请,可以裁决先予执行,移送人民法院执行。

仲裁庭裁决先予执行的,应当符合下列条件:

(一)当事人之间权利义务关系明确;

(二)不先予执行将严重影响申请人的生活。劳动者申请先予执行的,可以不提供担保。

第四十五条　裁决应当按照多数仲裁员的意见作出,少数仲裁员的不同意见应当记入笔录。仲裁庭不能形成多数意见时,裁决应当按照首席仲裁员的意见作出。

第四十六条　裁决书应当载明仲裁请求、争议事实、裁决理由、裁决结果和裁决日期。裁决书由仲裁员签名,加盖劳动争议仲裁委员会印章。对裁决持不同意见的仲裁员,可以签名,也可以不签名。

第四十七条　下列劳动争议,除本法另有规定的外,仲裁裁决为终局裁决,裁决书自作出之日起发生法律效力:

(一)追索劳动报酬、工伤医疗费、经济补偿或者赔偿金,不超过当地月最低工资标准十二个月金额的争议;

(二)因执行国家的劳动标准在工作时间、休息休假、社会保险等方面发生的争议。

第四十八条　劳动者对本法第四十七条规定的仲裁裁决不服的,可以自收到仲裁裁决书之日起十五日内向人民法院提起诉讼。

第四十九条　用人单位有证据证明本法第四十七条规定的仲裁裁决有下列情形之一,可以自收到仲裁裁决书之日起三十日内向劳动争议仲裁委员会所在地的中级人民法院申请撤销裁决:

(一)适用法律、法规确有错误的;

(二)劳动争议仲裁委员会无管辖权的;

(三)违反法定程序的;

(四)裁决所根据的证据是伪造的;

(五)对方当事人隐瞒了足以影响公正裁决的证据的;

(六)仲裁员在仲裁该案时有索贿受贿、徇私舞弊、枉法裁决行为的。

人民法院经组成合议庭审查核实裁决有前款规定情形之一的,应当裁定撤销。

仲裁裁决被人民法院裁定撤销的,当事人可以自收到裁定书之日起十五日内就该劳动争议事项向人民法院提起诉讼。

第五十条　当事人对本法第四十七条规定以外的其他劳动争议案件的仲裁裁决不服的,可以自收到仲裁裁决书之日起十五日内向人民法院提起诉讼;期满不起诉的,裁决书发生法律效力。

第五十一条 当事人对发生法律效力的调解书、裁决书,应当依照规定的期限履行。一方当事人逾期不履行的,另一方当事人可以依照民事诉讼法的有关规定向人民法院申请执行。受理申请的人民法院应当依法执行。

第四章 附 则

第五十二条 事业单位实行聘用制的工作人员与本单位发生劳动争议的,依照本法执行;法律、行政法规或者国务院另有规定的,依照其规定。

第五十三条 劳动争议仲裁不收费。劳动争议仲裁委员会的经费由财政予以保障。

第五十四条 本法自 2008 年 5 月 1 日起施行。

附录四 《劳动人事争议仲裁办案规则》

中华人民共和国人力资源和社会保障部令第 33 号

2017 年 7 月 1 日起施行

第一章　总则
第二章　一般规定
第三章　仲裁程序
　第一节　申请和受理
　第二节　开庭和裁决
　第三节　简易处理
　第四节　集体劳动人事争议处理
第四章　调解程序
　第一节　仲裁调节
　第二节　调节协议的仲裁审查
第五章　附则

第一章　总则

第一条　为公正及时处理劳动人事争议（以下简称争议），规范仲裁办案程序，根据《中华人民共和国劳动争议调解仲裁法》（以下简称调解仲裁法）以及《中华人民共和国公务员法》（以下简称公务员法）、《事业单位人事管理条例》、《中国人民解放军文职人员条例》和有关法律、法规、国务院有关规定，制定本规则。

第二条　本规则适用下列争议的仲裁：

（一）企业、个体经济组织、民办非企业单位等组织与劳动者之间，以及机关、事业单位、社会团体与其建立劳动关系的劳动者之间，因确认劳动关系，订立、履行、变更、解除和终止劳动合同，工作时间、休息休假、社会保险、福利、培训以及劳动保护，劳动报酬、工伤医疗费、经济补偿或者赔偿金等发生的争议；

（二）实施公务员法的机关与聘任制公务员之间、参照公务员法管理的机关（单位）与聘任工作人员之间因履行聘任合同发生的争议；

（三）事业单位与其建立人事关系的工作人员之间因终止人事关系以及履行聘用合同发生的争议；

（四）社会团体与其建立人事关系的工作人员之间因终止人事关系以及履行聘用合同发生的争议；

（五）军队文职人员用人单位与聘用制文职人员之间因履行聘用合同发生的争议；

(六)法律、法规规定由劳动人事争议仲裁委员会(以下简称仲裁委员会)处理的其他争议。

第三条 仲裁委员会处理争议案件,应当遵循合法、公正的原则,先行调解,及时裁决。

第四条 仲裁委员会下设实体化的办事机构,称为劳动人事争议仲裁院(以下简称仲裁院)。

第五条 劳动者一方在十人以上并有共同请求的争议,或者因履行集体合同发生的劳动争议,仲裁委员会应当优先立案,优先审理。

第二章 一般规定

第六条 发生争议的用人单位未办理营业执照、被吊销营业执照、营业执照到期继续经营、被责令关闭、被撤销以及用人单位解散、歇业,不能承担相关责任的,应当将用人单位和其出资人、开办单位或者主管部门作为共同当事人。

第七条 劳动者与个人承包经营者发生争议,依法向仲裁委员会申请仲裁的,应当将发包的组织和个人承包经营者作为共同当事人。

第八条 劳动合同履行地为劳动者实际工作场所地,用人单位所在地为用人单位注册、登记地或者主要办事机构所在地。用人单位未经注册、登记的,其出资人、开办单位或者主管部门所在地为用人单位所在地。

双方当事人分别向劳动合同履行地和用人单位所在地的仲裁委员会申请仲裁的,由劳动合同履行地的仲裁委员会管辖。有多个劳动合同履行地的,由最先受理的仲裁委员会管辖。劳动合同履行地不明确的,由用人单位所在地的仲裁委员会管辖。

案件受理后,劳动合同履行地或者用人单位所在地发生变化的,不改变争议仲裁的管辖。

第九条 仲裁委员会发现已受理案件不属于其管辖范围的,应当移送至有管辖权的仲裁委员会,并书面通知当事人。

对上述移送案件,受移送的仲裁委员会应当依法受理。受移送的仲裁委员会认为移送的案件按照规定不属于其管辖,或者仲裁委员会之间因管辖争议协商不成的,应当报请共同的上一级仲裁委员会主管部门指定管辖。

第十条 当事人提出管辖异议的,应当在答辩期满前书面提出。仲裁委员会应当审查当事人提出的管辖异议,异议成立的,将案件移送至有管辖权的仲裁委员会并书面通知当事人;异议不成立的,应当书面决定驳回。

当事人逾期提出的,不影响仲裁程序的进行。

第十一条 当事人申请回避,应当在案件开庭审理前提出,并说明理由。回避事由在案件开庭审理后知晓的,也可以在庭审辩论终结前提出。

当事人在庭审辩论终结后提出回避申请的,不影响仲裁程序的进行。

仲裁委员会应当在回避申请提出的三日内,以口头或者书面形式作出决定。以口头形式作出的,应当记入笔录。

第十二条 仲裁员、记录人员是否回避,由仲裁委员会主任或者其委托的仲裁院负责人决定。仲裁委员会主任担任案件仲裁员是否回避,由仲裁委员会决定。

在回避决定作出前,被申请回避的人员应当暂停参与该案处理,但因案件需要采取紧急措施的除外。

第十三条　当事人对自己提出的主张有责任提供证据。与争议事项有关的证据属于用人单位掌握管理的,用人单位应当提供;用人单位不提供的,应当承担不利后果。

第十四条　法律没有具体规定、按照本规则第十三条规定无法确定举证责任承担的,仲裁庭可以根据公平原则和诚实信用原则,综合当事人举证能力等因素确定举证责任的承担。

第十五条　承担举证责任的当事人应当在仲裁委员会指定的期限内提供有关证据。当事人在该期限内提供证据确有困难的,可以向仲裁委员会申请延长期限,仲裁委员会根据当事人的申请适当延长。当事人逾期提供证据的,仲裁委员会应当责令其说明理由;拒不说明理由或者理由不成立的,仲裁委员会可以根据不同情形不予采纳该证据,或者采纳该证据但予以训诫。

第十六条　当事人因客观原因不能自行收集的证据,仲裁委员会可以根据当事人的申请,参照民事诉讼有关规定予以收集;仲裁委员会认为有必要的,也可以决定参照民事诉讼有关规定予以收集。

第十七条　仲裁委员会依法调查取证时,有关单位和个人应当协助配合。

仲裁委员会调查取证时,不得少于两人,并应当向被调查对象出示工作证件和仲裁委员会出具的介绍信。

第十八条　争议处理中涉及证据形式、证据提交、证据交换、证据质证、证据认定等事项,本规则未规定的,可以参照民事诉讼证据规则的有关规定执行。

第十九条　仲裁期间包括法定期间和仲裁委员会指定期间。

仲裁期间的计算,本规则未规定的,仲裁委员会可以参照民事诉讼关于期间计算的有关规定执行。

第二十条　仲裁委员会送达仲裁文书必须有送达回证,由受送达人在送达回证上记明收到日期,并签名或者盖章。受送达人在送达回证上的签收日期为送达日期。

因企业停业等原因导致无法送达且劳动者一方在十人以上的,或者受送达人拒绝签收仲裁文书的,通过在受送达人住所留置、张贴仲裁文书,并采用拍照、录像等方式记录的,自留置、张贴之日起经过三日即视为送达,不受本条第一款的限制。

仲裁文书的送达方式,本规则未规定的,仲裁委员会可以参照民事诉讼关于送达方式的有关规定执行。

第二十一条　案件处理终结后,仲裁委员会应当将处理过程中形成的全部材料立卷归档。

第二十二条　仲裁案卷分正卷和副卷装订。

正卷包括:仲裁申请书、受理(不予受理)通知书、答辩书、当事人及其他仲裁参加人的身份证明材料、授权委托书、调查证据、勘验笔录、当事人提供的证据材料、委托鉴定材料、开庭通知、庭审笔录、延期通知书、撤回仲裁申请书、调解书、裁决书、决定书、案件移送函、送达回证等。

副卷包括:立案审批表、延期审理审批表、中止审理审批表、调查提纲、阅卷笔录、会议笔录、评议记录、结案审批表等。

第二十三条 仲裁委员会应当建立案卷查阅制度。对案卷正卷材料,应当允许当事人及其代理人依法查阅、复制。

第二十四条 仲裁裁决结案的案卷,保存期不少于十年;仲裁调解和其他方式结案的案卷,保存期不少于五年;国家另有规定的,从其规定。

保存期满后的案卷,应当按照国家有关档案管理的规定处理。

第二十五条 在仲裁活动中涉及国家秘密或者军事秘密的,按照国家或者军队有关保密规定执行。

当事人协议不公开或者涉及商业秘密和个人隐私的,经相关当事人书面申请,仲裁委员会应当不公开审理。

第三章 仲裁程序

第一节 申请和受理

第二十六条 本规则第二条第(一)、(三)、(四)、(五)项规定的争议,申请仲裁的时效期间为一年。仲裁时效期间从当事人知道或者应当知道其权利被侵害之日起计算。

本规则第二条第(二)项规定的争议,申请仲裁的时效期间适用公务员法有关规定。

劳动人事关系存续期间因拖欠劳动报酬发生争议的,劳动者申请仲裁不受本条第一款规定的仲裁时效期间的限制;但是,劳动人事关系终止的,应当自劳动人事关系终止之日起一年内提出。

第二十七条 在申请仲裁的时效期间内,有下列情形之一的,仲裁时效中断:

(一)一方当事人通过协商、申请调解等方式向对方当事人主张权利的;

(二)一方当事人通过向有关部门投诉,向仲裁委员会申请仲裁,向人民法院起诉或者申请支付令等方式请求权利救济的;

(三)对方当事人同意履行义务的。

从中断时起,仲裁时效期间重新计算。

第二十八条 因不可抗力,或者有无民事行为能力或者限制民事行为能力劳动者的法定代理人未确定等其他正当理由,当事人不能在规定的仲裁时效期间申请仲裁的,仲裁时效中止。从中止时效的原因消除之日起,仲裁时效期间继续计算。

第二十九条 申请人申请仲裁应当提交书面仲裁申请,并按照被申请人人数提交副本。

仲裁申请书应当载明下列事项:

(一)劳动者的姓名、性别、出生日期、身份证件号码、住所、通讯地址和联系电话,用人单位的名称、住所、通讯地址、联系电话和法定代表人或者主要负责人的姓名、职务;

(二)仲裁请求和所根据的事实、理由;

(三)证据和证据来源,证人姓名和住所。

书写仲裁申请确有困难的,可以口头申请,由仲裁委员会记入笔录,经申请人签名、盖章或者捺印确认。

对于仲裁申请书不规范或者材料不齐备的,仲裁委员会应当当场或者在五日内一次性告知申请人需要补正的全部材料。

仲裁委员会收取当事人提交的材料应当出具收件回执。

第三十条 仲裁委员会对符合下列条件的仲裁申请应当予以受理,并在收到仲裁申请之日起五日内向申请人出具受理通知书:

(一)属于本规则第二条规定的争议范围;

(二)有明确的仲裁请求和事实理由;

(三)申请人是与本案有直接利害关系的自然人、法人或者其他组织,有明确的被申请人;

(四)属于本仲裁委员会管辖范围。

第三十一条 对不符合本规则第三十条第(一)、(二)、(三)项规定之一的仲裁申请,仲裁委员会不予受理,并在收到仲裁申请之日起五日内向申请人出具不予受理通知书;对不符合本规则第三十条第(四)项规定的仲裁申请,仲裁委员会应当在收到仲裁申请之日起五日内,向申请人作出书面说明并告知申请人向有管辖权的仲裁委员会申请仲裁。

对仲裁委员会逾期未作出决定或者决定不予受理的,申请人可以就该争议事项向人民法院提起诉讼。

第三十二条 仲裁委员会受理案件后,发现不应当受理的,除本规则第九条规定外,应当撤销案件,并自决定撤销案件后五日内,以决定书的形式通知当事人。

第三十三条 仲裁委员会受理仲裁申请后,应当在五日内将仲裁申请书副本送达被申请人。

被申请人收到仲裁申请书副本后,应当在十日内向仲裁委员会提交答辩书。仲裁委员会收到答辩书后,应当在五日内将答辩书副本送达申请人。被申请人逾期未提交答辩书的,不影响仲裁程序的进行。

第三十四条 符合下列情形之一,申请人基于同一事实、理由和仲裁请求又申请仲裁的,仲裁委员会不予受理:

(一)仲裁委员会已经依法出具不予受理通知书的;

(二)案件已在仲裁、诉讼过程中或者调解书、裁决书、判决书已经发生法律效力的。

第三十五条 仲裁处理结果作出前,申请人可以自行撤回仲裁申请。申请人再次申请仲裁的,仲裁委员会应当受理。

第三十六条 被申请人可以在答辩期间提出反申请,仲裁委员会应当自收到被申请人反申请之日起五日内决定是否受理并通知被申请人。

决定受理的,仲裁委员会可以将反申请和申请合并处理。

反申请应当另行申请仲裁的,仲裁委员会应当书面告知被申请人另行申请仲裁;反申请不属于本规则规定应当受理的,仲裁委员会应当向被申请人出具不予受理通知书。

被申请人答辩期满后对申请人提出反申请的,应当另行申请仲裁。

第二节 开庭和裁决

第三十七条 仲裁委员会应当在受理仲裁申请之日起五日内组成仲裁庭并将仲裁庭

的组成情况书面通知当事人。

第三十八条 仲裁庭应当在开庭五日前,将开庭日期、地点书面通知双方当事人。当事人有正当理由的,可以在开庭三日前请求延期开庭。是否延期,由仲裁委员会根据实际情况决定。

第三十九条 申请人收到书面开庭通知,无正当理由拒不到庭或者未经仲裁庭同意中途退庭的,可以按撤回仲裁申请处理;申请人重新申请仲裁的,仲裁委员会不予受理。被申请人收到书面开庭通知,无正当理由拒不到庭或者未经仲裁庭同意中途退庭的,仲裁庭可以继续开庭审理,并缺席裁决。

第四十条 当事人申请鉴定的,鉴定费由申请鉴定方先行垫付,案件处理终结后,由鉴定结果对其不利方负担。鉴定结果不明确的,由申请鉴定方负担。

第四十一条 开庭审理前,记录人员应当查明当事人和其他仲裁参与人是否到庭,宣布仲裁庭纪律。

开庭审理时,由仲裁员宣布开庭、案由和仲裁员、记录人员名单,核对当事人,告知当事人有关的权利义务,询问当事人是否提出回避申请。

开庭审理中,仲裁员应当听取申请人的陈述和被申请人的答辩,主持庭审调查、质证和辩论、征询当事人最后意见,并进行调解。

第四十二条 仲裁庭应当将开庭情况记入笔录。当事人或者其他仲裁参与人认为对自己陈述的记录有遗漏或者差错的,有权当庭申请补正。仲裁庭认为申请无理由或者无必要的,可以不予补正,但是应当记录该申请。

仲裁员、记录人员、当事人和其他仲裁参与人应当在庭审笔录上签名或者盖章。当事人或者其他仲裁参与人拒绝在庭审笔录上签名或者盖章的,仲裁庭应当记明情况附卷。

第四十三条 仲裁参与人和其他人应当遵守仲裁庭纪律,不得有下列行为:
(一)未经准许进行录音、录像、摄影;
(二)未经准许以移动通信等方式现场传播庭审活动;
(三)其他扰乱仲裁庭秩序、妨害审理活动进行的行为。

仲裁参与人或者其他人有前款规定的情形之一的,仲裁庭可以训诫、责令退出仲裁庭,也可以暂扣进行录音、录像、摄影、传播庭审活动的器材,并责令其删除有关内容。拒不删除的,可以采取必要手段强制删除,并将上述事实记入庭审笔录。

第四十四条 申请人在举证期限届满前可以提出增加或者变更仲裁请求;仲裁庭对申请人增加或者变更的仲裁请求审查后认为应当受理的,应当通知被申请人并给予答辩期,被申请人明确表示放弃答辩期的除外。

申请人在举证期限届满后提出增加或者变更仲裁请求的,应当另行申请仲裁。

第四十五条 仲裁庭裁决案件,应当自仲裁委员会受理仲裁申请之日起四十五日内结束。案情复杂需要延期的,经仲裁委员会主任或者其委托的仲裁院负责人书面批准,可以延期并书面通知当事人,但延长期限不得超过十五日。

第四十六条 有下列情形的,仲裁期限按照下列规定计算:
(一)仲裁庭追加当事人或者第三人的,仲裁期限从决定追加之日起重新计算;
(二)申请人需要补正材料的,仲裁委员会收到仲裁申请的时间从材料补正之日起重

新计算;

(三)增加、变更仲裁请求的,仲裁期限从受理增加、变更仲裁请求之日起重新计算;

(四)仲裁申请和反申请合并处理的,仲裁期限从受理反申请之日起重新计算;

(五)案件移送管辖的,仲裁期限从接受移送之日起重新计算;

(六)中止审理期间、公告送达期间不计入仲裁期限内;

(七)法律、法规规定应当另行计算的其他情形。

第四十七条　有下列情形之一的,经仲裁委员会主任或者其委托的仲裁院负责人批准,可以中止案件审理,并书面通知当事人:

(一)劳动者一方当事人死亡,需要等待继承人表明是否参加仲裁的;

(二)劳动者一方当事人丧失民事行为能力,尚未确定法定代理人参加仲裁的;

(三)用人单位终止,尚未确定权利义务承继者的;

(四)一方当事人因不可抗拒的事由,不能参加仲裁的;

(五)案件审理需要以其他案件的审理结果为依据,且其他案件尚未审结的;

(六)案件处理需要等待工伤认定、伤残等级鉴定以及其他鉴定结论的;

(七)其他应当中止仲裁审理的情形。

中止审理的情形消除后,仲裁庭应当恢复审理。

第四十八条　当事人因仲裁庭逾期未作出仲裁裁决而向人民法院提起诉讼并立案受理的,仲裁委员会应当决定该案件终止审理;当事人未就该争议事项向人民法院提起诉讼的,仲裁委员会应当继续处理。

第四十九条　仲裁庭裁决案件时,其中一部分事实已经清楚的,可以就该部分先行裁决。当事人对先行裁决不服的,可以按照调解仲裁法有关规定处理。

第五十条　仲裁庭裁决案件时,申请人根据调解仲裁法第四十七条第(一)项规定,追索劳动报酬、工伤医疗费、经济补偿或者赔偿金,如果仲裁裁决涉及数项,对单项裁决数额不超过当地月最低工资标准十二个月金额的事项,应当适用终局裁决。

前款经济补偿包括《中华人民共和国劳动合同法》(以下简称劳动合同法)规定的竞业限制期限内给予的经济补偿、解除或者终止劳动合同的经济补偿等;赔偿金包括劳动合同法规定的未签订书面劳动合同第二倍工资、违法约定试用期的赔偿金、违法解除或者终止劳动合同的赔偿金等。

根据调解仲裁法第四十七条第(二)项的规定,因执行国家的劳动标准在工作时间、休息休假、社会保险等方面发生的争议,应当适用终局裁决。

仲裁庭裁决案件时,裁决内容同时涉及终局裁决和非终局裁决的,应当分别制作裁决书,并告知当事人相应的救济权利。

第五十一条　仲裁庭对追索劳动报酬、工伤医疗费、经济补偿或者赔偿金的案件,根据当事人的申请,可以裁决先予执行,移送人民法院执行。

仲裁庭裁决先予执行的,应当符合下列条件:

(一)当事人之间权利义务关系明确;

(二)不先予执行将严重影响申请人的生活。

劳动者申请先予执行的,可以不提供担保。

第五十二条　裁决应当按照多数仲裁员的意见作出,少数仲裁员的不同意见应当记入笔录。仲裁庭不能形成多数意见时,裁决应当按照首席仲裁员的意见作出。

第五十三条　裁决书应当载明仲裁请求、争议事实、裁决理由、裁决结果、当事人权利和裁决日期。裁决书由仲裁员签名,加盖仲裁委员会印章。对裁决持不同意见的仲裁员,可以签名,也可以不签名。

第五十四条　对裁决书中的文字、计算错误或者仲裁庭已经裁决但在裁决书中遗漏的事项,仲裁庭应当及时制作决定书予以补正并送达当事人。

第五十五条　当事人对裁决不服向人民法院提起诉讼的,按照调解仲裁法有关规定处理。

第三节　简易处理

第五十六条　争议案件符合下列情形之一的,可以简易处理:
(一)事实清楚、权利义务关系明确、争议不大的;
(二)标的额不超过本省、自治区、直辖市上年度职工年平均工资的;
(三)双方当事人同意简易处理的。

仲裁委员会决定简易处理的,可以指定一名仲裁员独任仲裁,并应当告知当事人。

第五十七条　争议案件有下列情形之一的,不得简易处理:
(一)涉及国家利益、社会公共利益的;
(二)有重大社会影响的;
(三)被申请人下落不明的;
(四)仲裁委员会认为不宜简易处理的。

第五十八条　简易处理的案件,经与被申请人协商同意,仲裁庭可以缩短或者取消答辩期。

第五十九条　简易处理的案件,仲裁庭可以用电话、短信、传真、电子邮件等简便方式送达仲裁文书,但送达调解书、裁决书除外。

以简便方式送达的开庭通知,未经当事人确认或者没有其他证据证明当事人已经收到的,仲裁庭不得按撤回仲裁申请处理或者缺席裁决。

第六十条　简易处理的案件,仲裁庭可以根据案件情况确定举证期限、开庭日期、审理程序、文书制作等事项,但应当保障当事人陈述意见的权利。

第六十一条　仲裁庭在审理过程中,发现案件不宜简易处理的,应当在仲裁期限届满前决定转为按照一般程序处理,并告知当事人。

案件转为按照一般程序处理的,仲裁期限自仲裁委员会受理仲裁申请之日起计算,双方当事人已经确认的事实,可以不再进行举证、质证。

第四节　集体劳动人事争议处理

第六十二条　处理劳动者一方在十人以上并有共同请求的争议案件,或者因履行集体合同发生的劳动争议案件,适用本节规定。

符合本规则第五十六条第一款规定情形之一的集体劳动人事争议案件,可以简易处理,不受本节规定的限制。

第六十三条　发生劳动者一方在十人以上并有共同请求的争议的,劳动者可以推举三至五名代表参加仲裁活动。代表人参加仲裁的行为对其所代表的当事人发生效力,但代表人变更、放弃仲裁请求或者承认对方当事人的仲裁请求,进行和解,必须经被代表的当事人同意。

因履行集体合同发生的劳动争议,经协商解决不成的,工会可以依法申请仲裁;尚未建立工会的,由上级工会指导劳动者推举产生的代表依法申请仲裁。

第六十四条　仲裁委员会应当自收到当事人集体劳动人事争议仲裁申请之日起五日内作出受理或者不予受理的决定。决定受理的,应当自受理之日起五日内将仲裁庭组成人员、答辩期限、举证期限、开庭日期和地点等事项一次性通知当事人。

第六十五条　仲裁委员会处理集体劳动人事争议案件,应当由三名仲裁员组成仲裁庭,设首席仲裁员。

仲裁委员会处理因履行集体合同发生的劳动争议,应当按照三方原则组成仲裁庭处理。

第六十六条　仲裁庭处理集体劳动人事争议,开庭前应当引导当事人自行协商,或者先行调解。

仲裁庭处理集体劳动人事争议案件,可以邀请法律工作者、律师、专家学者等第三方共同参与调解。

协商或者调解未能达成协议的,仲裁庭应当及时裁决。

第六十七条　仲裁庭开庭场所可以设在发生争议的用人单位或者其他便于及时处理争议的地点。

第四章　调解程序

第一节　仲裁调解

第六十八条　仲裁委员会处理争议案件,应当坚持调解优先,引导当事人通过协商、调解方式解决争议,给予必要的法律释明以及风险提示。

第六十九条　对未经调解、当事人直接申请仲裁的争议,仲裁委员会可以向当事人发出调解建议书,引导其到调解组织进行调解。当事人同意先行调解的,应当暂缓受理;当事人不同意先行调解的,应当依法受理。

第七十条　开庭之前,经双方当事人同意,仲裁庭可以委托调解组织或者其他具有调解能力的组织、个人进行调解。

自当事人同意之日起十日内未达成调解协议的,应当开庭审理。

第七十一条　仲裁庭审理争议案件时,应当进行调解。必要时可以邀请有关单位、组织或者个人参与调解。

第七十二条　仲裁调解达成协议的,仲裁庭应当制作调解书。

调解书应当写明仲裁请求和当事人协议的结果。调解书由仲裁员签名,加盖仲裁委员会印章,送达双方当事人。调解书经双方当事人签收后,发生法律效力。

调解不成或者调解书送达前,一方当事人反悔的,仲裁庭应当及时作出裁决。

第七十三条　当事人就部分仲裁请求达成调解协议的,仲裁庭可以就该部分先行出具调解书。

第二节　调解协议的仲裁审查

第七十四条　经调解组织调解达成调解协议的,双方当事人可以自调解协议生效之日起十五日内,共同向有管辖权的仲裁委员会提出仲裁审查申请。

当事人申请审查调解协议,应当向仲裁委员会提交仲裁审查申请书、调解协议和身份证明、资格证明以及其他与调解协议相关的证明材料,并提供双方当事人的送达地址、电话号码等联系方式。

第七十五条　仲裁委员会收到当事人仲裁审查申请,应当及时决定是否受理。决定受理的,应当出具受理通知书。

有下列情形之一的,仲裁委员会不予受理:

(一)不属于仲裁委员会受理争议范围的;

(二)不属于本仲裁委员会管辖的;

(三)超出规定的仲裁审查申请期间的;

(四)确认劳动关系的;

(五)调解协议已经人民法院司法确认的。

第七十六条　仲裁委员会审查调解协议,应当自受理仲裁审查申请之日起五日内结束。因特殊情况需要延期的,经仲裁委员会主任或者其委托的仲裁院负责人批准,可以延长五日。

调解书送达前,一方或者双方当事人撤回仲裁审查申请的,仲裁委员会应当准许。

第七十七条　仲裁委员会受理仲裁审查申请后,应当指定仲裁员对调解协议进行审查。

仲裁委员会经审查认为调解协议的形式和内容合法有效的,应当制作调解书。调解书的内容应当与调解协议的内容相一致。调解书经双方当事人签收后,发生法律效力。

第七十八条　调解协议具有下列情形之一的,仲裁委员会不予制作调解书:

(一)违反法律、行政法规强制性规定的;

(二)损害国家利益、社会公共利益或者公民、法人、其他组织合法权益的;

(三)当事人提供证据材料有弄虚作假嫌疑的;

(四)违反自愿原则的;

(五)内容不明确的;

(六)其他不能制作调解书的情形。

仲裁委员会决定不予制作调解书的,应当书面通知当事人。

第七十九条　当事人撤回仲裁审查申请或者仲裁委员会决定不予制作调解书的,应当终止仲裁审查。

第五章　附　则

第八十条　本规则规定的"三日"、"五日"、"十日"指工作日,"十五日"、"四十五日"指自然日。

第八十一条　本规则自2017年7月1日起施行。2009年1月1日人力资源社会保障部公布的《劳动人事争议仲裁办案规则》(人力资源和社会保障部令第2号)同时废止。

附录五 《中国海事仲裁委员会仲裁规则》

自2021年10月1日起现行《中国海事仲裁委员会仲裁规则》分总则、仲裁程序、裁决、快速程序、香港仲裁的特别规定、附则,共5章86条。

《中国海事仲裁委员会仲裁规则》:

第一章 总则

第一条 仲裁委员会

(一)中国海事仲裁委员会(以下简称"仲裁委员会"),原名中国国际贸易促进委员会海事仲裁委员会。

(二)当事人在仲裁协议中订明由中国国际贸易促进委员会／中国国际商会的海事仲裁委员会仲裁的,或使用仲裁委员会原名称为仲裁机构的,视为同意由中国海事仲裁委员会仲裁。

第二条 机构及职责

(一)仲裁委员会主任履行本规则赋予的职责。副主任根据主任的授权可以履行主任的职责。

(二)仲裁委员会设有仲裁院,在授权的副主任和仲裁院院长的领导下履行本规则规定的职责。

(三)仲裁委员会设在北京,设有上海总部,在具备条件的城市和行业设有分会／仲裁中心。仲裁委员会上海总部／分会／仲裁中心(本规则附件一)是仲裁委员会的派出机构,根据仲裁委员会的授权,接受仲裁申请,管理仲裁案件。

(四)上海总部／分会／仲裁中心履行本规则规定由仲裁委员会仲裁院履行的职责。

(五)双方当事人约定将争议提交中国海事仲裁委员会仲裁的,根据申请人的选择,由仲裁委员会仲裁院,或仲裁委员会上海总部／分会／仲裁中心接受仲裁申请,管理案件。

双方当事人都提出仲裁申请的,以首先提出申请的为准。双方当事人约定将争议提交仲裁委员会在北京、上海或分会／仲裁中心所在地,或约定将争议提交仲裁委员会上海总部／分会／仲裁中心仲裁的,分别由仲裁委员会仲裁院,或仲裁委员会上海总部／分会／仲裁中心接受仲裁申请,管理案件。约定的派出机构不存在或约定不明的,由仲裁委员会仲裁院接受仲裁申请,管理案件。如有争议,由仲裁委员会作出决定。

第三条 受案范围

(一)仲裁委员会根据当事人的约定受理下列争议案件:

1. 海事、海商争议案件;
2. 航空、铁路、公路等交通运输争议案件;

3. 贸易、投资、金融、保险、建设工程争议案件；

4. 当事人协议由仲裁委员会仲裁的其他争议案件。

(二)前述案件包括：

1. 国际或涉外案件；

2. 涉及香港特别行政区、澳门特别行政区及台湾地区的案件；

3. 国内案件。

第四条　规则的适用

(一)本规则统一适用于仲裁委员会及其上海总部／分会／仲裁中心。

(二)当事人约定将争议提交仲裁委员会仲裁的，视为同意按照本规则进行仲裁。

(三)当事人约定将争议提交仲裁委员会仲裁但对本规则有关内容进行变更或约定适用其他仲裁规则的，从其约定，但其约定无法实施或与仲裁地法强制性规定相抵触者除外。当事人约定适用其他仲裁规则的，由仲裁委员会履行相应的管理职责。

(四)当事人约定按照本规则进行仲裁但未约定仲裁机构的，视为同意将争议提交仲裁委员会仲裁。

(五)当事人约定适用仲裁委员会专业仲裁规则的，从其约定，但其争议不属于该专业仲裁规则适用范围的，适用本规则。

第五条　仲裁协议

(一)仲裁协议指当事人在合同中订明的仲裁条款或以其他方式达成的提交仲裁的书面协议。

(二)仲裁协议应当采取书面形式。书面形式包括合同书、信件、电报、电传、传真、电子数据交换和电子邮件等可以有形地表现所载内容的形式。在仲裁申请书和仲裁答辩书的交换中，一方当事人声称有仲裁协议而另一方当事人不做否认表示的，视为存在书面仲裁协议。

(三)仲裁协议适用法对仲裁协议的形式及效力另有规定的，从其规定。

(四)合同中的仲裁条款应视为与合同其他条款分离的、独立存在的条款，附属于合同的仲裁协议也应视为与合同其他条款分离的、独立存在的一个部分；合同的变更、解除、终止、转让、失效、无效、未生效、被撤销以及成立与否，均不影响仲裁条款或仲裁协议的效力。

第六条　对仲裁协议及／或管辖权的异议

(一)仲裁委员会有权对仲裁协议的存在、效力以及仲裁案件的管辖权作出决定。如有必要，仲裁委员会也可以授权仲裁庭作出管辖权决定。

(二)仲裁委员会依表面证据认为存在有效仲裁协议的，可根据表面证据作出仲裁委员会有管辖权的决定，仲裁程序继续进行。仲裁委员会依表面证据作出的管辖权决定并不妨碍其根据仲裁庭在审理过程中发现的与表面证据不一致的事实及／或证据重新作出管辖权决定。

(三)仲裁庭依据仲裁委员会的授权作出管辖权决定时，可以在仲裁程序进行中单独作出，也可以在裁决书中一并作出。

(四)当事人对仲裁协议及／或仲裁案件管辖权的异议，应当在仲裁庭首次开庭前书面提出；书面审理的案件,应当在本规则规定的第一次实体答辩前书面提出。

（五）对仲裁协议及／或仲裁案件管辖权提出异议不影响仲裁程序的继续进行。

（六）上述管辖权异议及／或决定包括仲裁案件主体资格异议及／或决定。

（七）仲裁委员会或经仲裁委员会授权的仲裁庭作出无管辖权决定的,应当作出撤销案件的决定。撤案决定在仲裁庭组成前由仲裁委员会仲裁院作出,在仲裁庭组成后,由仲裁庭作出。

第七条　仲裁地

（一）当事人对仲裁地有约定的,从其约定。

（二）当事人对仲裁地未作约定或约定不明的,以管理案件的仲裁委员会或其上海总部／分会／仲裁中心所在地为仲裁地；仲裁委员会仲裁院或仲裁庭也可视案件的具体情形确定其他地点为仲裁地。

（三）仲裁裁决视为在仲裁地作出。

第八条　送达及期限

（一）当事人对送达方式有约定的,从其约定。

（二）除非当事人另有约定,有关仲裁的一切文书、通知、材料等均可采用当面递交、挂号信、特快专递、传真、电子邮件、即时通讯工具等信息系统可记载的方式、向当事船舶船长发送的方式,或者仲裁委员会仲裁院或仲裁庭认为适当的其他方式发送。

（三）上述第（二）款所述仲裁文件应发送当事人或其仲裁代理人自行提供的或当事人约定的地址；当事人或其仲裁代理人没有提供地址或当事人对地址没有约定的,按照对方当事人或其仲裁代理人提供的地址发送。

（四）向一方当事人或其仲裁代理人发送的仲裁文件,如经当面递交收件人或发送至收件人的营业地、注册地、住所地、惯常居住地或通讯地址,或经对方当事人合理查询不能找到上述任一地点,仲裁委员会仲裁院以挂号信或特快专递或能提供投递记录的包括公证送达、委托送达和留置送达在内的其他任何手段投递给收件人最后一个为人所知的营业地、注册地、住所地、惯常居住地或通讯地址,即视为有效送达。

（五）送达时间以上述送达方式中最先送达到受送达人的时间为准。

（六）本规则所规定的期限,应自当事人收到或应当收到仲裁委员会仲裁院向其发送的文书、通知、材料之日的次日起计算。

第九条　诚实信用

仲裁参与人应当遵循诚实信用原则,善意仲裁。

第十条　放弃异议

一方当事人知道或理应知道本规则或仲裁协议中规定的任何条款或情事未被遵守,仍参加仲裁程序或继续进行仲裁程序而且不对此不遵守情况及时地、明示地提出书面异议的,视为放弃提出异议的权利。

第二章　仲裁程序

第一节　仲裁申请、答辩、反请求

第十一条　仲裁程序的开始

仲裁程序自仲裁委员会仲裁院收到仲裁申请书之日起开始。

第十二条　申请仲裁

当事人依据本规则申请仲裁时应：

（一）提交由申请人或申请人授权的代理人签名及／或盖章的仲裁申请书。仲裁申请书应写明：

1. 申请人和被申请人的名称和住所，包括邮政编码、电话、传真、电子邮箱或其他电子通讯方式；

2. 申请仲裁所依据的仲裁协议；

3. 案情和争议要点；

4. 申请人的仲裁请求；

5. 仲裁请求所依据的事实和理由。

（二）在提交仲裁申请书时，附具申请人请求所依据的证据材料、主体资格证明以及其他证明文件。

（三）按照仲裁委员会制定的仲裁费用表的规定预缴仲裁费。

第十三条　案件的受理

（一）仲裁委员会根据当事人在争议发生之前或在争议发生之后达成的将争议提交仲裁委员会仲裁的仲裁协议和一方当事人的书面申请，受理案件。

（二）仲裁委员会仲裁院收到申请人的仲裁申请书及其附件后，经审查，认为申请仲裁的手续完备的，应将仲裁通知、仲裁委员会仲裁规则和仲裁员名册发送给申请人，将申请人的仲裁申请书副本及其附件、仲裁通知、仲裁委员会仲裁规则和仲裁员名册发送给被申请人。

（三）仲裁委员会仲裁院经审查认为申请仲裁的手续不完备的，可以要求申请人在一定的期限内予以完备。

（四）仲裁委员会受理案件后，仲裁委员会仲裁院应指定一名案件经办人，为仲裁案件提供管理服务。

第十四条　多份合同的仲裁申请人就多份合同项下的争议可在同一仲裁案件中合并提出仲裁申请，但应同时符合下列条件：

1. 多份合同系主从合同关系；或多份合同所涉当事人相同且法律关系性质相同；

2. 争议源于同一交易或同一系列交易；

3. 多份合同中的仲裁协议内容相同或兼容。

第十五条　答辩

（一）被申请人应自收到仲裁通知后 30 日内提交答辩书。被申请人确有正当理由请求延长答辩期限的，由仲裁庭决定；仲裁庭尚未组成的，由仲裁委员会仲裁院决定。

（二）答辩书由被申请人或被申请人授权的代理人签名及／或盖章，应包括下列内容：

1. 被申请人的名称和住所，包括邮政编码、电话、传真、电子邮箱或其他电子通讯方式；

2. 对仲裁申请书的答辩及所依据的事实和理由；答辩所依据的证据材料、主体资格证明以及其他证明文件。

（三）仲裁庭有权决定是否接受逾期提交的答辩书。

（四）被申请人未提交答辩书，不影响仲裁程序的进行。

第十六条　反请求

（一）被申请人如有反请求，应自收到仲裁通知后 30 日内以书面形式提交。被申请人确有正当理由请求延长反请求期限的，由仲裁庭决定；仲裁庭尚未组成的，由仲裁委员会仲裁院决定。

（二）被申请人提出反请求，应在反请求申请书中写明具体的反请求事项及所依据的事实和理由，并附具有关的证据材料以及其他证明文件。

（三）被申请人提出反请求，应按照仲裁委员会仲裁费用表在规定的时间内预缴仲裁费。被申请人未按期缴纳反请求仲裁费的，视同未提出反请求。

（四）仲裁委员会仲裁院认为被申请人提出反请求的手续已完备的，应向双方当事人发出反请求受理通知。申请人应在收到反请求受理通知后 30 日内针对被申请人的反请求提交答辩。申请人确有正当理由请求延长答辩期限的，由仲裁庭决定；仲裁庭尚未组成的，由仲裁委员会仲裁院决定。

（五）仲裁庭有权决定是否接受逾期提交的反请求和反请求答辩书。

（六）申请人对被申请人的反请求未提出书面答辩的，不影响仲裁程序的进行。

第十七条　变更仲裁请求或反请求　申请人可以申请对仲裁请求进行变更，被申请人也可以申请对反请求进行变更；仲裁庭认为申请人或被申请人提出变更的时间过迟而影响仲裁程序正常进行的，可以拒绝其变更请求。

第十八条　追加当事人

（一）在仲裁程序中，一方当事人依据表面上约束被追加当事人的案涉仲裁协议可以向仲裁委员会申请追加当事人。在仲裁庭组成后申请追加当事人的，如果仲裁庭认为确有必要，应在征求包括被追加当事人在内的各方当事人的意见后，由仲裁委员会决定。仲裁委员会仲裁院收到追加当事人申请之日视为针对该被追加当事人的仲裁开始之日。

（二）追加当事人申请书应包含现有仲裁案件的案号，涉及被追加当事人在内的所有当事人的名称、住所及通讯方式，追加当事人所依据的仲裁协议、事实和理由，以及仲裁请求。当事人在提交追加当事人申请书时，应附具申请所依据的证据材料以及其他证明文件。

（三）任何一方当事人就追加当事人程序提出仲裁协议及／或仲裁案件管辖权异议的，仲裁委员会有权基于仲裁协议及相关证据作出是否具有管辖权的决定。

（四）追加当事人程序开始后，在仲裁庭组成之前，由仲裁委员会仲裁院就仲裁程序的进行作出决定；在仲裁庭组成之后，由仲裁庭就仲裁程序的进行作出决定。

（五）在仲裁庭组成之前追加当事人的，本规则有关当事人选定或委托仲裁委员会主任指定仲裁员的规定适用于被追加当事人。仲裁庭的组成应按照本规则第三十三条的规定进行。在仲裁庭组成后决定追加当事人的，仲裁庭应就已经进行的包括仲裁庭组成在内的仲裁程序征求被追加当事人的意见。被追加当事人要求选定或委托仲裁委员会主任指定仲裁员的，双方当事人应重新选定或委托仲裁委员会主任指定仲裁员。仲裁庭的组成应按照本规则第三十三条的规定进行。

（六）本规则有关当事人提交答辩及反请求的规定适用于被追加当事人。被追加当事人提交答辩及反请求的期限自收到追加当事人仲裁通知后起算。

（七）案涉仲裁协议表面上不能约束被追加当事人或存在其他任何不宜追加当事人的情形的，仲裁委员会有权决定不予追加。

第十九条 合并仲裁

（一）符合下列条件之一的，经一方当事人请求，仲裁委员会可以决定将根据本规则进行的两个或两个以上的仲裁案件合并为一个仲裁案件进行审理，但是仲裁协议明确约定拒绝合并仲裁的除外：

1. 各案仲裁请求依据同一个仲裁协议提出的；

2. 各案仲裁请求依据多个仲裁协议提出，该多个仲裁协议内容相同或兼容，且各案当事人相同、各争议所涉及的法律关系性质相同的；

3. 各案仲裁请求依据多个仲裁协议提出，该多个仲裁协议内容相同或兼容，且涉及的多份合同为主从合同关系的；

4. 各争议涉及同一交易或同一系列相关交易的；

5. 不具备上述任一条件，但所有案件当事人均同意合并仲裁的。

（二）根据上述第（一）款决定合并仲裁时，仲裁委员会应考虑各方当事人的意见、各案仲裁庭的意见及相关仲裁案件之间的关联性等因素，包括不同案件的仲裁员的选定或指定情况。

（三）除非各方当事人另有约定，合并的仲裁案件应合并至最先开始仲裁程序的仲裁案件。

（四）案件合并前各案均未组成仲裁庭的，应依照本规则第二章第三节的规定组成仲裁庭；案件合并前各案均已组成相同仲裁庭的，合并后不再另行组成仲裁庭；案件合并前部分案件已经组成仲裁庭，部分案件尚未组成仲裁庭或组成的仲裁庭不相同的，由各方当事人就合并后仲裁庭的组成进行协商。如各方当事人未能在收到合并仲裁的通知后15日内达成一致意见，则应依照本规则第二章第三节的规定重新组成仲裁庭。

（五）仲裁案件合并后，在仲裁庭组成之前，由仲裁委员会仲裁院就程序的进行作出决定；仲裁庭组成后，由仲裁庭就程序的进行作出决定。

（六）仲裁委员会可以就合并仲裁后的仲裁费用进行调整。

第二十条 仲裁文件的提交与交换

（一）当事人的仲裁文件应提交至仲裁委员会仲裁院。

（二）仲裁程序中需发送或转交的仲裁文件，由仲裁委员会仲裁院发送或转交仲裁庭及当事人，当事人另有约定并经仲裁庭同意或仲裁庭另有决定者除外。

第二十一条 仲裁文件的份数

当事人提交的仲裁申请书、答辩书、反请求书和证据材料以及其他仲裁文件，应一式五份；多方当事人的案件，应增加相应份数；当事人申请财产保全或证据保全的，应增加相应份数；仲裁庭组成人数为一人的，应相应减少两份。

第二十二条 仲裁代理人

(一)当事人可以授权中国及/或外国的仲裁代理人办理有关仲裁事项。当事人或其仲裁代理人应向仲裁委员会仲裁院提交授权委托书。

(二)当事人应将其代理人的变化情况毫不迟延地通知仲裁委员会仲裁院。经征求当事人意见,仲裁庭可以采取必要措施避免因当事人代理人变化而产生的利益冲突,包括全部或部分排除当事人新委任的代理人参与仲裁程序。

第二节 保全及临时措施

第二十三条 财产保全当事人申请海事请求保全或其他财产保全的,仲裁委员会应当将当事人的申请提交被申请人住所地或其财产所在地的海事法院或其他有管辖权的法院作出裁定;当事人在仲裁程序开始前申请海事请求保全或其他财产保全的,应当依照《中华人民共和国海事诉讼特别程序法》或《中华人民共和国民事诉讼法》的规定,直接向被保全的财产所在地海事法院或其他有管辖权的法院提出。

第二十四条 证据保全

当事人申请证据保全的,仲裁委员会应当将当事人的申请提交证据所在地的海事法院或其他有管辖权的法院作出裁定;当事人在仲裁程序开始前申请证据保全的,应当依照《中华人民共和国海事诉讼特别程序法》或《中华人民共和国民事诉讼法》的规定,直接向被保全的证据所在地海事法院或其他有管辖权的法院提出。

第二十五条 海事强制令

当事人申请海事强制令的,仲裁委员会应当将当事人的申请提交海事纠纷发生地的海事法院作出裁定;当事人在仲裁程序开始前申请海事强制令的,应当依照《中华人民共和国海事诉讼特别程序法》的规定,直接向海事纠纷发生地的海事法院提出。

第二十六条 海事赔偿责任限制基金当事人申请设立海事赔偿责任限制基金的,仲裁委员会应当将当事人的申请提交事故发生地、合同履行地或者船舶扣押地海事法院作出裁定;当事人在仲裁程序开始前申请设立海事赔偿责任限制基金的,应当依照《中华人民共和国海事诉讼特别程序法》的规定,直接向事故发生地、合同履行地或者船舶扣押地的海事法院提出。

第二十七条 临时措施

(一)根据所适用的法律或当事人的约定,当事人可以依据《中国海事仲裁委员会紧急仲裁员程序》(本规则附件三)向仲裁委员会仲裁院申请紧急性临时救济。紧急仲裁员可以决定采取必要或适当的紧急性临时救济措施。紧急仲裁员的决定对双方当事人具有约束力。

(二)经一方当事人请求,仲裁庭可以决定采取其认为必要或适当的临时措施,并有权决定由请求临时措施的一方当事人提供适当的担保。

第三节 仲裁员及仲裁庭

第二十八条 仲裁员的义务

仲裁员必须独立公正,不代表任何一方当事人,独立平等地对待各方当事人。

第二十九条 仲裁庭的组成与人数

(一)当事人就仲裁庭的组成有约定的,从其约定,但其约定违背仲裁地法律规定、无法实施或可能导致裁决无效的除外。

(二)仲裁庭由一名仲裁员成立或由三名仲裁员组成。仲裁庭由一名仲裁员成立的,该名仲裁员为独任仲裁员,仲裁庭由三名仲裁员组成的,设首席仲裁员。

(三)除非当事人另有约定或本规则另有规定,仲裁庭由三名仲裁员组成。

第三十条 仲裁员的选定或指定

(一)仲裁委员会制定统一适用于仲裁委员会及上海总部/分会/仲裁中心的仲裁员名册;当事人可以从仲裁委员会仲裁员名册中选定仲裁员,也可以在仲裁委员会仲裁员名册外选定仲裁员;除非仲裁委员会另有决定,首席仲裁员和独任仲裁员应从仲裁委员会仲裁员名册中产生。

(二)当事人在仲裁委员会仲裁员名册外选定仲裁员,应当符合仲裁地法律的规定。

第三十一条 三人仲裁庭的组成

(一)申请人和被申请人应各自在收到仲裁通知后15日内选定或委托仲裁委员会主任指定一名仲裁员。当事人未在上述期限内选定或委托仲裁委员会主任指定的,由仲裁委员会主任指定。

(二)第三名仲裁员由双方当事人在最后一方当事人收到仲裁通知后15日内共同选定或共同委托仲裁委员会主任指定。第三名仲裁员为仲裁庭的首席仲裁员。

(三)双方当事人可以各自推荐一至五名候选人作为首席仲裁员人选,并按照上述第(二)款规定的期限提交推荐名单。双方当事人的推荐名单中有一名人选相同的,该人选为双方当事人共同选定的首席仲裁员;有一名以上人选相同的,仲裁委员会主任根据案件的具体情况在相同人选中确定一名首席仲裁员,该名首席仲裁员仍为双方共同选定的首席仲裁员。

(四)双方当事人未能共同选定或共同委托仲裁委员会主任指定首席仲裁员、未推荐或者推荐的首席仲裁员名单中没有相同人选的,由当事人选定或仲裁委员会主任指定的两名仲裁员共同选定首席仲裁员。

(五)该两名仲裁员未能在15日内就首席仲裁员人选达成一致的,由仲裁委员会主任指定首席仲裁员。

第三十二条 独任仲裁庭的组成

(一)仲裁庭由一名仲裁员组成的,申请人和被申请人应在最后一方当事人收到仲裁通知后15日内共同选定或共同委托仲裁委员会主任指定一名独任仲裁员。

(二)申请人和被申请人可以各自推荐一至五名候选人作为独任仲裁员人选,并按照上述第(一)款规定的期限提交推荐名单。双方当事人的推荐名单中有一名人选相同的,该人选为双方当事人共同选定的独任仲裁员;有一名以上人选相同的,由仲裁委员会主任根据案件的具体情况在相同人选中确定一名独任仲裁员,该名独任仲裁员仍为双方当事人共同选定的独任仲裁员。

(三)双方当事人未能共同选定或共同委托仲裁委员会主任指定独任仲裁员、未推荐或者推荐的独任仲裁员名单中没有相同人选的,由仲裁委员会主任指定独任仲裁员。

第三十三条 多方当事人仲裁庭的组成

(一)仲裁案件有两个或两个以上申请人及/或被申请人的,申请人方及/或被申请人方应各自协商,分别共同选定或共同委托仲裁委员会主任指定一名仲裁员。

(二)如果申请人方及／或被申请人方未能在收到仲裁通知之日起 15 日内各自共同选定或者各自共同委托仲裁委员会主任指定一名仲裁员,该仲裁员由仲裁委员会主任指定。

(三)首席仲裁员按照本规则第三十一条第(二)(三)(四)(五)款规定的程序选定或指定。独任仲裁员按照本规则第三十二条第(一)(二)(三)款规定的程序选定或指定。

第三十四条　组成仲裁庭应考虑的因素

仲裁委员会根据本规则的规定组成仲裁庭时,应考虑争议的适用法律、仲裁地、仲裁语言、当事人国籍、当事人有关仲裁庭组成的特殊约定,以及仲裁委员会认为应予考虑的其他因素。

第三十五条　披露

(一)被选定或被指定的仲裁员应签署声明书,披露可能引起对其公正性和独立性产生合理怀疑的任何事实或情况。

(二)在仲裁程序中出现应披露情形的,仲裁员应立即书面披露。

(三)仲裁员的声明书及／或披露的信息应提交仲裁委员会仲裁院,转交各方当事人。

第三十六条　仲裁员的回避

(一)当事人收到仲裁员的声明书及／或书面披露后,中国海事仲裁委员会仲裁规则如果以披露的事实或情况为理由要求该仲裁员回避,则应于收到仲裁员的书面披露后 10 日内书面提出。逾期没有申请回避的,不得以仲裁员曾经披露的事项为由申请该仲裁员回避。

(二)当事人对被选定或被指定的仲裁员的公正性和独立性产生具有正当理由的怀疑时,可以书面请求该仲裁员回避,但应说明回避请求所依据的具体事实和理由,并举证。

(三)对仲裁员的回避请求应在收到组庭通知后 15 日内以书面形式提出;在此之后得知回避事由的,可以在得知回避事由后 15 日内提出,但应不晚于最后一次开庭终结。

(四)当事人的回避请求应当立即转交另一方当事人、被请求回避的仲裁员及仲裁庭其他成员。

(五)如果一方当事人请求仲裁员回避,另一方当事人同意回避请求,或被请求回避的仲裁员主动提出不再担任该仲裁案件的仲裁员,则该仲裁员不再担任仲裁员审理本案。上述情形并不表示当事人提出回避的理由成立。

(六)除上述第(五)款规定的情形外,仲裁员是否回避,由仲裁委员会主任作出终局决定,并说明理由。

(七)在仲裁委员会主任就仲裁员是否回避作出决定前,被请求回避的仲裁员应继续履行职责。

第三十七条　仲裁员的更换

(一)仲裁员在法律上或事实上不能履行职责,或没有按照本规则的要求或在本规则规定的期限内履行应尽职责的,仲裁委员会主任有权决定将其更换;该仲裁员也可以主动申请不再担任仲裁员。

(二)是否更换仲裁员,由仲裁委员会主任作出终局决定,并说明理由。

(三)仲裁员因回避或更换不能履行职责的,应按照原选定或指定仲裁员的方式在仲裁委员会仲裁院规定的期限内选定或指定替代的仲裁员。当事人未选定或指定替代仲裁员的,由仲裁委员会主任指定替代的仲裁员。

(四)重新选定或指定仲裁员后,由仲裁庭决定是否重新审理及重新审理的范围。

第三十八条 多数仲裁员继续仲裁程序

最后一次开庭终结后,如果三人仲裁庭中的一名仲裁员因死亡或被除名等情形不能参加合议及/或作出裁决,另外两名仲裁员可以请求仲裁委员会主任按照第三十七条的规定更换该仲裁员;在征求双方当事人意见并经仲裁委员会同意后,该两名仲裁员也可以继续进行仲裁程序,作出决定或裁决。仲裁委员会仲裁院应将上述情况通知双方当事人。

第四节 审理

第三十九条 审理方式

(一)仲裁庭组成后,仲裁委员会仲裁院应立即将案件移交仲裁庭。仲裁庭应当视案件具体情况尽快召开案件管理会议,与当事人协商可以根据本条第(六)款采取的程序措施。

(二)除非当事人另有约定,仲裁庭可以按照其认为适当的方式审理案件。在任何情形下,仲裁庭均应公平公正、高效地推进程序,进行审理,给予双方当事人陈述与辩论的合理机会,确保程序正当。

(三)仲裁庭应开庭审理案件,但双方当事人约定并经仲裁庭同意或仲裁庭认为不必开庭审理并征得双方当事人同意的,可以只依据书面文件进行审理。

(四)除非当事人另有约定,经征求当事人意见,仲裁庭可以决定开庭审理以远程视频会议或仲裁庭认为适当的其他通讯方式进行。如仲裁程序中出现不宜以远程视频会议等方式开庭的情形,仲裁庭有权决定将开庭转为线下进行。

(五)仲裁庭可以在其认为适当的地点以其认为适当的方式进行合议。

(六)除非当事人另有约定,仲裁庭认为必要时可以经征求当事人意见决定就案件审理采取适当的程序措施,包括但不限于制作审理范围书,发布程序令,发出问题单,举行庭前会议,以及与当事人讨论网络安全、隐私和数据保护,为仲裁程序安全合规提供适当保障等。经仲裁庭其他成员授权,首席仲裁员可以单独就仲裁案件的程序安排作出决定。

(七)仲裁庭可应一方当事人请求或经征求当事人意见自行决定,要求当事人就案外人(第三方资助人或保险人)对仲裁程序的资助进行披露,或者要求当事人就案外人(第三方资助人、保险人、母公司或最终利益拥有者)对仲裁结果所具有的经济利益予以披露。

第四十条 仲裁庭秘书

(一)经征求仲裁委员会仲裁院意见,仲裁庭可以指定仲裁庭秘书予以协助。仲裁委员会仲裁院工作人员可以担任仲裁庭秘书,但不得担任同一仲裁案件的经办人。

(二)仲裁庭秘书工作职责由仲裁庭确定,但不得参与案件表决,不得参与案件裁决书实质内容的撰写。

(三)仲裁庭秘书必须独立公正,并在接受指定前签署声明书,披露可能引起对其公正性和独立性产生合理怀疑的任何事实或情况。

(四)当事人可根据本规则第三十六条的规定要求仲裁庭秘书回避。如果仲裁委员会决定仲裁庭秘书回避,仲裁庭可根据本条规定重新指定仲裁庭秘书。除非仲裁庭另有决定,请求仲裁庭秘书回避不影响仲裁程序的继续进行。

第四十一条 开庭地

(一)当事人约定了开庭地点的,案件开庭应当在约定的地点进行,但本规则第八十三条第(三)款规定的情形除外。

(二)除非当事人另有约定,由仲裁委员会仲裁院或其上海总部/分会/仲裁中心管理的案件应分别在北京、上海或分会/仲裁中心所在地开庭审理;如仲裁庭认为必要,经仲裁委员会仲裁院同意,也可以在其他地点开庭审理。

第四十二条 开庭通知

(一)开庭审理的案件,仲裁庭确定第一次开庭日期后,应不晚于开庭前20日将开庭日期通知双方当事人。当事人有正当理由的,可以请求延期开庭,但应于收到开庭通知后5日内书面提出。是否延期,由仲裁庭决定。

(二)当事人有正当理由未能按上述第(一)款规定提出延期开庭的,是否接受其延期申请,由仲裁庭决定。

(三)再次开庭审理的日期及延期后开庭审理日期的通知及其延期申请,不受上述第(一)款期限的限制。

(四)仲裁庭在确定开庭审理日期时,应慎重考虑庭前文件交换是否充分以及开庭审理的条件是否具备。

第四十三条 保密

(一)仲裁庭审理案件不公开进行。双方当事人要求公开审理的,由仲裁庭决定是否公开审理。

(二)不公开审理的案件,双方当事人及其仲裁代理人、仲裁员、案件经办人、仲裁庭秘书、证人、翻译、仲裁庭咨询的专家和指定的鉴定人,以及其他有关人员,均不得对外界透露案件实体和程序的有关情况。

第四十四条 当事人缺席

(一)申请人无正当理由开庭时不到庭的,或在开庭审理时未经仲裁庭许可中途退庭的,可以视为撤回仲裁申请;被申请人提出反请求的,不影响仲裁庭就反请求进行审理,作出裁决。

(二)被申请人无正当理由开庭时不到庭的,或在开庭审理时未经仲裁庭许可中途退庭的,仲裁庭可以进行缺席审理并作出裁决;被申请人提出反请求的,可以视为撤回反请求。

第四十五条 庭审笔录

(一)开庭审理时,仲裁庭可以制作庭审笔录及/或影音记录。仲裁庭认为必要时,可以制作庭审要点,并要求当事人及/或其代理人、证人及/或其他有关人员在庭审笔录或庭审要点上签字或盖章。以远程视频会议等方式开庭审理的,庭审笔录可由上述仲裁参与人电子签名。

(二)仲裁庭可以委托仲裁委员会仲裁院聘请速录人员速录庭审笔录。

第四十六条 举证

(一)当事人应对其申请、答辩和反请求所依据的事实提供证据加以证明,为其主张、辩论及抗辩要点提供依据。

(二)下列事实无需当事人举证,除非有足以推翻该事实的相反证据,仲裁庭可依职权予以认定:(1)双方当事人没有争议的事实;(2)自然规律及定理;(3)众所周知的事实或常识;(4)根据法律规定、已知事实或日常生活经验法则,能推定出的另一事实。

(三)一方当事人应向仲裁庭和对方当事人(包括多方仲裁中作为申请人或被申请人一方的所有当事人)披露和提交其作为依据的所有证据。

(四)仲裁庭可以规定当事人提交证据的期限。当事人应在规定的期限内提交证据。逾期提交的,仲裁庭可以不予接受。当事人在举证期限内提交证据材料确有困难的,可以在期限届满前申请延长举证期限。是否延期,由仲裁庭决定。

(五)当事人未能在规定的期限内提交证据,或虽提交证据但不足以证明其主张的,负有举证责任的当事人承担因此产生的后果。通常情况下,举证和证据交换应在仲裁庭就实体争议进行开庭审理之前完成。

第四十七条 事实证人和专家证人意见

(一)当事人安排证人作证的,应事先向仲裁庭确定证人身份及其证明事项。证人应在开庭审理前提交书面证言。

(二)当事人可就特定问题提交专家证人意见以支持己方主张。

第四十八条 仲裁庭调查取证

(一)仲裁庭认为必要时,可以调查事实,收集证据。

(二)仲裁庭调查事实、收集证据时,应当通知当事人到场。经通知,一方或双方当事人不到场的,不影响仲裁庭调查事实和收集证据。

(三)仲裁庭调查收集的证据,应当转交当事人,给予当事人提出意见的机会。

第四十九条 查验及鉴定报告

(一)仲裁庭可应当事人请求或自行决定,指定查验人对现场、货物、文件或其他有关证据进行查验,或者指定鉴定人对某个专业或技术问题进行鉴定。当事人应事先得到查验或鉴定通知,并有权到场。

(二)仲裁庭有权要求当事人、当事人也有义务向查验人或鉴定人提供或出示任何有关资料、文件或财产、实物,以供查验人或鉴定人查验、鉴定。

(三)查验报告和鉴定报告的副本应转交当事人,给予当事人提出意见的机会。

第五十条 质证

(一)仲裁庭应确保一方当事人有机会就对方当事人提交的所有证据发表质证意见。质证可以采用口头或书面形式。

(二)开庭审理的案件,证据应在开庭时出示,当事人可以质证。

(三)对于书面审理的案件的证据材料,或对于开庭后提交的证据材料且当事人同意书面质证的,可以进行书面质证。书面质证时,当事人应在仲裁庭规定的期限内提交书面质证意见。

(四)当事人共同确认或没有异议的证据,视为已经质证。

第五十一条 质询

(一)通常情况下,证人应出席案件的开庭审理或者通过远程视频会议参加开庭审理,接受安排其出庭的一方当事人的询问和对方当事人的盘问。

(二)仲裁庭指定的查验人或鉴定人应当出席案件的开庭审理或者通过远程视频会议参加开庭审理,仲裁庭应确保双方当事人有机会对其进行质询。

第五十二条 证据的审核认定

(一)证据是否可予采纳,以及证据的关联性、重要性及证明力,由仲裁庭决定。

(二)当事人提供伪证的,应承担相应的后果,仲裁庭有权据此驳回该方当事人的请求或反请求。

第五十三条 合并开庭为公平、经济和快捷地进行仲裁程序,如果两个或多个仲裁案件涉及相同的事实或法律问题,在征求各方当事人意见后,仲裁庭经征求仲裁委员会仲裁院意见可以决定对两个或多个仲裁案件合并开庭,并可决定:

(一)一个案件当事人提交的文件可以提交给另一个案件当事人;

(二)一个案件当事人提交的证据可以在另一个案件中被接受和采纳,但是应当给予所有当事人就该等证据发表意见的机会。

第五十四条 程序中止

(一)双方当事人共同或分别请求中止仲裁程序,或出现需要中止仲裁程序的法定情形以及其他需要中止仲裁程序的情形的,仲裁程序可以中止。

(二)中止程序的原因消失或中止程序期满后,仲裁程序恢复进行。

(三)仲裁程序的中止及恢复,由仲裁庭决定;仲裁庭尚未组成的,由仲裁委员会仲裁院决定。

第五十五条 撤回申请和撤销案件

(一)当事人可以撤回全部仲裁请求或全部仲裁反请求。申请人撤回全部仲裁请求的,不影响仲裁庭就被申请人的仲裁反请求进行审理和裁决。被申请人撤回全部仲裁反请求的,不影响仲裁庭就申请人的仲裁请求进行审理和裁决。

(二)因当事人自身原因致使仲裁程序不能进行的,可以视为其撤回仲裁请求。

(三)仲裁请求和反请求全部撤回的,案件可以撤销。在仲裁庭组成前撤销案件的,由仲裁委员会仲裁院作出撤案决定;仲裁庭组成后撤销案件的,由仲裁庭作出撤案决定。

(四)上述第(三)款及本规则第六条第(七)款所述撤案决定应加盖"中国海事仲裁委员会"印章。

第五十六条 仲裁与调解相结合

(一)双方当事人有调解意愿的,或一方当事人有调解意愿并经仲裁庭征得另一方当事人同意的,仲裁庭可以在仲裁程序中对案件进行调解。双方当事人也可以自行和解。

(二)仲裁庭在征得双方当事人同意后可以按照其认为适当的方式进行调解。

(三)调解过程中,任何一方当事人提出终止调解或仲裁庭认为已无调解成功的可能时,仲裁庭应终止调解。

(四)双方当事人经仲裁庭调解达成和解或自行和解的,应签订和解协议。

（五）当事人经调解达成或自行达成和解协议的，可以撤回仲裁请求或反请求，也可以请求仲裁庭根据当事人和解协议的内容作出裁决书或制作调解书。

（六）当事人请求制作调解书的，调解书应当写明仲裁请求和当事人书面和解协议的内容，由仲裁员署名，并加盖"中国海事仲裁委员会"印章，送达双方当事人。

（七）调解不成功的，仲裁庭应当继续进行仲裁程序，作出裁决。

（八）当事人有调解意愿但不愿在仲裁庭主持下进行调解的，经双方当事人同意，仲裁委员会可以协助当事人以适当的方式和程序进行调解。

（九）如果调解不成功，任何一方当事人均不得在其后的仲裁程序、司法程序和其他任何程序中援引对方当事人或仲裁庭在调解过程中曾发表的意见、提出的观点、作出的陈述、表示认同或否定的建议或主张作为其请求、答辩或反请求的依据。

（十）当事人在仲裁程序开始之前自行达成或经调解达成和解协议的，可以依据由仲裁委员会仲裁的仲裁协议及其和解协议，请求仲裁委员会组成仲裁庭，按照和解协议的内容作出仲裁裁决。除非当事人另有约定，仲裁委员会主任指定一名独任仲裁员成立仲裁庭，由仲裁庭按照其认为适当的程序进行审理并作出裁决。具体程序和期限，不受本规则其他条款关于程序和期限的限制。

第五节　裁决

第五十七条　作出裁决的期限

（一）仲裁庭应在组庭后6个月内作出裁决书。

（二）经仲裁庭请求，仲裁委员会仲裁院认为确有正当理由和必要的，可以延长该期限。（三）程序中止的期间不计入上述第（一）款规定的裁决期限。

第五十八条　裁决的作出

（一）仲裁庭应当根据事实和合同约定，依照法律规定，参考国际惯例，参照交易习惯，公平合理、独立公正地作出裁决。

（二）当事人对于案件实体适用法有约定的，从其约定。当事人没有约定或其约定与法律强制性规定相抵触的，由仲裁庭决定案件实体的法律适用。

（三）仲裁庭在裁决书中应写明仲裁请求、争议事实、裁决理由、裁决结果、仲裁费用的承担、裁决的日期和地点。当事人协议不写明争议事实和裁决理由的，以及按照双方当事人和解协议的内容作出裁决书的，可以不写明争议事实和裁决理由。仲裁庭有权在裁决书中确定当事人履行裁决的具体期限及逾期履行所应承担的责任。

（四）裁决书应加盖"中国海事仲裁委员会"印章。

（五）由三名仲裁员组成的仲裁庭审理的案件，裁决依全体仲裁员或多数仲裁员的意见作出。少数仲裁员的书面意见应附卷，并可以附在裁决书后，该书面意见不构成裁决书的组成部分。

（六）仲裁庭不能形成多数意见的，裁决依首席仲裁员的意见作出。其他仲裁员的书面意见应附卷，并可以附在裁决书后，该书面意见不构成裁决书的组成部分。

（七）除非裁决依首席仲裁员意见或独任仲裁员意见作出并由其署名，裁决书应由全体仲裁员或多数仲裁员署名。持有不同意见的仲裁员可以在裁决书上署名，也可以不署名。

（八）作出裁决书的日期，即为裁决发生法律效力的日期。

（九）裁决是终局的，对双方当事人均有约束力。任何一方当事人均不得向法院起诉，也不得向其他任何机构提出变更仲裁裁决的请求。

（十）经征得当事人同意，仲裁委员会仲裁院可在裁决作出后，对当事人名称及其他可识别信息进行脱密处理，公开发布裁决书。

第五十九条　部分裁决

（一）仲裁庭认为必要或当事人提出请求并经仲裁庭同意的，仲裁庭可以在作出最终裁决之前，就当事人的某些请求事项先行作出部分裁决。部分裁决是终局的，对双方当事人均有约束力。

（二）一方当事人不履行部分裁决，不影响仲裁程序的继续进行，也不影响仲裁庭作出最终裁决。

第六十条　裁决书草案的核阅仲裁庭应在签署裁决书之前将裁决书草案提交仲裁委员会核阅。在不影响仲裁庭独立裁决的情况下，仲裁委员会可以就裁决书的有关问题提请仲裁庭注意。

第六十一条　专家咨询委员会的咨询意见仲裁庭或仲裁委员会可以就仲裁案件的程序和实体等重大疑难问题提请仲裁委员会专家咨询委员会研究讨论，并提供咨询意见。专家咨询意见由仲裁庭决定是否接受。

第六十二条　费用承担

（一）仲裁庭有权在裁决书中裁定当事人最终应向仲裁委员会支付的仲裁费用和实际费用等。

（二）仲裁庭有权根据案件的具体情况在裁决书中裁定败诉方应补偿胜诉方因办理案件而支出的合理的费用。仲裁庭裁定败诉方补偿胜诉方因办理案件而支出的费用是否合理，应具体考虑案件的裁决结果、复杂程度、胜诉方当事人及／或代理人的实际工作量以及案件的争议金额等因素。

第六十三条　裁决书的更正

（一）仲裁庭可以在发出裁决书后的合理时间内自行以书面形式对裁决书中的书写、打印、计算上的错误或其他类似性质的错误作出更正。

（二）任何一方当事人均可以在收到裁决书后 30 日内就裁决书中的书写、打印、计算上的错误或其他类似性质的错误，书面申请仲裁庭作出更正；如确有错误，仲裁庭应在收到书面申请后 30 日内作出书面更正。

（三）上述书面更正构成裁决书的组成部分，应适用本规则第五十八条第（四）至（九）款的规定。

第六十四条　补充裁决

（一）如果裁决书中有遗漏的请求事项，仲裁庭可以在发出裁决书后的合理时间内自行作出补充裁决。

（二）任何一方当事人可以在收到裁决书后 30 日内以书面形式请求仲裁庭就裁决书中遗漏的请求事项作出补充裁决；如确有漏裁事项，仲裁庭应在收到上述书面申请后 30 日内作出补充裁决。

(三)该补充裁决构成裁决书的一部分,应适用本规则第五十八条第(四)至(九)款的规定。

第六十五条 裁决的履行

(一)当事人应依照裁决书写明的期限履行仲裁裁决;裁决书未写明履行期限的,应立即履行。

(二)一方当事人不履行裁决的,另一方当事人可以依法向有管辖权的法院申请执行。

第三章 快速程序

第六十六条 快速程序的适用

(一)除非当事人另有约定,凡争议金额不超过人民币 500 万元的,或争议金额超过人民币 500 万元但经一方当事人书面申请并征得另一方当事人书面同意的,或双方当事人约定适用快速程序的,适用快速程序。

(二)没有争议金额或者争议金额不明确的,由仲裁委员会根据案件的复杂程度、涉及利益的大小以及其他有关因素综合考虑决定是否适用快速程序。

第六十七条 仲裁通知

申请人提出仲裁申请,经审查可以受理并适用快速程序的,仲裁委员会仲裁院应向双方当事人发出仲裁通知。

第六十八条 仲裁庭的组成

除非当事人另有约定,适用快速程序的案件,依照本规则第三十二条的规定成立独任仲裁庭审理案件。

第六十九条 答辩和反请求

(一)被申请人应在收到仲裁通知后 20 日内提交答辩书及证据材料以及其他证明文件;如有反请求,也应在此期限内提交反请求书及证据材料以及其他证明文件。

(二)申请人应在收到反请求书及其附件后 20 日内针对被申请人的反请求提交答辩。

(三)当事人确有正当理由请求延长上述期限的,由仲裁庭决定;仲裁庭尚未组成的,由仲裁委员会仲裁院决定。

第七十条 审理方式

仲裁庭可以按照其认为适当的方式审理案件,可以在征求当事人意见后决定只依据当事人提交的书面材料和证据进行书面审理,也可以决定开庭审理。

第七十一条 开庭通知

(一)对于开庭审理的案件,仲裁庭确定第一次开庭日期后,应不晚于开庭前 15 日将开庭日期通知双方当事人。当事人有正当理由的,可以请求延期开庭,但应于收到开庭通知后 3 日内提出书面申请;是否延期,由仲裁庭决定。

(二)当事人有正当理由未能按上述第(一)款规定提出延期开庭的,是否接受其延期申请,由仲裁庭决定。

(三)再次开庭审理的日期及延期后开庭审理日期的通知及其延期申请,不受上述第

(一)款期限的限制。

第七十二条　作出裁决的期限

(一)仲裁庭应在组庭后 3 个月内作出裁决书。

(二)经仲裁庭请求,仲裁委员会仲裁院认为确有正当理由和必要的,可以延长该期限。

(三)程序中止的期间不计入上述第(一)款规定的裁决期限。

第七十三条　程序变更

仲裁请求的变更或反请求的提出,不影响快速程序的继续进行。经变更的仲裁请求或反请求所涉争议金额分别超过人民币 500 万元的案件,除非当事人约定或仲裁庭认为有必要变更为普通程序,继续适用快速程序。

第七十四条　本规则其他条款的适用

本章未规定的事项,适用本规则其他各章的有关规定。

第四章　香港仲裁的特别规定

第七十五条　本章的适用

(一)仲裁委员会在香港特别行政区设立仲裁委员会香港仲裁中心。本章适用于仲裁委员会香港仲裁中心管理的仲裁案件。

(二)当事人约定将争议提交仲裁委员会香港仲裁中心仲裁或约定将争议提交仲裁委员会在香港仲裁的,由仲裁委员会香港仲裁中心接受仲裁申请,管理案件。

第七十六条　仲裁地及程序适用法

除非当事人另有约定,仲裁委员会香港仲裁中心管理的案件的仲裁地为香港,仲裁程序适用法为香港仲裁法,仲裁裁决为香港裁决。

第七十七条　管辖权决定

当事人对仲裁协议及／或仲裁案件管辖权的异议,应不晚于第一次实体答辩前提出。仲裁庭有权对仲裁协议的存在、效力以及仲裁案件的管辖权作出决定。

第七十八条　裁决书的印章裁决书应加盖"中国海事仲裁委员会香港仲裁中心"印章。

第七十九条　仲裁收费

依本章管理的案件适用《中国海事仲裁委员会仲裁费用表(三)》(本规则附件二)。

第八十条　本规则其他条款的适用

本章未规定的事项,适用本规则其他各章的有关规定。

第五章　附则

第八十一条　电子签名

除非仲裁地法律另有规定、当事人另有约定,或者仲裁委员会仲裁院或仲裁庭另有决定,撤案决定、调解书和裁决书等可以由仲裁员电子签名。

第八十二条　仲裁语言

(一)当事人对仲裁语言有约定的,从其约定。当事人对仲裁语言没有约定的,以中文为仲裁语言。仲裁委员会仲裁院或仲裁庭也可以视案件的具体情形确定其他语言为仲裁语言。

（二）仲裁庭开庭时,当事人或其代理人、证人需要语言翻译的,可由仲裁委员会仲裁院提供译员,也可由当事人自行提供译员。

（三）当事人提交的各种文书和证明材料,仲裁庭或仲裁委员会仲裁院认为必要时,可以要求当事人提供相应的中文译本或其他语言译本。

第八十三条　仲裁费用及实际费用

（一）仲裁委员会除按照仲裁费用表向当事人收取仲裁费外,还可以向当事人收取其他额外的、合理的实际费用,包括仲裁员办理案件的特殊报酬、差旅费、食宿费、聘请速录员速录费,以及仲裁庭聘请查验人、鉴定人、审计人、评估人和翻译等费用。仲裁员的特殊报酬由仲裁委员会仲裁院在征求相关仲裁员和当事人意见后,参照《中国海事仲裁委员会仲裁费用表(三)》(本规则附件二)有关仲裁员报酬和费用标准确定。

（二）当事人未在仲裁委员会规定的期限内为其选定的仲裁员预缴特殊报酬、差旅费、食宿费等实际费用的,视为没有选定仲裁员。

（三）当事人约定在仲裁委员会或其上海总部／分会／仲裁中心所在地之外开庭的,应预缴因此而发生的差旅费、食宿费等实际费用。当事人未在仲裁委员会规定的期限内预缴有关实际费用的,应在仲裁委员会或其上海总部／分会／仲裁中心所在地开庭。

（四）当事人约定以两种或两种以上语言为仲裁语言的,或根据本规则第六十六条的规定适用快速程序的案件但当事人约定由三人仲裁庭审理的,仲裁委员会可以向当事人收取额外的、合理的费用。

第八十四条　责任限制

除非仲裁地法律另有规定,仲裁委员会及其工作人员、仲裁员、仲裁庭秘书,以及仲裁庭指定的专家,不就与仲裁相关的行为向当事人承担责任。

第八十五条　基本原则及规则解释

（一）本规则未明确规定的事项,仲裁委员会仲裁院和仲裁庭应当根据本规则精神行事。

（二）本规则条文标题不用于解释条文含义。本规则由仲裁委员会负责解释。

第八十六条　规则的施行

本规则自 2021 年 10 月 1 日起施行。本规则施行前仲裁委员会及其上海总部／分会／仲裁中心管理的案件,仍适用受理案件时适用的仲裁规则;双方当事人同意的,也可以适用本规则。

附录六
《关于完善仲裁制度提高仲裁公信力的若干意见》

中共中央办公厅 国务院办公厅印发
《关于完善仲裁制度提高仲裁公信力的若干意见》的通知

各省、自治区、直辖市党委和人民政府,中央和国家机关各部委,解放军各大单位、中央军委机关各部门,各人民团体:

《关于完善仲裁制度提高仲裁公信力的若干意见》已经中央领导同志同意,现印发给你们,请结合实际认真贯彻落实。

中共中央办公厅
国务院办公厅
2018 年 12 月 31 日

关于完善仲裁制度提高仲裁公信力的若干意见

仲裁是我国法律规定的纠纷解决制度,也是国际通行的纠纷解决方式。充分发挥仲裁在尊重当事人意思自治和便捷、高效解决纠纷等方面的作用,对完善仲裁、调解、行政裁决、行政复议、诉讼等有机衔接、相互协调的多元化解纠纷机制,公正及时解决矛盾,妥善化解纠纷,维护社会稳定,促进改革开放,保障经济社会持续健康发展具有重要意义。《中华人民共和国仲裁法》(以下简称仲裁法)颁布 20 多年来,全国仲裁工作始终坚持正确的政治方向和科学的专业服务方向,紧紧围绕党和国家中心工作,自觉服务经济社会发展大局,化解了大量纠纷,发挥了重要作用。同时也要看到,随着社会主义市场经济深入发展和对外开放进一步扩大,仲裁工作面临着仲裁委员会内部治理结构不完善、仲裁发展秩序不规范、仲裁国际竞争力不强、监督制约机制不健全、支持保障不到位等新情况新问题,影响了仲裁公信力,制约了仲裁事业的健康快速发展。党的十八届四中全会提出"完善仲裁制度,提高仲裁公信力"的改革任务,党的十九大提出要加强预防和化解社会矛盾机制建设,开启了中国特色社会主义仲裁事业发展的新征程。为深入学习贯彻习近平新时代中国特色社会主义思想,全面贯彻落实党的十九大精神,完善仲裁制度,提高仲裁公信力,现提出如下意见。

一、认真贯彻落实仲裁法律制度

仲裁法是我国解决民商事纠纷的重要法律,推行仲裁法律制度是落实全面依法治国基本方略的具体体现。完善仲裁制度,提高仲裁公信力,要认真贯彻实施仲裁法,依法促进仲裁事业健康快速发展。

（一）严格规范仲裁委员会设立和换届有关工作。仲裁委员会由依法可以设立仲裁委员会的市政府组织有关部门和商会统一组建，其组成人员必须由组建仲裁委员会的市政府聘任。新组建仲裁委员会必须严格依法设立，不符合规定条件的不得设立。仲裁委员会每届任期5年，任期届满的必须依法换届，更换至少三分之一组成人员。仲裁委员会换届要经组建的市政府同意并报省级政府复核，具体工作由各省、自治区、直辖市司法厅（局）承办。各省、自治区、直辖市司法厅（局）要加强仲裁委员会登记工作，严格依法办理仲裁委员会的设立登记、注销登记、换届复核和变更备案工作，并报司法部备案。此外，为宣传仲裁、拓展业务、便利当事人，仲裁委员会可以根据工作需要自主决定在本市辖区内设立分支机构或者派出机构，确因特殊情况需要在其他地方设立的，要经本机构所在地和设立地的市级政府同意。中国国际经济贸易仲裁委员会、中国海事仲裁委员会新设立分支机构或者派出机构，应当经中国国际贸易促进委员会和设立地的省级政府同意。

（二）切实保障仲裁委员会依法独立开展工作。仲裁委员会独立于行政机关，与行政机关没有隶属关系，不得将仲裁委员会作为任何部门的内设机构或者下属单位。仲裁委员会之间也没有隶属关系。仲裁要依法独立进行，不受行政机关、社会团体和个人的干涉。各级党政机关和领导干部要支持仲裁委员会依法独立仲裁，支持仲裁委员会依照章程独立开展工作，不得干预仲裁裁决，不得干涉仲裁委员会日常业务工作。建立领导干部干预仲裁裁决、插手具体案件处理的记录、通报和责任追究制度。

（三）严格落实当事人意思自治原则。尊重当事人依法自愿选择仲裁方式解决纠纷，任何单位和个人不得干预当事人自主选择仲裁委员会、仲裁员和处分权益。仲裁委员会要坚持公平诚信，平等对待各方当事人，在尊重事实、符合法律规定的前提下，公平合理地作出裁决。当事人在仲裁活动中要诚实善意、讲究信用、信守承诺。

（四）坚决纠正扰乱仲裁发展秩序的行为。凡未按规定设立、换届并经复核、变更备案的仲裁委员会，一律不得开展仲裁活动。未经设立登记的，仲裁裁决不具有法律效力。要切实维护仲裁发展秩序，禁止违规跨地域设立仲裁分支机构和业务站点，禁止政府出资以外的其他性质资金参与组建仲裁委员会，禁止挪用仲裁委员会的资产和经费或者将仲裁委员会的资产和经费用于任何形式的投资、经营活动，禁止仲裁委员会为其他单位或者个人提供担保、借贷，禁止违规分配仲裁委员会财产，禁止将仲裁委员会、仲裁业务以任何形式承包给单位或者个人，禁止为争抢案源违规降低仲裁收费、拉案子给回扣等恶意竞争行为。对扰乱仲裁发展秩序的行为，组建该仲裁委员会的政府要加大查处力度，坚决依法予以纠正，上级政府对纠正情况要加强监督。

二、改革完善仲裁委员会内部治理结构

仲裁委员会是政府依据仲裁法组织有关部门和商会组建，为解决合同纠纷和其他财产权益纠纷提供公益性服务的非营利法人。各地可以结合实际，对仲裁委员会的运行机制和具体管理方式进行探索改革，条件成熟、具有改革积极性的仲裁委员会可先行试点。

（五）充分发挥仲裁委员会的作用。各仲裁委员会要按照决策权、执行权、监督权相互分离、有效制衡、权责对等的原则，依法科学制定委员会章程，并报市政府批准。要加强委员会自身建设，强化委员会的决策地位和作用，明确委员会决策重大事务的权限和范

围。依照章程规定制定和修改仲裁规则、仲裁员聘任管理办法,审定仲裁委员会的发展规划计划、年度工作报告和财务预决算报告,提出执行机构负责人人选,确定薪酬管理、绩效考核方案等重大事项。完善仲裁委员会决策机制和议事程序,实行委员会成员一人一票的表决制度,仲裁委员会决定重大事项要坚持内部公开制度,委员会会议情况应当如实记录,不同意见应当如实载明,确保科学民主决策。仲裁委员会办事机构作为执行机构,要认真执行委员会决议,接受委员会的领导、管理和监督,定期向委员会报告工作。

加强对仲裁委员会成员的推选和管理工作,在委员会章程中明确规定委员会成员的任职条件、工作职责、任期和责任等内容。优化委员会人员构成,委员会成员应当由企事业单位、社会组织、国家机关的法律、经济贸易专家和有实际工作经验的社会人士组成,专兼职相结合。有关方面的专家和有实际工作经验的社会人士要经推选产生。委员会成员中,法律、经济贸易专家不得少于三分之二。强化委员会成员的履职责任,委员会成员必须参加委员会全体会议,未参加会议的,应当说明理由并于会前就所审议的事项提交书面意见。对在任期内不按规定参加委员会会议也不发表意见的,应予劝退,切实解决实践中委员会成员挂名不问事、不管事的问题。

(六)健全仲裁委员会内部监督制度。充分发挥我国机构仲裁的优势作用,实现仲裁委员会管理与仲裁庭独立裁决有机结合。健全各项内部控制制度,在尊重仲裁庭、仲裁员独立裁决的基础上,加强仲裁委员会对仲裁程序的管理监督,建立仲裁委员会对仲裁裁决的核阅制度、重大疑难案件的专家咨询制度,落实仲裁员信息披露制度和仲裁员回避制度,确保仲裁裁决质量。对仲裁委员会成员和仲裁委员会工作人员担任本机构仲裁员的,要建立健全监督制约机制,严格执行回避制度。按照公平公正的原则,建立规范透明的仲裁员指定工作规则,防止和杜绝"关系案"、"人情案"。

(七)改进仲裁员选聘和管理工作。拓宽仲裁员聘任渠道,支持从商会和企业中选聘仲裁员,鼓励根据不同业务性质、矛盾纠纷解决需求,聘任不同专业、不同领域的人员担任仲裁员,逐步建立分类别、适应多层次需求的仲裁员队伍。探索聘任基层享有较高威望、善于调处民间纠纷的人士参与仲裁调解工作,根据需要聘任通晓国际仲裁规则、善于处理涉外经济贸易事务的人员担任仲裁员。仲裁委员会可以对聘任的仲裁员按照不同专业设立仲裁员名册,鼓励根据各自实际探索仲裁员推荐名册。探索成立仲裁员职业道德委员会,健全仲裁员的聘任资格审查、日常管理、监督考核机制。按照国家有关规定,建立适应仲裁业务发展的仲裁员报酬制度,合理确定仲裁员报酬标准,规范仲裁员报酬管理工作。

(八)推进仲裁秘书职业化和专业化建设。赋予仲裁委员会用人自主权,具备条件的可以按照市场化模式和岗位需要选聘、管理仲裁秘书。研究制定完善仲裁秘书岗位聘用、职级晋升方面的有关政策,建立符合仲裁行业特点的秘书队伍分类分级管理制度和以品德、能力、贡献为导向的评价考核机制。完善仲裁工作人员薪酬评估、调整机制,形成引得进、留得住、用得好的奖励激励机制。加强仲裁秘书的业务能力培训和职业操守教育,提高仲裁秘书服务仲裁庭和当事人的能力,建立操守规范、业务精湛的仲裁秘书队伍。

(九)积极稳妥推进仲裁委员会内部管理机制改革。对有改革需求和积极性的仲裁委员会,负责组建的政府要在坚持仲裁公益性、确保资产不流失的前提下,研究探索适应仲裁工作特点、有利于提高仲裁公信力和增进仲裁工作活力的内部管理机制改革,赋予仲裁委员会在人事、财务、薪酬制度等方面相应自主权。仲裁委员会可以根据自身发展实际情况,选择具体财务管理方式,经省级财政、税务、价格主管部门同意后实施,并接受财政、审计、税务、价格等部门的监督。选择行政事业收费管理的,执行事业单位财务规则;选择仲裁收费转为经营服务性收费管理的,比照企业财务通则执行。仲裁委员会要设立仲裁事业发展基金,专门用于仲裁事业发展。仲裁委员会改革要坚持依法推进、试点先行、稳步有序,有关试点改革方案要符合法律和国家有关政策规定,报省级政府批准后实施,防止一哄而上,避免一刀切。

(十)严格资产管理。仲裁委员会的资产是开展仲裁业务、促进仲裁事业发展的重要物质基础。要按照国有资产管理相关规定,加强和规范仲裁委员会资产配置、使用管理,维护资产安全完整,防止资产流失。严禁以私分、低价变卖、虚报损失等手段挤占、侵吞和转移资产。仲裁委员会解散的,要对所有资产进行清查,按国家有关规定处置。

三、加快推进仲裁制度改革创新

总结仲裁工作实践经验,充分挖掘我国优秀传统文化,借鉴国际仲裁有益经验,研究修改仲裁法,不断完善符合中国国情、适应新时代发展要求的中国特色社会主义仲裁制度。

(十一)支持融入基层社会治理。充分发挥仲裁在国家治理体系中的作用,把仲裁融入经济社会发展各个领域,在解决好传统商事纠纷的同时,把仲裁服务延伸到基层,积极参与乡村、街道、社区的基层社会治理,依法妥善处理人民群众在日常生产生活中涉及财产权益的各类民事纠纷,实现案件受理多样化。地方政府可以采取政府购买服务等方式推进仲裁委员会积极参与基层社会纠纷解决。仲裁委员会与人民法院、行政调解组织、人民调解组织、基层群众性自治组织之间要建立工作衔接机制,加强协作,互相配合,共同做好矛盾纠纷的化解工作,发挥好多元化解矛盾机制的作用。

(十二)积极发展互联网仲裁。适应互联网等新经济新业态发展需要,依托互联网技术,建立网络化的案件管理系统以及与电子商务和互联网金融等平台对接的仲裁平台,研究探索线上仲裁、智能仲裁,实现线上线下协同发展。建立完善涉网仲裁规则,明确互联网仲裁受案范围,完善仲裁程序和工作流程,为当事人提供经济、便捷、高效的仲裁服务。研究仲裁大数据建设,加强对仲裁大数据的分析应用,推动与相关部门数据的互联互通,构建多方参与的网络治理协作机制,有效化解涉网纠纷,促进仲裁与互联网经济的深度融合。

(十三)推进行业协作和仲裁区域化发展。研究建立仲裁行业协作、区域化合作机制。加强商会参与仲裁委员会组建工作,深化仲裁委员会与有关部门和商会等行业组织的协作,扩大仲裁影响力。结合行业特点,研究建立专业仲裁工作平台,培养专业仲裁人员,制定专业仲裁规范,促进仲裁的专业化发展。鼓励仲裁委员会之间开展良性竞争与合作,条件成熟的可以在自愿基础上进行联合,整合资源,优势互补,建立区域性仲裁工作平台,共享资源,推动仲裁区域化发展。

(十四)完善仲裁规则。围绕提高仲裁公信力,完善全国统一的仲裁规则示范文本。各仲裁委员会可以根据仲裁规则示范文本,结合实际制定体现本机构特点的仲裁规则。

鼓励仲裁委员会根据不同领域、不同行业的实际情况,探索制定专门、专业领域的特别仲裁规则,提升仲裁的专业化服务水平。建立快速、简易仲裁程序,优化立案、庭审、调解、裁决、送达等具体程序。在尊重当事人意愿前提下,综合运用裁决、确认、调解、和解、斡旋、评估、谈判等各种手段和方式,多元化解纠纷,提高快速结案率、自愿和解率和自动履行率。

四、提高仲裁服务国家全面开放和发展战略的能力

适应国家全面开放新格局和重大发展战略需要,认真研究探索仲裁工作的新方式新机制,拓宽服务领域,提升服务能力,充分发挥仲裁的服务保障作用。

(十五)服务国家开放和发展战略。认真贯彻落实中央有关建立"一带一路"国际商事争端解决机制和机构的部署要求,积极开展"一带一路"沿线国家和地区投资贸易争议解决法律制度和机制的研究,建立"一带一路"国际商事争端解决仲裁机制和组织。围绕京津冀协同发展和雄安新区建设、长江经济带发展、粤港澳大湾区建设、国家自由贸易试验区建设、海南自由贸易港建设等重大发展战略,积极探索有关仲裁工作实践,及时总结推广仲裁工作经验,为国家重大发展战略的顺利实施提供保障。

(十六)提升仲裁委员会的国际竞争力。加强国际仲裁法律制度研究,探索国际投资争端仲裁。统筹规划,制定措施,支持有条件的仲裁委员会积极拓展国际仲裁市场,逐步把发展基础好、业务能力强的仲裁委员会打造成具有高度公信力、竞争力的区域或者国际仲裁品牌。仲裁委员会要按照中央关于推动建设开放型世界经济的精神,苦练内功,全方位加强自身能力建设,完善适应国际仲裁的仲裁规则,培养具有国际仲裁能力的仲裁从业人员,提高我国仲裁的国际化水平。

(十七)加强对外交流合作。组织、支持仲裁委员会"走出去、请进来",加强与国际仲裁组织及境外仲裁机构的交流合作,积极参与国际仲裁规则、国际调解和国际商事法律规则的制定,提高我国仲裁的国际认知度、话语权和影响力。

(十八)深化与港澳台仲裁机构合作。围绕中央对港澳台政策措施的落实,服务内地与港澳、大陆与台湾地区的经贸交流,建立工作机制,进一步推进仲裁机构间的深度交流合作,为内地与港澳地区及海峡两岸经济贸易发展提供服务保障。

五、加大对仲裁工作的支持与监督力度

加强党委和政府对仲裁的支持和监督工作,完善人民法院对仲裁的支持和监督机制,健全仲裁委员会行业自律、社会监督制度,努力形成党委领导、政府组建、机构独立、行业自律、司法监督、社会监督的仲裁工作新格局,切实提高仲裁公信力。

(十九)切实加强党的领导。党的领导是确保仲裁事业健康发展的根本政治保证。各级党委要加强对仲裁工作的领导,牢牢把握仲裁工作的中国特色社会主义方向。加强党风廉政建设,排除影响仲裁公信力的制约因素。各仲裁委员会要建立党的基层组织。仲裁委员会党组织要充分发挥作用,支持仲裁委员会依法履行职责,为提高仲裁公信力提供政治保证。

(二十)依法全面履行政府职责。地方各级政府要认真履行仲裁法、有关非营利法人

管理的法律法规和国务院有关规定确定的各项职责,保障仲裁法律制度的贯彻实施,有效提高仲裁公信力。仲裁委员会所在地的市政府要按照谁组建、谁负责、谁监督的原则,认真贯彻落实仲裁法和上级政府有关规定,把仲裁事业发展纳入当地经济社会发展规划和法治政府建设考核评价体系,把仲裁工作列入重要议事日程,听取工作情况报告,及时研究解决仲裁发展中遇到的困难和问题;积极支持和促进仲裁事业发展,为仲裁独立办案营造环境、创造条件,保障仲裁委员会依法独立仲裁;加强和改进对仲裁委员会的监督,及时纠正违规行为。省、自治区、直辖市政府要统筹好本行政区域内的仲裁工作,研究制定贯彻仲裁法和国务院关于仲裁工作政策的具体措施,各省、自治区政府要指导、监督仲裁委员会所在地的市政府和有关部门做好贯彻落实工作。司法部要认真组织贯彻实施仲裁法,研究提出仲裁发展规划和有关政策,指导监督有关地方和部门做好贯彻落实工作。省、自治区、直辖市政府司法厅(局)具体承办本级政府交办的有关仲裁工作。国务院有关部门要结合各自职责,贯彻落实党中央、国务院有关仲裁工作的部署要求和仲裁法的具体规定,支持、促进仲裁事业发展。

(二十一)加强行业自律。研究成立中国仲裁协会,充分发挥协会联系政府与行业、服务仲裁委员会的作用,积极协调仲裁与其他行业的关系,组织境内外仲裁业务交流合作及人员培训。加强对仲裁委员会及仲裁从业人员的监督,依照仲裁法、民事诉讼法和协会章程制定仲裁规则、行业规范、仲裁从业人员行为守则,强化仲裁从业人员的准入和退出管理,及时处理违规违纪行为。加强仲裁行业信用体系建设,建立仲裁委员会和仲裁员信用记录及严重失信行为惩戒制度。

(二十二)完善司法支持监督机制。人民法院要积极支持仲裁事业发展,建立与仲裁委员会之间的工作协调机制,及时沟通有关情况,提高审理有关仲裁司法审查案件的效率。改革完善司法监督机制,完善仲裁法相关司法解释,规范仲裁协议效力的认定、仲裁保全、裁决撤销和不予执行程序,依法支持和监督仲裁。

(二十三)发挥社会监督作用。加强仲裁委员会信息公开,在不涉及国家秘密、商业秘密和个人隐私的情况下,仲裁委员会要主动接受媒体和社会公众监督,及时向社会公开章程、仲裁规则、服务流程、收费标准、年度工作报告和财务预决算报告等信息。按照社会效益优先的原则,研究探索建立仲裁委员会第三方评估制度,逐步形成符合仲裁特点的第三方评估标准体系。

六、认真组织实施

各地区各部门要以习近平新时代中国特色社会主义思想为指导,牢固树立"四个意识",坚定"四个自信",弘扬和践行社会主义核心价值观,进一步提高坚定不移走中国特色社会主义仲裁发展道路的自觉性。要结合各自实际,研究提出具体落实措施,认真谋划、周密安排、分工负责、加快推进,努力开创新时代中国特色社会主义仲裁事业新局面。

各地区各部门对贯彻落实中发现的问题要及时研究提出解决方案,对制约和阻碍本意见实施的有关制度抓紧组织清理,不符合本意见的要及时修改、废止。对违反仲裁法和中央有关规定以及本意见的行为,按照谁组建、谁负责、谁监督的原则,由组建仲裁委员会的市政府进行一次全面清理整顿。

参考文献

[1] 朱志国,张运所.中国仲裁基础[M].北京:警官教育出版社,1997.
[2] 张仲伯,赵相林.国际私法[M].北京:中国人民大学出版社,1995.
[3] 谭兵.中国仲裁制度研究[M].北京:法律出版社,1995.
[4] 李汉生,袁浩.仲裁法释论[M].北京:中国法制出版社,1995.
[5] 河山,肖水.仲裁法概要[M].北京:中国法制出版社,1995.
[6] 胡康生.中华人民共和国仲裁法全书[M].北京:法律出版社,1995.
[7] 柴发帮.民事诉讼法学[M].北京:法律出版社,1987.
[8] 陶春明,王生长.中国国际经济贸易仲裁——程序理论与实务[M].北京:人民中国出版社,1992.
[9] 德均.涉外仲裁与法律[M].北京:中国人民大学出版社,1992.
[10] 徐前权.论我国仲裁监督体制[J].法学评论,1997(6):7.
[11] 丁伟.国际私法学[M].上海:上海人民出版社,2004.
[12] 曹建明.国际经济法概论[M].北京:法律出版社,1994.
[13] 曾宪义,王利明.国际商事仲裁法[M].北京:中国人民大学出版社,2007.
[14] 吴焕宁.海商法学[M].北京:法律出版社,1996.
[15] 乔新.仲裁法学[M].北京:清华大学出版社,2008.
[16] 朱揽叶.国际经济法学[M].北京:北京大学出版社,2005.
[17] 刘景一,乔世明.仲裁法理论与适用[M].北京:人民法院出版社,1997.
[18] 韩健.商事仲裁律师基础实务[M].北京:中国人民大学出版社,2014.
[19] 关怀.劳动法学[M].北京:法律出版社,1996.

后 记

1994年8月31日第八届全国人民代表大会常务委员会第九次会议审议通过的《中华人民共和国仲裁法》，至今已经在斗转星移、寒暑交替中走过了二十八度春秋。二十八年来，我们作为《仲裁法》的践行者和"同路人"，不仅见证了我国仲裁事业的进步与发展，同时也为能够参与其中而深感荣幸与快慰。

曾记得1997年7月初，我们在践行中国经济合同仲裁的基础上，呕心沥血撰写了《中国仲裁基础》一书，并通过中国政法大学赵相林教授推荐给素有"法学泰斗"之称的江平老师，请他为该书审稿并作序。当时正值香港回归，江平老师尚在香港，当他切身感受了祖国领土回归那神圣自豪的喜悦返回北京时，我们在他的住处——中国政法大学研究生院找到了他。江老师不顾旅途奔波的劳累，依然兴致勃勃地同我们见了面。当时，他掂量着那本厚厚的《中国仲裁基础》手写稿，连连感叹：你们在基层既要教书又要进行仲裁实践，这种将理论与实践高度融合，并将其中的体味与感悟汇聚成书的做法实属不易，为此他欣然同意为之撰写了"序言"。光阴荏苒，岁月如梭。转眼间二十多年前的情景已恍然成昨，而今的"法学泰斗"已年逾九十。虽然他没有再为我们这本书再作新序，但这么多年来他对我们在仲裁法学研究方面所给予的指教与帮助，值得我们铭记在心、永怀感激。为此，在本书出版之际，我们愿将此书敬献给为我国法学事业作出巨大贡献的江平老师，因为其中承载着我们的感恩与敬仰，也承载着我们对这位法学老人的回馈和谢意……

在本书的写作过程中，我们还广泛吸收和采纳了具有丰富仲裁实践经验的仲裁员以及相关人士的意见，他们有邯郸仲裁委员会的主任、部分专家咨询委员会成员、部分仲裁员、企业家"劳模"李合平先生、《民主与法制》驻河北记者站张君站长、同事徐永平以及司法界、律师界朋友张继富、赵连平、郑天赐、王希彬、赵文革等。在此，对他们的支持和帮助，一并深表谢意。

本书写作分工：主编朱志国，在《中国仲裁基础》基础上编写第一、二、三、四、五、七章，并负责全书统稿；副主编张运所，在《中国仲裁基础》基础上编写第六章；副主编冯梅英，编写本书第八章，与主编朱志国共同编写第七章并协助主编编写附录部分，在主编的指导下，对书稿进行核审。

鉴于作者水平有限，书中疏漏在所难免，恳请各位专家学者和读者对不当之处提出批评或指正。

编者
2021年12月于邯郸